张宣武等／著

我所知道的 冯玉祥

中国文史出版社

图书在版编目（CIP）数据

我所知道的冯玉祥 / 刘未鸣，段敏主编；张宣武等
著 . -- 北京：中国文史出版社，2020.10
（百年中国记忆）
ISBN 978-7-5205-2243-4

Ⅰ . ①我… Ⅱ . ①刘… ②段… ③张… Ⅲ . ①冯玉祥
（1882-1948）—生平事迹 Ⅳ . ① K825.2

中国版本图书馆 CIP 数据核字（2020）第 172200 号

责任编辑：梁玉梅

出版发行 中国文史出版社
社　　址：北京市海淀区西八里庄路 69 号　邮编：100142
电　　话：010-81136606　81136602　81136603（发行部）
传　　真：010-81136655
印　　装：北京新华印刷有限公司
经　　销：全国新华书店
开　　本：16 开
印　　张：17.25
字　　数：252 千字
版　　次：2021 年 3 月北京第 1 版
印　　次：2021 年 3 月第 1 次印刷
定　　价：56.00 元

CONTENTS 目 录

第一章　布衣将军　戎马一生

平民将军的一生

张宣武

御香——玉祥

清光绪十九年（1893年），冯玉祥先生12岁。那时候，他的父亲在李鸿章的淮军里当连长，驻防保定，月薪纹银30两，五口之家，本来是可以得到温饱的，但他父亲有鸦片烟瘾，因而家庭生活相当困难。当时营中军官多把子弟补入军籍，以便多拿一份军饷，作为家庭生活补助。一天，营中出一兵缺，掌管军籍的营部书记长向营长（那时叫作管带）请示由何人填补，营长张某正在烟榻上吞云吐雾，吸完一口烟之后说："冯老爷（指冯玉祥的父亲——那时军中营级以上军官称'大人'，连级以下军官称'老爷'）对我说过多次了，这次别人都不能补，就补冯老爷的孩子吧。"那位书记长问，冯连长的儿子叫什么名字？张营长命书记长去问冯连长，冯连长回寓所了，不在营内，而那位书记长又急着向上呈报公文，张营长说，随便给他起个名字好了。于是，张营长面对烟灯思索了一阵然后说，就叫个冯御香吧。含义是在朝廷御前能吃香的、喝辣的。其实，冯玉祥先生本名基善（他的哥哥名基道），但军籍册子已经上报，不能更改，只好将错就错地沿用下去。迨至辛亥革命，民国改元，始取御香的同音字而改名玉祥。

"官迷"

冯玉祥虽在1893年名列淮军军籍，但因年龄太小，并未入伍服役，只是每月点名关饷时，到连队应点而已。由于冯体质强健，发育较早，到了光绪二十一年（1895年）14岁时，身材高大，已和成年人一样，于是他正式下连服役了。他一下连，每天早晨跑到操场里，练习喊操。由于他的嗓门高，声音洪亮，他常充当营长、团长的"叫班"，即代替营长、团长喊操的喊操员。除练喊操以外，他一有空就练瞄准，先是两手举枪，后用单手举枪，最后枪上还要挂上一支枪，正因如此苦练，他的射击技术达到百发百中，有神枪手之称。冯在入伍前，只念过一年零三个月的书。入伍后，他急于学文化，恰好他的同班（那时叫作棚）弟兄尤鹤亭（河北保定人）有一定的文化水平，爱看《三国演义》《列国志》《聊斋志异》之类的小说。每天操课之暇，冯就请尤鹤亭教他读书认字。尤鹤亭亦很乐意，对冯帮助不小。由于冯的勤学苦练，别人就讽刺他，说他是"官迷"。特别是他们的班长（那时叫作正目，俗称棚头或老总）邢得胜，以蔑视的眼光对冯讥笑说："我当了八年的老总，还没当上官，像你这样肉头肉脑，你要当上了官，我就下外国去。"冯当兵时，憨厚老实，不多说话，逆来顺受，不与人争，因此，同班弟兄多以为他可欺。例如吃面条的时候，别人抢先把稠的捞完，等到冯去捞时，光剩稀汤了。但是，冯在同班里有三个把兄弟：一个就是尤鹤亭；一个是谷良友，山东巨野人；另一个忘其名，会打拳。这三个人都是爱打抱不平的人，遇有谁来欺负冯，他们就会拔刀相助，尤其是谷良友，是一个天不怕、地不怕的人，别人都不敢惹他，因而也就不敢再惹冯了。谷良友处处维护冯，照顾冯，例如以后凡是吃面条的时候，他总是抢先给冯捞一碗稠的，然后才能轮到别人捞。

刻苦自学

19世纪90年代的淮军，已经非常腐朽，装备十分落后，武器还是刀矛弓箭，薪饷微薄，军纪松弛。而当时袁世凯练出的新建陆军，则是洋枪洋炮，德式装备，薪饷高出淮军一倍，营规森严，朝气蓬勃，人强马壮，焕然一新。清光绪二十四年（1898年），冯玉祥脱离淮军，改投驻北京南苑的新建陆军北洋第六镇（师），从此他精神振奋，更加积极地学操法，练武艺，异常努力地刻苦自学，尤其是醉心于学习文化。

那时候营门口有一个摆纸烟摊的，名叫邓长耀，字鉴三，冯打听出他是一个落魄的秀才，于是就请他每天在三操两讲堂的业余时间授课两小时，冯于每月六两银子的饷款中拿出二两来，给邓长耀作为束脩。"师傅领进门，修行在个人"，冯每天晚上就寝前，在兵舍里复习当天邓先生授给他的课程。

同班弟兄中有一个名叫李建堂的，为人调皮捣蛋，专门与冯为难作对。冯在高声朗诵时，李建堂就在他的身旁弹三弦、哼曲子；冯念书念不下去了，就趴在桌子上习字，而李建堂这时就趴在冯的对面摇晃桌子。冯实在忍不住了，就质问李建堂："我念书，你弹唱词曲；我写字，你摇晃桌子，这是何苦呢？"李建堂强词夺理地说："你念你的书，我弹唱我的词曲，这是各人的自由；桌子是公家的，许你写字，就不许我晃荡？"冯见他不可理喻，只好在吹罢熄灯号、大家就寝之后，自己再点起灯来默默复习。可是，这时候李建堂又说话了，说什么灯和油是大家伙食中开支的，不是你冯某的私产，你不能单独动用啊！冯无词以对，只好熄灯就寝。翌日，冯自己出钱买了洋灯洋油，等到晚上大家就寝后，他就点起灯来复习功课。此时李建堂又开腔了，他说："班长，明天我要请病假，因为有灯亮睡不着觉，下操、上讲堂的时候没精神、打瞌睡，我就要挨揍啦。"他说得头头是道，班长没有理由驳斥，只得命冯熄灯睡觉。由于冯的身材高大，站队总是站排头，他的铺位紧靠墙壁，第三天，冯在墙壁上挖了一个刚刚放下一盏煤油灯的壁龛，等到晚上大家就寝后，点起那盏小灯，他把脸面紧贴着壁龛，同时用书写本堵住灯光不向外射，默默地复习功课。这和匡衡的凿壁偷光，足可相仿。

就是这样，他每天白昼受课两小时，夜间复习两小时，不到两年时间，他读完了一部《纲鉴易知录》。这样，连《三国演义》《东周列国志》《水浒传》《精忠传》和一些军事书籍，他都能看得懂了。尽管李建堂这样的人对他百般刁难、干扰、阻挠，但冯终于克服了种种困难，实现了刻苦自学的愿望。

老实人

冯玉祥当兵的时候，是一个出了名的老实人。但是，老实人有时候也会做出不老实的事情。有一天，队伍打野外收操回营，路过营市街的时候，街旁有一个倚门卖笑的女人，冯用左手向那女人指了一下。与冯同列的有四个人，都没看清指了那个女人的究竟是谁。回到营内，连长命令与冯同列的四个人一齐出列，问是谁指了那个女人。冯立即供认不讳，连长认为冯是个老实人，不信是他所为，反而严讯与冯同列的那三个人，当然那三个人都不会承认。于是，连长喝令那三个人跪下，冯马上也陪着跪了下去。事后冯向那三个同列的人再三赔不是，道歉了事。

挑"小队子"

袁世凯的卫队，叫作"小队子"。袁世凯喜欢身材魁梧的大个子，他的卫士身高差不多都在一米八以上。这些大个子都是从各部队里挑选出来的。冯玉祥身高约一米九，是有入选资格的，但也只能站到第三排，还站不到头两排。一天，袁世凯亲自到第六镇挑选"小队子"，冯本应去应选的，只因他为人老实可靠，勤奋好学，能吃苦耐劳，在他所在的那个连队里，是一个不可多得的好兵，连、排长都想把他留在本连当头目，而不愿让他被挑走。因此，在袁世凯挑选的时候，连、排长们把冯藏了起来，不让他去应选。当时冯还为此事大哭一场，因为他认为能给袁世凯当卫士，是一条攀龙附凤、飞黄腾达的终南捷径啊。

关于袁世凯的"小队子"，我没见过，但在1924年和1930年，先后在北京三贝子花园（现为北京动物园），见到在园门口收门票的两个大个子，身高都在二米三左右。我的身高是一米七二，我的头只能达到他们的腋下，我得仰着脸看他们。据说，他俩的教师是当年袁世凯的卫士；袁世凯每当接见外宾时，总是要有这样的四个大个子手执武器，侍立两厢。

气死留学生

冯玉祥以行伍出身，由兵卒而班长，由班长而排长（那时叫作哨长），当时第六镇统制（即师长）段祺瑞，在北洋军阀中是比较开明的。镇内出了一个连长缺，段祺瑞就命全镇的排长举行考试，择优提升，结果，冯名列前茅，升任了连长。此后，镇内又出了一个营附（即副营长，那时叫作帮带）缺，段祺瑞又命全镇连长举行考试，结果，又是冯名列第一。当时第六镇的军官，行伍出身者占少数，大部分是军官学校毕业和留德、留日的军官学生。考试课目，无非是典、范、令和初级战术，那些军官学生出身的人，大都是些纨绔子弟，饱食终日，无所用心，他们不会下功夫准备考试。而冯则本着"人一能之己十之"的精神，努力不懈地学习，且在实践运用上有着丰富的经验，那些军官学生是无法考在他前头的。因此，当时第六镇流传着"冯玉祥气死留学生"的说法。

发誓自办陆大

清光绪二十九年（1903年），我国开办最高军事教育机关——陆军大学校，报考条件是：第一，年龄在30岁以内；第二，曾在国内外军官学校毕业一年半以上、现任军官者；第三，或曾服军役二年以上，少校以下、中尉以上之军官，确有现职底缺者，均得报考为学员，修业期限为三年。冯玉祥虽是行伍出身，却完全合乎报考条件的第一、三两项，而且确有把握考上。但在报名时，那些国内外军官学校毕业出身的人，忌妒心强，说冯不符合报考条件的第二项，坚决不让冯参加考试。其实，报考条件明确规定，除第一项以外，合乎第二、三两项之一者均可报考，那些军官学生只是无理取闹而已。而冯由于势单力孤，终于未能参加考试，未能进入最高军事学府深造，引为憾事。

冯是一个有气魄的人，当时他曾对着那班军官学生发誓说："今天你们不让我上陆大，将来老子自己要办个陆大！"1923—1925年，冯任陆军检阅使在北京南苑练兵期间，虽未另办陆大，却办了一个性质和内容基本上和陆大相似的"高级军官教导团"，以陆大的老前辈段祺澍为团长，以陆大毕业的刘骥、熊斌、王乃模、崔正春、高震龙等为教官；学员则是选拔出来的优秀的团、营、连、排长。1928年，陆军大学根据冯先生的提议，除原有的正规班之外，开始添设"特别班"，专招收中将以下、中校以上而未上过陆大的现职军官，加以补习，学期也是三年，不论出身是行伍还是国内外军官学生，均可报考。后来，冯同他的西北军旧部高级将领鹿钟麟、石敬亭、张维玺、孙良诚等，进入陆大特别班第三期学习，冯成了正式的陆军大学学员了。冯自己虽然没有办成另一所陆军大学，但他昔日自己要办陆军大学的誓愿，基本上也算实现了。

知恩图报

冯在淮军当兵时，同班弟兄尤鹤亭是一个小知识分子，对冯的识字念书颇有帮助，但他不是一个大有作为的人，后来没有当上军官就回家为民了。冯却不忘报恩，当他做到陆军检阅使在南苑练兵的时候，就把尤鹤亭从家里请到军营中，待为上宾，并用其所长，使他轮流到各团、营对官兵讲《聊斋志异》《三国演义》《东周列国志》《水浒传》《西游记》等各种有趣的故事，他讲得活灵活现，非常生动，很受官兵的欢迎，官兵们把他叫作"瞎话篓子"。冯的另一个同班弟兄谷良友，由于他曾打抱不平地护卫过冯，因此，冯对他非常感激。谷良友倒是始终跟冯在一起，在冯任北洋陆军第十六混成旅旅长时，曾把他由排、连长提拔到营长。但此人性情乖张，桀骜不驯，天不怕、地不怕，当排长时不听连长那一套，当连长时不买营长的账，作战时虽很勇敢，却常常不听命令，不受约束，擅自行动，因而没人驾驭得了他，后来只当过游击队大队长和高级副官，没有升到高级带兵官的地位。谷良友的胞弟谷良民为人忠诚老实，才能也不错，在冯任西北军总司令的时候，为了酬报谷良友的情谊，曾把谷良民提拔为师长。

冯在新建陆军当兵时，营门口那位摆纸烟摊的邓长耀在为冯的学识奠定基础上，是有不小的贡献的。因此，在冯飞黄腾达时，邓长耀也就跟着冯当过县长、道尹和厅长等高级文官职务。冯在新建陆军当兵时，他的班长齐大麻子，由于对冯同情支持过，冯对他十分敬重。冯任陆军检阅使时，曾派专人到他家里，为他置了两顷地，盖了一院房子。

以德报怨

冯玉祥在淮军当兵时的那个班长邢得胜，为人不正派，对冯不公道，才能也不怎么样，当过班长之后，就回家去了，而家境不好，生活穷困。在冯任陆军检阅使的时候，他曾厚着脸皮去找冯。冯不念旧恶，量材录用他当了马号头，来管理司令部的战马。至于那位处处与冯为难的李建堂，为人吊儿郎当，不务正业，在军队里当然混不好，老早就回家去了。冯当了陆军检阅使，李建堂不敢去找他，冯却派人把他请到南苑，同吃同住，亲如骨肉，待了两三个月，送给几百块钱，把他打发回家。冯常常对部下们说："我之所以能有一点文化水平，多亏当年李建堂对我的逼迫，否则，我不会那样地用心学习。环境条件越是不利，越容易使人追求进步，所以我应当感谢李建堂。"

基督将军

1913年，冯任团长驻防北京时，患了打背疮，经他的一位朋友刘宽（北京人，基督教友）介绍，一位美国教会医院医师为其治疗。那位美国医师在手术前和手术后，总是"阿门、阿门"地祷告一番。打背疮很快地痊愈了。冯非常感激那位美国医师和刘宽，美国医师和刘宽乘机敦劝冯入教。此时冯对基督颇有好感，认为他之所以很快痊愈，也许是出自上帝之所赐。冯遂领洗入教，加入美以美会。后来，人们把冯称为"基督将军"，就是肇端于此。

与陆建章的关系

陆建章，字朗斋，安徽蒙城人。初在淮军中充伙夫，嗣在北洋武备学堂学习时，被袁世凯调到新建陆军充任初级军官。由于他精明强干，深得袁世凯的赏识和信任，因之一帆风顺，扶摇直上，升迁非常之快，1914年至1918年，位至北洋陆军第七师师长和陕西督军。陆建章在第六镇（师）

任协统（旅长）时，冯在他的部下由士兵而历任排长、连长、副营长和营长。由于冯为人老成持重，实干苦干，品学兼优，才能出众，故深得陆建章的青睐、器重。陆建章的夫人，系沧州刘氏，刘夫人的娘家侄女刘德贞女士，年方及笄，陆建章亲为冯介绍与之成亲。至此，陆与冯，不仅是上下级的关系，并且成为了姻娅关系。沧州刘家有四个姑娘嫁给军界要人，世称沧州刘氏四夫人，显赫一时，为时人所称羡。一个嫁给陆建章，一个嫁给冯玉祥，一个嫁给北洋陆军第二十师师长、陕西督军阎相文，最后一个嫁给历任冯的参谋长、西北军第六方面军总指挥、陕西省政府主席石敬亭。说来凑巧，沧州刘家的四个女婿，三个督军、一个省主席，都是开府于陕西。

1912年1月，冯和王金铭、施从云同在北洋陆军第二十镇当营长时，他们三人联合发动滦州起义，王金铭被推为北方军政府大都督，施从云被推为陆军总司令，冯则被推为总参谋长，准备率队进攻北京。但所谋未遂，王、施二人被通（州）永（永平州）镇守使王怀庆诱捕，解至北京杀害。当时袁世凯出任内阁总理大臣，陆建章任北京执法营务处处长（军法执行总监）。冯被捕后解至北京，陆建章竭力为之营救，他对袁世凯说："冯玉祥这小子是个愚蠢人，他不会造反，而是受了王金铭、施从云的愚弄，上了他们的当，饶他一死吧。"袁世凯说："从相貌上看，我看冯玉祥这小子将来闹乱子是会有他一份的，不如早点把他杀了。"陆建章说："把他交给我好了，我保证他不会出乱子。"于是，冯得以不死，受了一种"递解回籍，著地方政府严加管束"的处分。冯回到保定家中，因陆建章有函给地方政府，嘱其关照优待，故冯行动自由，未受约束。两个月后，即任保定巡防营长。民国元年（1912年），曹锟的第三镇在北京搞兵变，炮击总统府，袁世凯认为他早年训练出来的北洋老六镇已经不可靠了，乃令陆建章和袁世凯的长子袁克定，负责编练五路（相当于师）新军，冯于是被调为左路第一团二营营长，半年后升任团长。陆建章于1914年任第七师师长赴陕西就任督军时，冯升任第七师第十四旅旅长，旋又改编为陆军独立第十六混成旅旅长。冯的前半生经历，确实得力于陆建章的栽培和提拔，故冯视陆建章为救命恩人。

验内务

北洋第六镇在练兵的时候，每星期日停止操课，整理内务、卫生，擦拭武器弹药，而由各团、营长交替检查，互相观摩，互相促进。一般团长、营长们在检查时，走马观花地看到地面上挺干净，床铺上挺整齐，枪支、刺刀挺明亮，士兵身体卫生从外表上看着也都挺利落，就连声叫好，打个优等分数而去。当时冯玉祥任副营长，他却与众不同，有着另一套检查方法。他一进兵舍，先到门后把笤帚拿起一看，一堆花生壳子、纸烟屁股在那里堆着；他把床铺上铺的毯子、席子一掀，脏手巾、臭袜子都在那里藏着；他到军械房，拿起枪支，别的地方不看，单看托底板、螺丝钉和枪筒里的来复线，一看，个个托底板和螺丝钉都生了红锈，枪筒里漆黑一团，根本看不见来复线；然后到院里，叫列队的士兵伸出双手，大多数的手指甲没有剪，再看看每一个士兵的耳朵眼，大多数里面都有灰土，多数人的鼻孔内都凝结着垢痂；最后，他命士兵就地坐下，脱去鞋袜，嗬！这一下就更丢丑了，绝大多数人看起来好几天没洗脚，好久没有剪过脚趾甲，臭气熏天，令人掩鼻。于是，受检查的连值日官，罚跪的罚跪，挨军棍的挨军棍，人人吓得魂不附体。从此以后，各连队不怕别人验内务，独怕冯来检查。后来，西北军的验内务、查卫生，都是照着冯这一套模式来进行的。

讨伐张勋

1917年春，第十六混成旅驻军廊坊时，冯因反对国务总理、陆军总长段祺瑞的调动命令而被撤职，段祺瑞以其亲信杨桂堂接任旅长。冯临走时，全旅连长以上军官及士兵代表到火车站送行，由于部属们同冯的感情深厚，大家痛哭流涕，依依惜别，遂把冯身上穿的便装马褂撕成一条一条的，每人拿去一条作为纪念。冯避居京西天台山寺院内，韬光养晦，闭门读书，而其旧部营长以上的军官，则轮流前往探望并通报一切消息。是年7月初，张勋率其辫子军由徐州进京，迎接溥仪复辟。冯闻讯连夜驰赴廊坊，召集旧部，宣布起义，再造共和，部属一致拥护，并将杨桂堂轰走，仍请冯任旅长。于是，冯于7月2日率师进京，首先攻入天坛。在此以前，段祺瑞亦因与大总统黎元洪政见不合而去职，住在天津，当他听到张勋复辟的消息，也即赶赴马厂，动员陆军第八师李长泰部向北京前进，会合冯的第十六混成旅，一举将张勋的辫子军击溃，张勋逃入荷兰使馆，溥仪亦复退位。冯虽无明令复职，但因再造共和立了大功，段祺瑞无话可说了，只好默认。同样，段祺瑞本人也是以去职的身份自行复职的，两人彼此彼此，谁也不说谁了。世人皆知是段祺瑞再造共和，而其实是冯首先发难，并首立战功者，只是当时段祺瑞的声望大一些，把冯给遮掩住了。

思罗堂——青年会

1919年，第十六混成旅驻防湖南常德时，陆建章的妻侄刘某在冯那里做客，刘某患有精神病，冯请当地教会医院——广德医院美国人罗感恩大夫为其诊治。刘某一看见高鼻子、绿眼睛、黄头发的外国人，好像看见了鬼怪似的，东藏西躲地不让他给看病。当罗感恩大夫第二次又来为他治疗时，他正在室内玩弄勃朗宁小手枪，看见罗大夫，忽然举起勃朗宁，对准罗大夫的胸部开了一枪。当时冯玉祥也在室内，听见枪响，连忙上去抱住刘某的腰，刘某又对着冯打了一枪，冯的手部和肩部受了轻伤，而罗感恩大夫却因伤重而死去。冯除了极为沉痛、隆重地为罗感恩大夫治丧外，并以三千银圆抚恤罗夫人，而罗夫人坚辞不受。冯先生遂将这笔款子汇到美国给罗感恩的儿子，可是，罗的儿子说什么也不要，而把款子原数退回。

冯无奈，乃以此款修造了一座镔铁的活动房子，取名"思罗堂"，一方面纪念罗感恩大夫，另一方面作为礼拜的场所。这座思罗堂，由于是一座可以拆卸、折叠的活动房屋，所以在冯的部队移防时，总是随军迁走。1922年至1925年，冯军驻北京南苑时，这座纪念堂坐落在陆军检阅使署大门外的广场上。不过，这座纪念堂此时改名为"青年会"了。笔者在南苑亲自见过这座青年会，它是一种礼堂的形式，可以容纳五六百人。

全军信教

冯玉祥自从美国教会医院为他治愈打背疮和罗感恩大夫治病救人、牺牲自己性命而其家属不受抚恤后，他认为基督精神是很能感化人教育人的，除他自己入教信仰耶稣基督外，还倡导他所属部队的全体官兵一律加入基督教。笔者就是于1923年在北京南苑集体领洗的，当时的牧师是余心清、浦化人两位先生。在冯所属的西北军中，信仰耶稣基督信得最笃实的，要算是冯手下的首席大将张之江，他信基督达到了迷信的程度，每天不仅在起床后、就寝前要祈祷，而且在每饭前亦必祷告，并且要跪下祷告，往往饭菜凉了，他还在闭着眼睛、口内念念有词地祷告着。有时他正在坐着办公，忽然心血来潮，也会发疯似地跪到地上祷告起来。1926年，冯从苏联回来，初步接触到马克思列宁主义，认识到基督教在中国是帝国主义者作为文化侵略的一种手段，所以他在五原誓师、就任国民军联军总司令的时候，曾发通电说，他本人和他所属的全体官兵，一律退出基督教。可是，张之江却极力反对，他本人坚决不退出，终其一生一直是一个忠实的基督徒。

西北军的信教活动，通常以连为单位，每日在就寝前，由值日官领头祷告，全连官兵俯首静默，至值日官把祷告词念完，说一声"阿门"时，大家一齐跟着喊一声"阿门"，就算完事。每星期日，以营为单位进行"查经"，所谓查经，是由营长或值日连长领导选读圣经（《新约全书》）中的某一章节，并由牧师对官兵加以讲解，然后再唱一两首《颂主圣诗》，时间约需一至两小时。各营都组织有20人左右的"唱诗班"，他们是从营中挑选有文化的优秀士兵组成的，由一位长于音乐歌唱的排长或班长领导，而由牧师负责训练。每团设有一个身着便衣的专职随军牧师。遇着大操大典，冯集合部队讲话之前，也要先作一番祷告，由总值日官领念祷告词。

"坠马摔伤"

皖系陕西军阀陈树藩，久已觊觎陕西督军的宝座，陕西督军陆建章要求停战言和，经双方协议：陈树藩将陆建章的儿子放回，陆建章将督军的位子让给陈树藩。就这样，陆建章的陕西督军垮了台。陆建章离陕后住在天津租界，既不甘心于失败，又愤恨皖系之谋己，于是就策动他的两个旧部下：九江镇守使吴金彪（外号吴小辫）和驻在武穴的第十六混成旅旅长冯玉祥，合力夺取皖系老巢的安徽地盘，欲得手后，陆建章取代倪嗣冲而任安徽督军。陆建章是冯的救命恩人，又是姻亲，冯不能不出兵，但进至中途，得知吴金彪部并未出动，冯鉴于势单力孤，难以取胜，但又不便无故折回，于是冯在行军途中玩了一个坠马的把戏，说是摔伤了腿，不能行走，无法行军和指挥作战，遂回师武穴。陆建章阴谋夺取皖督的迷梦虽未实现，却已招致皖系首领的忌恨，不久，陆建章在天津就被徐树铮枪杀了。

截粮 截款 截枪

1920年，冯所部第十六混成旅驻防湖北谌家矶，北京政府不给发粮饷，湖北督军王占元又不能通融资助，且一再下令逐客，要求冯部离开湖北境。经直鲁豫巡阅使曹锟、吴佩孚的调停，冯部移驻河南信阳。河南督军兼省长赵倜，也不愿卧榻之旁让他人酣睡，对于冯部也不接济一点粮饷。当时北京政府积欠冯部饷款达半年以上，部队困顿至极，官兵六月炎热天还在穿着棉衣，天天以盐水下饭，有时竟至断炊。一天，北京政府从长沙购买一列火车的大米，路经信阳，被冯部截下留用。又一天，武汉铁路局向北京政府解送铁路税款20万元，路过信阳，又被冯部截留。冯致电北京政府，请以此粮此款补发积欠粮饷，北京政府没有理由勒令交还；几经交涉，才将截留之款交还半数。

但是，杯水难救车薪之火，过了一段时间，冯部仍是无法维持生活，冯决计进占驻马店就食，因为驻马店是河南省的一个粮食集散地。适巧河南督军赵倜在汉阳兵工厂新购七九步枪1500支，运往开封，路经信阳，被冯部截留。赵倜闻讯大怒，勒令冯部交还，否则即以武力解决。冯知道这不是能和平解决的，不如来个先发制人。于是即派张维玺团以野外演习为名，向驻马店前进。驻防驻马店的赵倜所部李鹏举团侦知冯部来者不善，坚不相让，遂起冲突。打了半天，李团终于战败投降，冯部又缴获了一千多支崭新的汉阳造步枪。赵倜据报，十分气恼，决定以武力解决，其部下老毅军师长、归德镇守使鲍德全，自告奋勇打前敌，军旗上写着"包打冯玉祥"的口号，由开封经郑州向驻马店攻击前进。在洛阳的直鲁豫巡阅副使吴佩孚闻讯后，急令双方停止敌对行动，并令冯部把截留和缴获的枪支原数退还。胳膊拧不过大腿，冯只得遵命办理，但却以旧有破烂枪支顶替新枪交还，赵倜不受，坚持要新枪。吴佩孚遂又严令冯亲赴开封，面见赵倜，表示歉意，以求和解。冯在吴佩孚的压力下，不得不低头屈从。没隔多久，曹锟、吴佩孚即命冯部由信阳开往陕西。1922年第一次直奉战争后，冯赴开封就任河南督军时，一下火车，就把前来车站迎接冯的那位毅军师长鲍德全枪毙了。赵倜早已跑往上海去了。1922年在北京南苑，有一次笔者听到冯在讲话时说："将相本无种，男儿当自强。从前我当旅长时，去见河南督军赵倜，我向他行了三个鞠躬礼，他连看都不看我一眼；现在我当了陆军检阅使，去见大总统黎元洪，也要行三个鞠躬礼，可是，一鞠躬还没完，黎元洪可就拉住让我坐下了。"

练　官

1920年，第十六混成旅驻防信阳时，名义上是一个旅，实际上它比一个师的人枪还要多。它有三个步兵团，一个炮兵团，一个骑兵营，一个工兵营，一个辎重营，一个学兵大队（两个连），一个炸弹连和一个手枪队，共一万多人。但它对外只说是几千人——9999人。冯玉祥在练兵时，十分注意让士兵牢记其各级直属长官姓名，他每到连队视察或点名放饷时，必问士兵：旅长叫什么名字，团长叫什么名字，营、连、排长叫什么名字，等等。而冯本人，则对全旅官佐士兵一万多人，一个个都认识，大多都能叫出名字。有一天，冯集合全旅官兵讲话，他向全体官兵问道："你们说，我们在这里是练什么的？"大家齐声答："是练兵的！"冯笑着说："不对！我们在这里不是练兵，而是练官的。"的确是这样，后来西北军发展到几十万人的时候，当年第十六混成旅的士兵差不多全都变成了军官，他们成为西北军的骨干。

车轮点名和讲话

冯在南苑练兵时，每月1日点名放饷，冯本人和各旅、团长任点官，分别到各旅、团去点名，但本旅、团的旅、团长不点本旅、团的名，而是轮流到别的旅、团点名，以便互相考察，互相监督是否有吃缺空和截饷的。此外，每逢星期天，各旅、团、营长分别轮流到各旅、团、营去讲话，促使全军官兵对全军营长以上军官都有所了解认识，而便于在战时配合作战。他们在讲话之前，先查验武器、内务和卫生。然后集合队伍进行查经——做礼拜，选读《新约全书》的某一章节。最后才是讲话，讲话的题目和内容，由讲话人自定，有的还把讲稿加以印发。

理　发

西北军，上自冯玉祥，下至每一个官佐士兵，一律不准蓄留头发，一律剪光或剃光。理发的时间，以连为单位，要理一齐理，不许出前或落后，一般三个星期理一次。理发时，无论官长或士兵，都不许到外边理发店，每个班都有一套理发工具——推子和剃刀。冯曾经下令，要官给兵理，兵给官理，官给官理，兵给兵理。

军人必读

冯自当旅长起，就组织他的幕僚们编写了许许多多军人必读的通俗读物，如《六百字课》《精神书讲义》《军人宝鉴》《军人读本》《实战见闻录》《合范》《战阵一补》《军人新教育》《义勇小史》《军士勤务书》《带兵规则》《简明军律》《用间篇》《八、九两年纪实》《历史小故事》等。

军　歌

冯是一个行伍出身的军人，由士兵到西北军总司令和国民政府军事委员会副委员长，在军中生活达五十多年。由于他久历戎行，无论是带兵、练兵还是用兵，都有着丰富的实践经验和亲身阅历，他根据成功的经验和失败的教训，亲自编写许多种类的军歌。例如部队在作战时，士兵不知节省弹药，无的放矢地乱放一通，及至危急的时候没有弹药了，以致吃了很大的亏，于是他就编写了一首《节省子弹歌》。其他一些军歌，也都是有所本而写的。那些军歌，采用《颂主圣诗》的曲谱，令官兵常常挂在嘴上，记在心中。军歌很多，兹简举如下几个：《早起歌》《戒晏起歌》《吃饭歌》《卫兵歌》《射击军纪歌》《利用地物歌》《战斗动作歌》《枪口不准堵东西歌》《爱民歌》《国耻歌》《爱惜光阴歌》《模范军人歌》《行军歌》《火车行军歌》《水上行军歌》《忠烈歌》……每早起床后，以连为单位，必唱国歌。至于军歌的内容，由于过繁，这里不可能一一列出，兹将《爱民歌》全文录下，以概其余："有民尔后有国，养兵所以保民，兵民原属一体，理宜相爱相亲。秋毫无犯，贤哉岳军。切戒滋扰，仗势凌人！切戒滋扰，仗势凌人！"

饭前认字

冯在任第十六混成旅旅长时，专为没有上过学、念过书的文盲士兵编了一个识字课本，叫作《六百字课》。各个连队在开饭前十分钟，把全连士兵集合起来，由连值日官教认一个生字，这个生字写在一块黑板上，让士兵比葫芦画瓢地用竹棍在地上学写。这样，一天认两个字（西北军每天两顿饭），一年就可把600字认完。认完这600字，就可以阅读简单的书报、写简单的书信了。这种饭前认字的办法，一直到西北军全盛时期还在施行。

肖　像

冯从任第十六混成旅旅长时起，就把他的肖像制成一个好似现在的工作证那样的小本本，布面烫金，印有"冯玉祥肖像"五个字。本内左页，在白色道林纸上印着冯身穿陆军将级大礼服、免冠半身坐像的照片。本内右页，白色道林纸印着几行字：圣经警句："凡得着生命者必丧失生命，凡丧失生命者必得着生命。"这种肖像本本，发给全体官兵人手一册，无论平时战时，都要带在军服上装右边口袋内。肖像本的布面，按步、骑、炮、工、辎五种兵科，分制成红、黄、蓝、白、黑五种不同的颜色。此种章法，冯在南苑练兵时，一个师（十一师）三个混成旅（第七、第八、第二十五旅）共5万多人，还在继续着，但到冯从苏联回国后，就停止了。

新决心

冯从当十六混成旅旅长起，直到当陆军检阅使，在练兵期间，他所属的部队全体官兵，每人床头墙上悬着一个长约十公分、高约七公分，叫作"决心牌"的白色硬纸牌，牌的上端横写"某某人新决心"，下面竖写几条新的一年内要求达到的目标，例如某士兵是这样写："一、为国祈祷；二、崇尚节俭；三、爱惜光阴；四、读《精神书》；五、认完《六百字课》；六、体操练好三大件（屈伸上、摇动转回、倒立下）。"这种决心牌，每年元旦更新一次，决心的内容，除头三条不变外，其他几条则随着要求的变更而变换。

学　画

1922年，冯任河南督军时，曾把他自己的作息时间表发到部队传阅，其中除办公、会客、练兵、视察之外，还有几项学习课目，如读书、习字、学英文、学画画等。一天，有一位政界官员去见他，看见冯的书桌上放着一张墨迹未干的楷书大字，那位官员立即把手中拿的一把白纸折扇递上，请冯给他题几个字。冯并未推辞，就给他写上一首略加改动的《水浒传》上的诗："六月炎天似火烧，地里庄稼半枯焦；农民心中如汤煮，大人先生把扇摇。"那位官员接过之后，面红耳赤，啼笑皆非。另一天，有一位政界官员，坐着黄包车去冯处，看见冯正在学画画，画的是一把小茶壶。于是那位官员拍马捧场地请求冯先生随便给他画一幅画，以作纪念。冯立即挥毫给他画了一幅讽刺画，画的是一位神气十足的官老爷，鼻孔朝天地坐在黄包车上，一个车夫拉着黄包车，正在弯着腰向前奔跑。冯还在这幅画上题了一首所谓"丘八诗"："一人坐车一人拉，同是人类有牛马。重层压迫真可叹，惟盼仁者来救他。"那位官员看了之后，尴尬得坐立不安，口里还不得不说"画得好"，连声道谢。

从冯的作息时间表上看，他每天的工作时间安排得异常紧凑，连午休算上，每天睡眠不足五小时。冯的司令部所在的营院内，驻有他的手枪队和学兵团，冯在夜间就寝时，常把床铺搬到手枪队或学兵团的门口，以便队伍早晨起床时把他吵醒，而不至于睡过了头。古今名将，不仅才略异众，而且精力过人，信然。

关心学生

第一次直奉战争后，冯玉祥到开封就任河南督军。当时百废待举，百端待理，而不出一个星期，冯就偕同教育厅长李步青和省长张凤台，亲临当时开封的最高学府——河南留学欧美预备学校（笔者当时正在这个学校的法文科上学），去和全校学生及教职员工见面并讲话。讲话的要旨是，勿忘国耻，发奋图强。到了那年的"双十节"（当时的国庆节），冯在开封南关演武厅举行阅兵典礼，特邀开封各学校学生共五千多人，参观阅兵并参加会餐。会餐是每人一碗豆腐、白菜和两个棒子面窝窝。阅兵、会餐之后，又让学生们参观军营内务。记得那年夏天正热的时候，冯还把学生邀集到马道街一家叫作"丰乐园"的戏院里，请南开大学校长张伯苓先生给学生们讲话。张伯苓的那次讲话多数已经记不得了，只记得他曾问学生们，"热心热脑，冷心冷脑，冷心热脑，热心冷脑"，这四句话哪一句是正确的？张伯苓讲罢话，冯也讲了几句，他说："我是个军人，是个大老粗，不会讲话，你们是有学问的人，听了我的话，可不要笑话。我这个督军，不是做官当老爷的，而是民众的公仆，你们有什么事情要我做，我一定尽力给你们办。"那时正是盛暑，天气很热，冯在讲话时，他的卫士拿着葵扇在他背后给他扇凉，冯立即挥手叫他那个卫士走开。那时，不仅冯个人时常接近学生，他还让他的部将如张之江、鹿钟麟和文官薛笃弼等，时常到各个学校或公共场所为学生们讲演。

君子之交淡如水

1923年，吴佩孚在洛阳大庆五十寿诞，各地大员拍马唯恐不及，贺礼生怕太薄。湖北督军肖耀南送去的是用黄金制成的一座金村，河南督军张福来送的是用白银制成的一座银城，其他有送金佛爷、金寿星的，有送珠、宝、字、画古董的，奇珍异宝，不可胜数。唯独冯玉祥别开生面，他派专人给吴佩孚送去了一坛清水，并亲笔在坛子上写了"君子之交淡如水"八个大字。吴佩孚一见"大喜"，说："知我者，焕章也！"并且当着众贺客说："这次所有礼物，以此为最上品，其余不足道也。"其实，吴佩孚是最恨冯的，恨冯不买他的账。

手枪队和学兵连

冯的手枪队，是从全军部队中身材比较魁梧、体格比较强壮、手脚比较敏捷者中选拔出来组成的。它的武器，是以短兵器的手枪为主，每人配备七六二自来得手枪1支、子弹200粒、七九（或六五）骑枪1支、子弹100粒，六五勃朗宁小手枪1柄、子弹50粒和4斤重的大砍刀1把。由于每人身上背着一把大刀，所以社会上又把它叫作"大刀队"。它的职能和任务是，平时作为司令部的警卫部队；战时，冲锋陷阵、夜袭敌营、重点突击，在一般部队不能取胜的时候，就把手枪队当作王牌使用上去。因此，它的训练也和一般部队不同，训练要求特别严格，尤其对体力锻炼、劈刺技术和夜间战斗等项目要求更严，他们的武艺比一般部队要高超一些。这个手枪队，随着西北军发展壮大，由连队扩充为营，由营扩充为团，最大的编制为手枪旅。西北军，不独冯的司令部才有手枪队，凡是旅以上的各级司令部，都有手枪队的设置。到后来，不独手枪队才有大刀，凡是西北军的部队也都有了大刀。1933年长城抗战时，宋哲元所部二十九军的赵登禹步兵旅，在喜峰口附近，绕道迂回，夜袭敌人后方部队，就是不放枪而专用大刀砍，杀死砍伤日军服部旅团六七百人，吓得日军连忙赶制钢质项圈，套在兵的脖子上，以防大刀砍掉脑袋。

冯在当十六混成旅旅长的时候，他所招来的兵丁，农村青年居多，那时候的农村青年，知识分子很少，大多数都是文盲，所以军中的知识青年是很宝贵的。冯就把那些知识青年集中起来，编成学兵连（又叫作模范连），加以特别训练。其目的是培养一般连队中的军士（即正副班长），它和各团营所办"特别兵"讲堂的性质差不多。不过"特别兵"是为了培养各自团营军士的需要，而学兵连则是为扩充队伍时需要大量军士而预备的。因此，学兵连的编组，也是随着西北军的发展壮大，知识青年越来越多，逐步由一个连扩大为两个连，由两个连扩大为营，由营扩大为团。到后来，西北军的每一个军，各自都编组有学兵营或学兵团。

金蝉脱壳

冯玉祥就任陕西督军后，由于陕西本来就不富庶，加上陕南道被军阀吴新田割据着，陕北道被军阀井岳秀割据着，只剩下关中道，还被省长刘镇华和大小土著军阀分片霸占，冯手里只掌握了七个县，不要说养活全省许许多多的军队，就连他自己的第十一师的粮饷也难以维持。适值直奉战争即将爆发，冯主动请求辞去陕西督军职，愿赴前线杀敌。直系首领曹锟、吴佩孚允如所请，战后以河南督军位置相酬。河南远比陕西富庶，又无别的军队需求粮饷，于是冯乘机招兵买马，扩充实力。开封兵工厂昼夜加班，赶制武器弹药。除了原有的第十一师外，不到半年时间，就增加了六个新兵团，名义上编为河南地方保安部队。这就犯了吴佩孚的大忌。吴看到冯野心勃勃，其志不小，为免养虎为患计，就免去了冯的河南督军职，调任一个空头衔陆军检阅使。所遗河南督军缺，由吴佩孚的嫡系亲信第二十四师师长张福来接任，并命令冯只许带走第十一师，而不许带走编为河南地方保安部队的六个新兵团。吴佩孚还密令张福来严阵以待，如果冯要带走六个新兵团，即以武力截留。当时吴佩孚位尊势大，冯只好忍气听命，离豫赴京。但是，关于六个新兵团的去留问题，吴佩孚却被冯玩了一个"金蝉脱壳"的把戏愚弄了。冯令六个新兵团打着第十一师的旗号，由二十一旅旅长李鸣钟率领，先行开拔，由开封经郑州，火车一列接着一列地向北京开去。张福来见是第十一师的部队，当然放行，不能截留，并且还对李鸣钟旅长以礼迎送。六个新兵团过完，真正久经战阵的老兵第十一师，由老将二十二旅旅长张之江率领着开来了。张福来打听清楚之后，始知这是真正的第十一师，才知道先头开过去的是冒充第十一师的六个新兵团。这个真正的第十一师，其战斗力之强，张福来深知不是第二十四师所能解决得了的，所以他没敢动手，只好放行。后来吴佩孚跺着脚把张福来大骂了一通。

　　吴佩孚把冯部调到京城附近，因没有地盘，当然就没有粮饷来源，以为不要多久，就会使冯部匮乏崩散。可是，冯到了北京之后，却大受当时的大总统黎元洪的欢迎。原来黎元洪手里没有武力，不过是一个有职无权的傀儡大总统，冯带着四五万人马来到他的跟前，他如能抓到手里，就是一笔很大的政治资本。于是，他马上把冯的那六个新兵团编为正式的中央陆军，给以第七、第八、第二十五等三个混成旅的番号，同冯兼任师长的第十一师统受陆军检阅使的直接节制指挥，并给以每月可以收入一二十万银圆的北京崇文税关，作为军饷基本来源。就这样，冯得到了一个相当长时期的安定环境，专心致志地把部队整训了三年。这三年，成了冯训练部队的黄金时代，为后来西北军的大事扩充，打下了坚实的基础。

讲堂　教导团

冯在常德、谌家矶、信阳、西安、开封和南苑练兵的时候，除连队设有士兵讲堂、由本连队官长任教外，以营为单位，也设有军士讲堂，由营长、副营长、连长任教员，课程是兵科教程、典、范、令和《军士勤务书》。为培养、储备军士人才，以营为单位还设有"特别兵"讲堂。所谓特别兵，是从各连队挑选的有一定文化水平、体格比较强健和比较聪明伶俐的列兵，加以集中训练。以团为单位，设有初级军官讲堂，由团、营长任教员，课程除典、范、令之外，还有初级战术、《曾胡治兵语录》和《求阙斋日记》等。在冯的司令部里，设有营长以上军官讲堂，由各级幕僚长任教员，冯本人和各旅长们有时也参加讲课和听课，课程除《曾胡治兵语录》《求阙斋日记》外，还有中高级战术、《戚继光语录》《纪效新书》《练兵实纪》《〈左传〉摘要》《赵注孙子十三篇》等。此外，在冯的司令部里，为培养储备初级军官，还设有"军士教导团"，轮番抽调全军比较优秀的班长，集训半年至一年。为培养储备中级军官，设有军官教导团，轮番抽调比较优秀的连、排长，集训半年至一年。为培养将才和高级幕僚，还设有高级教导团，抽调部分比较优秀的排、连、营、团长，学习时间一至二年。

不扰民　真爱民　誓死救国

冯鉴于军阀部队之军纪败坏，扰害百姓，天怒人怨，他在任十六混成旅旅长时，就非常注意军纪，凡违犯军纪者必加严惩，决不宽贷。但他并非不教而诛，而是从教育着手。冯从来不收在其他部队当过兵的老兵油子，他所招的新兵，必须是一头高粱花子的农民。新兵入伍后，首先接受的教育，就是保卫国家，爱惜百姓。为此，冯亲自编撰了一首叫作《训兵歌》的军歌，歌词是："有志新兵尔要谨记，当兵须知守本分。保卫国家，爱惜百姓，兵与人民一体生。食民膏，衣民脂，尔尽知民间困苦。重勤俭，重品行，不可忘保护商民。"还有一首叫作《爱民歌》。到1924年第二次直奉战争，冯班师回京推翻曹锟、吴佩孚的时候，他又提出这样的口号："不扰民、真爱民、誓死救国。"并把这个口号写在半径约四厘米的圆形白布上，缀到缠在每个官兵左臂的红色袖章上。到1926年，冯从苏联回国后，西北军的部队每天早晨必须举行朝会，冯亲自拟定了在朝会上的问答口号，如问：我们是谁的军队？答：老百姓的军队！问：我们是四万万人口的国家，被人家几千万、几百万人口的国家欺负得连猪狗都不如，这是谁的责任，谁的耻辱？答：是军人的责任、军人的耻辱！问：我们应当怎么办？答：保国卫民，复仇雪恨！打倒帝国主义，铲除卖国军阀！等等。

大家庭

冯在常德、信阳、西安、开封和南苑练兵的时候，历年以来，除举办各种军事教育组织以外，还举办了军官子弟学校——育德中、小学和军眷妇女学校——培德中、小学。此外，各旅长、团长在驻军附近的市镇上为当地居民举办义务小学。在平时练兵期间，各级官佐准许携带家眷。他们的配偶，一般都是原籍农村妇女，很少在驻军当地"就地取材"的。在军中结婚者，冯送给一台织布机、两袋面粉和50元钱。蜜月过后，新妇就得进培德学校学习。学习课目除学文化外，还须学织布、学缝纫。军官眷属宿舍（包括冯本人）都不在营房之内，而是在附近的营市街上租赁民房。有眷属的军官，不许随意外宿，以营为单位订有轮流回寓时间表，每人每周外宿一次，晚上熄灯号以后离营，早晨起床号以前回营。在南苑时，冯先生和五位旅长，时常轮流到军官子弟学校和军眷妇女学校视察、讲话。有一天，冯先生同他的参谋长刘骥，远远望见几个军眷妇女穿着短装外出，冯就对刘骥说："刘参谋长，你去管教管教她们，要她们外出时一定要穿上裙子。"刘骥说："我当参谋长，只能管军队公务，怎好管眷属家务呢？"冯说："你这话错了！我们这支军队是一个大家庭，军眷也是这个大家庭的成员，而你我都是这个大家庭的家长，当家长的为什么不能过问家庭成员的事呢？"几句话，说得刘骥口服心服，马上骑着自行车，追踪管教她们去了。

劝忠祠

冯在他历年驻军的地方，如常德、信阳、西安，都曾设置一个占地数十亩的陵园，专为埋葬阵亡将士和病故官兵。陵园围一透花院墙，里面遍植松柏，坟墓横竖成列，每一坟前竖立一通小石碑，碑上端镌刻一个十字架，下面刻着死者的姓名、籍贯、年龄和生前所在部队番号及职务。每一死者，有葬埋费15元。陵园正中，修建一座庙宇式的厅房，叫作"劝忠祠"，由冯亲书颜体楷书斗大贴金的匾额，悬挂在祠堂大门的上方（冯晚年改写隶字）。祠堂内陈列着死者的牌位。祠的四壁悬挂着旅、团、营长所献的匾额或楹联，如"浩气常存""精神不死""气壮山河""山高水长""英风凛然""虽死犹生"等。祠堂门前竖立着一通冯写的"祭文碑"。每届春节和清明节，冯必亲临陵园祭扫、凭吊，各部队官长和士兵代表也纷纷前往致祭。

沟垒比赛

西北军在平时练兵期间，每年阴历除夕前一两天，趁着夜间没有月亮、天气最冷的时候，进行一次沟垒（战壕）比赛。1923年那一次，是在南苑大操场举行的。以团为单位，每团出三个营，每营出四个连，每连出官长四员、士兵100名，不准多，也不准少。十五六个团分布在一个大操场的周围，每一个团所挖沟垒的幅度，就是实战时一个团应该担任的防御地段；沟垒的深度，是立姿散兵壕。白天，各个团按照检阅使署参谋处统一规划的图案，用石灰经始画线后，团长带着营长，营长带着连长，连长带着排长、班长，班长带着列兵，挨次查看地段，布置任务。入暮后，6点半钟开始，至次日凌晨3点钟停止，共进行八小时，中间休息半小时，就地吃一顿夜餐。竞赛指挥部的绿色信号弹升起，一齐动工，红色信号弹升起，一律停工，做不好，不许整修，做不完，也不许再做。动工期间，不许说话，不许点马灯，不许擦火柴，不许打手电筒。只听见扑通扑通的一片凿地声和叮叮当当的工具碰击声，只看见铁器碰着石头迸出的一闪一闪的火星，其他漆黑一团，什么也看不见。由于北京的气候比较寒冷，腊月间的地冻厚度一般都有一二尺，要用铁锨、铁镐撬开它，是不可能的，因此，每个连队都是在铁匠炉上把两根铁杠子的两端拧在一起，打成铁锥；每个铁锥由四个人分头抓着两根铁杠的中部，齐力凿掘地面的冻层，冻层掘开之后，铁锨、铁镐才有用武之地。由于天黑，伸手不见五指，正在用手挖土的人有被铲土的锨铲断手指的，有被凿地的铁锥戳伤脚面的，也有碰破头、伤着臂、伤着腿的，整个说来，受伤的数目是以百计的。在比赛动工过程中，自冯以下各级军官统统亲临现场，巡视督饬，而连、排长除指挥外，都同士兵一道参加劳动。尽管天寒地冻，由于操作紧张吃力，凡是参加操作的官兵都把棉衣脱掉，只穿衬衣，还是热得汗流浃背。次日天亮后，冯亲自领着几位旅长和参谋人员，评判优劣。结果，那次比赛，第八混成旅第二团名列第一，除了对该团全体官兵颁发荣誉奖和物质奖以外，还奖给团长张维玺一座直径50厘米、高达100厘米、紫檀木架子玻璃罩的大银杯。这座银杯原来是溥仪送给冯的，作为奖品，十分珍贵。1927年，张维玺任西北军第十三军军长时，在甘肃天水举行了一次全军运动会，会上进行了营长以上军官400米赛跑，营长蔺九洲取得第一名，张就把这座银杯转手奖给蔺九洲了。1930年，蔺九洲任团长时，在陕西安康作战中阵亡，这座银杯就不知所踪了。

此外，冯平时练兵，每届年终，总要举行一次"年终校阅"。举凡学科、术科、内务、卫生、制式教练、战斗教练、野外演习和实弹射击（包括战斗射击），都要来一次大检阅。连与连比，营与营比，团与团比，旅与旅比，优胜个人和团体，都有奖励。奖品除书面通令嘉奖外，团体者有锦旗、银杯、银盾和奖金。个人方面，军官多为文房四宝和成套装箱的木工工具或铁工工具等，士兵多为衬衣、鞋袜、毛巾和牙刷、肥皂等。

运动会

冯在平时练兵时，每年开一次全军运动会。后来，西北军的各部队，以军、师或旅团为单位，每一年或半年开一次运动会。有一年的春季，全军运动会是在北京景山公园举行的。竞赛项目，除一般运动会所进行的田径、球类、体操等以外，还增加了许多军事运动，如战术竞走、勺蛋竞走、瞄准竞走、骑牛竞走、自行车慢行竞赛、着装竞走、武术竞赛、劈刺竞赛、射击竞赛、人梯竞赛、障碍通过竞赛，等等。奖品有锦旗、锦标、银杯、银盾、奖章、纪念章和衣物、日用品等。

三节两年

西北军的官兵，绝大部分来自农村田间，他们的宗亲观念和传统的民族节日风俗习惯相当浓厚。冯洞悉这种情况，故每逢清明节、端午节、中秋节和阳历年（元旦），都要休假一天，停止操课，让官兵好好过节和休息。到了阴历年（春节）则休假三天，或看戏，或开运动会。清明节，每一官兵发给一个信封、两张信纸和一枚邮票，让他们写封平安家信寄回去。信封是特制的，上面彩色印着"乌鸦反哺"和"羊羔跪乳"两个画面，以示不忘孝亲之意。端午节，习俗是吃粽子，但部队里那么多人，一时做不出那么多的粽子，各连队都是以糯米加枣子和白糖，煮成很稠的甜米饭，吃起来和粽子不差味。中秋节，则是吃月饼、水果和花生、瓜子之类，有些连队不买月饼，自己以白面加糖馅蒸成甜饼，以代替月饼。阳历年，一般是吃一顿肉，打打牙祭。唯阴历年既要吃肉，又要包饺子。那时候，西北军还没有文工团之类的组织，部队看戏，是从北京请来的剧团演出的。演出的节目，都是富有教育意义所谓忠孝节义之类的历史剧，如《空城计》《长坂坡》《杀西门》《古城会》《宁武关》《捉放曹》《铁公鸡》《岳母刺字》《打渔杀家》，等等。每一出戏在演出前或演出后，由值日营长对官兵观众讲解剧情及其教育意义。有时冯也到剧场同官兵一起看戏。

《革命军人朝报》

冯在南苑练兵时，办了一份报纸，叫作《革命军人朝报》。冯常讲：朝气锐，暮气归，军人要保持蓬蓬勃勃的朝气，所以这个报纸就叫作朝报。它是三日刊，每期对开一张。内容包括：通令、训令，教育训练，军纪风纪，奖赏惩罚，人事调动，内务卫生以及其他。有时还有图片，这种报纸，一直发到最基层，每班一份。

军人工艺实习厂

冯玉祥在南苑练兵时，设立了一座军人工艺实习厂，由第八混成旅第一团团长石友三兼任厂长。厂分织布组、织毯组、织袜组、毛巾组、制鞋组、肥皂组、饼干组、罐头组、铁工组、木工组等。技术指导，系聘请专家担任，工人则是从各部队士兵中选拔而来，共有500人。生产出来的成品并不对外发售，专供部队自用。此外，各部队以营为单位，设立小卖部，除发售上述军工厂各种产品外，还备其他一些日用百货和油条、肉包、馒头、白糖、糕点、水果、汽水等。这是因为部队经常吃的是大米或小米，有些官兵很想吃点其他食品调剂一下生活。各部队以连为单位，还设有洗衣房和修鞋组，由士兵轮流值勤，而为大众服务。

同时，冯的司令部内，还附设着一个随军银行，专为官兵便于储蓄和汇兑而设。这个随军银行，是天津金城银行的一个分支机构。

兵舍规则

冯在平时练兵时，订立有各种规则，通令全军遵照施行，如兵舍规则、讲堂规则、厨房规则、厕所规则、澡塘规则、病房规则、卫兵规则等。每项内容烦琐细密，这里只举兵舍规则为例。兵舍规则有"十二不准"和"十二要"。十二不准是：一、不准大声喧哗；二、不准弹唱词曲；三、不准酗酒赌博；四、不准吸烟吸毒；五、不准结盟立会；六、不准打架斗殴；七、不准随便睡卧；八、不准擅自外出；九、不准涂抹墙壁；十、不准乱钉桩橛；十一、不准随地吐痰；十二、不准偷看淫书。十二要是：一要服从命令；二要尊敬上级；三要和睦同伍；四要互相帮助；五要遵守制度；六要严守纪律；七要保持整洁；八要保持静肃；九要注重公德；十要爱惜公物；十一要讲究卫生；十二要努力读书。

三礼二要

冯不仅善于练兵，而且善于带兵。他常讲：带兵以得兵心为第一要义。带兵必须爱兵。视卒如子弟，则可与之赴沟壑；视卒如赤子，则可与之俱死。他还常讲：带兵必须与士卒同甘苦，必须做到"三礼二要"。三礼就是：夏不挥扇，冬不衣裘，雨不张盖。二要就是：军井未汲，将不言渴；兵爨未熟，将不敢食。他又常讲：为将之道，用威莫如用恩，用恩莫如用礼。冯常常在部队开饭的时候，突然来到某一连队，和士兵蹲在一起吃饭。有一天，他突然来到十一师工兵营第四连，看见士兵们的下饭菜是豆腐白菜，他就到连部里，把连、排长们的菜盆用筷子搅了几下，说："噢，也是豆腐白菜！"如果他们的菜盆里有肉，那他们就要挨一顿军棍了。又有一天夜里，部队就寝熟睡后，冯悄悄地去到一个连队的伙房里，挤在炊事员的床铺上睡了一夜，天亮后，炊事员们才发觉是冯睡在那里。冯到医院慰问伤病兵的时候，除送鲜花和慰问品以外，还常常亲自为伤病兵抹澡、搓背、洗脚、理发和剪指甲，并且不是摆摆样子，而是真干实干，一干就是大半天，做得很细致。

壁画标语

西北军在平时练兵时期，驻军营房的各处墙壁上，绘画和书写着许多富有军事教育、战斗精神的历史故事和标语。绘画如《苏武牧羊》《玄高犒师》《闻鸡起舞》《乘风破浪》《完璧归赵》《陶侃运甓》《守株待兔》《刻舟求剑》《龟兔赛跑》《伍子胥过昭关》《申包胥哭秦庭》《鹬蚌相争，渔翁得利》《种瓜得瓜，种豆得豆》等。标语如"我不杀敌人、敌人必杀我""我不以死救我国，则我国必做敌人奴隶""敌人越是顽强，越是好敌手""炮弹飞来时，正吾人开欢迎会之时""臭皮囊早晚亦得脱去，但看它是豪杰脱去否""忧劳可以兴国，逸豫可以亡身""悔改上要用工夫，过则勿惮改，人非圣贤孰能无过，过而能改，复于无过。禹闻善言则拜，子路闻过则喜""谦受益，满招损""作善降百祥，不作善降百殃""不入虎穴，焉得虎子""军纪者命脉也，人无脉络必死，军无军纪必亡"等。

夏令营

冯在平时练兵期间，每年暑期举办夏令营。每年举办三期，每期三个星期。1923年和1924年夏令营的地点，是在距离南苑不远的清代皇帝避暑夏宫的团河，那里林木茂盛，风景优美，亭台楼榭，富丽堂皇。西北军军官子弟学校——育德中学的校址就设在团河。夏令营由冯亲自主持，参加人员为副营长以上的各级军官，分三期轮流前往。这种夏令营，是一种让军官们度假、休息、避暑、疗养的性质，生活比较轻松愉快。每天除规定读书体操和集体活动的一定时间外，都是自由活动，如下棋、打球、钓鱼、游戏、散步等。冯还特邀一些名流如黄郛、王正廷、王宠惠、颜惠庆、顾维钧、蒋方震、蔡元培、张伯苓等，来作国际时事或其他专题讲演。尤鹤亭先生也常来讲些令人发噱的故事。在夏令营里，伙食也比平常要好一些。

棒打不散

西北军的嫡系部队，都是冯一手训练出来的。他既不要外来的军官当他的部下、外来的士兵当他的士兵，也不愿经他训练出来的军官和士兵被别的部队收留、利用，以免他那一套带兵和练兵的方法被别的部队学了去。因此，他的部下军官有犯过失而被撤职的，他是不让离开的，在他的司令部里，设有一个"差遣处"，凡是被撤职的军官，都集中在那里加以教育训练，三五个月后，遇有同级缺出，就让他们补缺复职。例如，在南苑练兵时，十一师二十二旅四十三团上午收操回营后不到一个钟头，团长韩复榘就又命号长吹出操号，吹过三遍号，不见队伍出动，韩复榘就把三个营长叫去责问："为什么不出操？"一营营长冯治安和三营营长吉鸿昌都说是队伍还未吃完饭。韩复榘说："为什么不抓紧时间，为什么不听号令？"冯、吉二营长都说："是不是团长把时间弄错，提前了半点钟？"其实，是韩复榘把时间弄错了，上午收操太迟了。但是韩复榘自以为是，坚持不认为是自己的错，反而以为营长们有意同他闹别扭。于是，他就跑到冯那里，把指挥刀往地上一摞，说："冯、吉二营长不服从我，我不干了！"为了维持上级的尊严，冯就把冯、吉二营长都撤职了。可是一个月后，冯治安又当上了营长，三个月后，吉鸿昌也又当上了营长。曾在抗日战争时期当过第二集团军总司令的刘汝明，在十六混成旅当营长的时候，因犯过失而被撤差。撤差后，他开了小差，过了几个月，他自动地又回部队来了，冯把他降为伙夫。可是他当了半年伙夫之后，仍又恢复了营长职务。

续　弦

1923年冯夫人刘德贞去世后，留下二儿三女，都在稚年，须人扶持。部将张之江、李鸣钟、鹿钟麟等再三恳愿敦劝，冯渐有续弦之意。冯在北京练兵时，司令部设在两处，一在南苑，一在城内旃檀寺，冯有时在南苑住，有时在旃檀寺住。在旃檀寺住的时候，星期日常到北京基督教青年会做礼拜。当时李德全女士是北京基督教青年会的总干事，是一个独身主义者。由于冯常到青年会做礼拜，二人时常见面，熟识了，经过多次深谈、互相了解之后，情投意合，两厢情愿，一个决定续弦，一个放弃独身主义，于是有情人终成了眷属。时冯42岁，李夫人28岁。后来，李夫人生了一子三女，男名洪达，长女名理达，次女名颖达，三女名晓达。

体操团

西北军的官兵非常注重体操的训练，而在体操的各种项目中，最注重的是单杠。副兵不会"屈伸上"不能升正兵，正兵不会三大件（屈伸上、摇动转回、倒立下）中的两件，不能升班长。士兵们为了练好单杠，每晚就寝前和每早起床后，要练基本功——拿顶和拔杠子，拿顶要连续拿100次，拔杠子练举腿上、曲肘上和吊背悬垂，也要多达百次。冯为了预防各级军官特别是那些文质彬彬的军用文官做官当老爷久了，就不锻炼体力了，于是把全军的各级军官和军佐编成一个"官佐体操团"。在南苑练兵期间，以见长体操的十一师炮兵团团长孙连仲，任官佐体操团团长。体操团下分若干队，以见长体操的其他团长或营长任队长。每月集中训练一次，并由冯亲自检阅考核，连老将张之江也不放过，冯派人扶住他练习屈伸上。冯自己也在练，由马弁帮助他练习。那时的团长孙连仲、石友三，能在铁杠上拿大顶；营长梁冠英能在铁杠上打车轮；营长冯治安能在铁杠上拿着大顶、一气唱完《吃饭歌》："盘中粒粒都是辛苦，民脂民膏来之不易，雨露滋长出自上帝，主恩所赐感谢靡既。"

门标　灯标　午炮

冯玉祥在南苑练兵时，除第七混成旅驻在东苑（通州）外，第十一师和第八、第二十五混成旅共三四万人，统统驻在南苑大操场周围的营房内。检阅使署（师部附设于检阅使署）、师部、各旅部、各团部和各独立营营部的营门上，都挂着各自番号的门标，为的是便于识别各部驻地的位置。夜间门标不易看见，则用灯标显示。由于军中经费短绌，营中安装不起电灯，故灯标用的是红绿两种颜色的煤油马灯。检阅使署的灯标是，中间一红、两边各一绿，并排悬挂在营门口上方正中的铁架上。旅部、混成旅是上红下绿，步兵旅是左红右绿。团部是一盏红灯，独立营部是一盏绿灯。那时候还没有广播电台，没有收音机，校对时间是用"午炮"，每天到了正午12点，由检阅使署放一响午炮，全军一齐奏午号，部队一齐对表，因此，全军的时间是很一致的。

枪毙李彦青

李彦青本是曹锟的一个娈童，在曹锟任第三师师长和直鲁豫巡阅使的时候，他任曹锟的军需处长，在曹锟当大总统的时候，他任总统府收支处处长，其权力凌驾于财政部长之上。曹锟批发的公款或私款，谁要是不向李彦青行贿，那就别想把款子拿到手。有一次，曹锟批发给冯部10门苏罗通野战炮，李彦青竟扣留不发，索贿10万银圆。冯就向曹锟揭发此事，曹锟严令李彦青发给。10门大炮倒是发给了，但是10门大炮上的瞄准镜却被留下了。大炮上没有瞄准仪器，那就相当于一个人没有眼睛。当时冯部经济极端困难，而眼看第二次直奉战争即将爆发，急于把这10门大炮的瞄准镜弄到手，几经讨价还价，还是东拼西凑地给了他8万银圆，他才把瞄准镜交出。后来，冯先生发动北京政变时，班师回京，首先逮捕了李彦青，在追出几十万银圆赃款后，把他枪毙了。那时候的财政总长是王克敏，他扣押冯部军饷达半年以上，冯向他索要，他推托国库空虚。后来，在逮捕李彦青的同时，冯曾经分兵逮捕王克敏，官兵们本已碰上他了，但是由于不认识他，被他使了金蝉脱壳计给逃脱了。后来，在日军侵华战争时，王克敏当了大汉奸，天网恢恢，疏而不漏，他终于没能逃脱法网而被镇压了。

五虎将

冯任陆军检阅使在南苑练兵时期，他的部下有五个旅长，人们把这五个旅长比作刘玄德的"五虎将"。这五虎将是：第七混成旅旅长张之江，第八混成旅旅长李鸣钟，第二十五混成旅旅长宋哲元，第十一师二十一旅旅长刘郁芬，二十二旅旅长鹿钟麟。张之江，字紫珉，河北省盐山县人，行伍出身，曾任排长、连长、参谋、营长、团长；后来历任师长、军长、察哈尔都统、西北边防督办、国民政府国术馆馆长，新中国成立后，曾任全国政协委员。李鸣钟，字晓东，河南省沈丘县人，行伍出身，曾任排、连、营、团长，后来历任师长、军长、绥远都统、甘肃军务督办。宋哲元，字明轩，山东省乐陵县人，行伍出身，曾任排、连、营、团长，后来历任师长、军长、热河都统、陕西省政府主席、二十九军军长、冀察政务委员会委员长、第一集团军总司令、第一战区副司令长官。刘郁芬，字兰江，河北保定人，云南讲武堂毕业，曾任参谋、旅参谋长、团长，后来历任师长、方面军总指挥、甘肃省政府主席、汪伪政权参谋总长。鹿钟麟，字瑞伯，河北定县（今河北定州市）人，先是行伍出身，后在陆军大学特别班第三期毕业，曾任排、连长，参谋、旅参谋长、团长，后来历任旅长、师长、军长、代理西北军总司令、第六战区副司令长官、军法执行总监、冀察战区总司令、河北省政府主席、国民政府兵役部部长，新中国成立后曾任国防委员会委员。

郑州会师

1927年北伐战争时，西北军由五原转进陕甘，东出潼关，和在郑州与武汉国民政府的北伐军会师。武汉国民政府军政要人谭延闿、汪精卫、唐生智等先到郑州，在陇海路火车站迎候冯玉祥。冯的专车到达车站后，警卫部队纷纷下车站队，车上的人下完了，仍然不见冯下车，于是谭延闿就向刚下车的警卫部队队列排头一个全副武装的大个子士兵问道："冯总司令在哪里？"那个大个子士兵连忙立正答道："我就是冯玉祥。"武汉国民政府要人和冯商定，那天下午3点钟在郑州陇海花园开会议事。冯准时到场，看到议事桌上堆满了炮台纸烟和点心水果，而武汉政府的要人们却姗姗来迟，直到5点钟才陆续来到，于是冯先生半开玩笑、半挖苦地写了一副对联，对联是这样写的："3点钟开会，5点钟到齐，是否革命精神，应该如此？一桌子水果，半桌子饼干，忘了前敌战士，饥饿未曾！"

1930年冯、阎联合反蒋的中原大战期间，孙中山先生在广州开府时代的建国豫军总司令樊钟秀，率所部受冯节制，编为第八方面军，在京汉线上作战。樊钟秀的司令部设在许昌城内。一天，冯由郑州乘火车赴许昌视察防务，樊钟秀在火车站迎候冯，冯的专车到站后，从一辆铁闷子车里下来一个农民装束的大汉，推着一辆上面放着两口袋粮食的手车，吱吱扭扭地进城去了。列车上的警卫部队下车后，也跟着进城去了。樊钟秀等候多时，老是不见冯下车，正在纳闷，车站上转来电话说，冯已经到了城内樊钟秀的司令部。原来那个推着一小车粮食的农民大汉就是冯。

红　城

　　冯玉祥在苏联待了半年多，接触了一些马克思列宁主义的理论。1926年9月17日在五原誓师、就任国民军联军总司令后，部队由绥远经宁夏、甘肃转进到西安。一方面，由于冯离开部队时，张之江代理西北边防督办，其威望远逊于冯，以致西北军的诸将领各自为政，将帅不和，闹不团结；另一方面，张作霖、吴佩孚、阎锡山三大军阀势力联合起来向西北军进攻，西北军寡不敌众，以致南口之战守了近半年，终究溃败。败退途中，将领灰心丧志，部众军纪废弛，士气低落，军心涣散，几致不堪收拾。冯回国后，目睹这种状况，深感积重之后，非振之以猛、大加整顿一番不可。于是，他把大军云集西安，将其司令部设在旧皇城内，把旧皇城改名"红城"，皇城前面的广场，改名"红场"，红城、红场到处红旗飘扬。因此，张作霖、吴佩孚的部队对西北军作战时命为"讨赤军"，说西北军"赤化"了。每天天蒙蒙亮，部队就在红场举行朝会。朝会由冯亲自主持，首先他亲自点高级将领的名，看他们是否有无故不到者，老将如张之江、鹿钟麟、宋哲元以及孙良诚、韩复榘、石友三、马鸿逵等，都和士兵一样，大声应"有"！点过名，作提振士气的简短讲话。讲过话，就练习阅兵式和分列式。练阅兵式时，高级将领们和士兵一样要行举手注目礼。练分列式时，高级将领也和士兵一样列队走正步、向右看。有些老将多时没有下过操了，乍一走路队，有的就走不对腿，有的还在"拉钻"。当分列式走到阅兵台前时，冯就向大伙问："同志们辛苦了！"众齐答："为革命服务！"又问："你们是谁的队伍？"众齐答："老百姓的队伍！"又问："你们的任务是什么？"众齐答："一、打倒帝国主义，二、铲除卖国军阀！"又问："你们准备好了没有？"众齐答："早就准备好了！"分列式举行完毕，接着开始各种操练，尤其着重战斗教练。每天进行三遍操练和两次学科；学科以政治教育为主。

冯亲自主持的这种训练，对提振士气非常有益，官兵的头脑中只有一个意念，即救国救民，其他全不想了。每一个军在西安训练两星期就开走，开到潼关以东，开走一个军，又来一个军，各军全训练了一遍，冯就从西安移驻潼关，不久又移驻郑州。

在南京

1928年北伐战争结束后，冯赴南京就任国民政府行政院副院长兼军政部长职，蒋介石和行政院院长谭延闿、立法院院长胡汉民、司法院院长居正、考试院院长戴传贤、监察院院长于右任以及张群、何应钦、吴铁城等设宴为之洗尘。筵席非常丰盛名贵，山珍海味无奇不有，中外名酒罗列俱全。宴会刚一开始，冯张嘴大哭地说："豫、陕、甘三省（包括青海、宁夏）的军民，连草根树皮都吃不上，今天这样的酒菜饭食，我实在没法下咽。"接着他说了一声"谢谢"，起身而去。蒋介石一伙东道主想不到遭此一场奚落，个个气得发昏，于是大骂冯是矫揉造作，不近人情。

冯在行政院大厦内办公，中午下班时别人都回宿舍吃饭去了，唯独冯把饭菜用饭盒提到办公室，就在办公桌上吃午饭。有一天，中午下班时，院长谭延闿走得晚一些，冯要吃午饭了，就请谭延闿一起吃。谭延闿一看，主食是棒子面窝窝头，副食是白菜豆腐和疙瘩头咸菜，他就说："您请吧！"冯说："我这种饭菜，恐怕您还没吃过吧？在行政院大厦的办公室里，恐怕从来也没见过这样的饭菜吧？"据说，谭延闿这位大官僚是最讲究吃喝的人，经常是鸡鱼肉蛋不离嘴，隔不了几天，就要吃一顿60两银子一盆的燕窝或鱼翅，这就难怪他咽不下棒子面窝窝头和白菜豆腐疙瘩头了。谭延闿的厨师曹某，据说是全国最有名的厨师。可是，谭延闿终于死在这位曹厨师的手里了，传说是蒋介石用重金收买了曹厨师，把毒药下到食物内给毒死的。

1928年，国民党中央委员会举行全体会议，讨论各级官员的薪俸问题。有人提议，现任官员和中央委员每人月薪应为银洋800元。恰好那天轮值的执行主席是冯，提议者发言后，冯就以执行主席的身份说话了。他说："现在是战乱之后，民穷财尽，特别是豫、陕、甘一带，连年旱涝成灾，颗粒不收，老百姓连草根树皮都吃光了，我们居上位者拿那么多的钱，不顾人民的死活，于心何忍？！"冯的话音一落，那位提议者和一些附议者纷纷开腔了，他们说："我们从广州出师北伐的时候，也曾光着脚板，穿着草鞋，茹苦含辛地什么罪都受过，什么苦都吃过，今天革命成功了，我们应该享受享受了，月薪800元并不算高。"但是，不管他们怎么说，冯一味推托，就是不予表决，这一天过去了。第二天，别人当了执行主席，提议月薪800元的人更多了，执行主席很快地付诸表决，除冯和极少数几位委员反对外，绝大部分委员都是举手、鼓掌通过。冯气得顿足并立即退出会场，不再出席会议。

冯在南京时，南京市市长是刘纪文。刘是蒋介石任国民革命军总司令时期的军需处长，是蒋手下最红的一个人。他当上了南京市市长之后，炙手可热，骄奢淫逸，贪赃枉法，无恶不作，市民有冤无处诉，有理无处申。冯到南京后，市民向他投告者，目不暇接。当刘纪文和中央大学校花许淑珍结婚时，趋炎附势、乘机钻营者，纷纷馈送金银珍宝，作为贺礼。冯也不免俗，给刘纪文送了一个颇为精致的小匣子。刘纪文打开匣子看是什么贵重礼物，不看犹可，一看登时吓得面无血色，浑身打战。原来满匣子里面装的全是南京市民控告刘纪文种种罪行的状子。

主持公道

北伐战争结束后，全国实行编遣队伍，由蒋介石操纵的编遣会议规定，蒋介石的第一集团军缩编为12个师，冯的第二集团军也缩编为12个师，阎锡山的第三集团军缩编为10个师，李宗仁的第四集团军缩编为8个师。起初，冯、阎、李三位总司令对此还没有多大分歧。可是，除此之外，中央另有直辖骑兵若干师，炮兵若干团，工兵若干团，辎重兵若干团，通信兵若干团，宪兵若干团，合计起来超过了12个师，而所谓中央直辖，就是归蒋介石掌握。此外，还有一些不属于四个集团军的零星杂牌部队，有编三个师、两个师或一个师的，合计起来又超过了12个师，而这些名义上归中央直辖的部队，实际上又都归入了蒋介石的掌握。这样，冯、阎、李三个总司令当然认为太不公道、太不合理了。

不特如此，还有更不公道、更不合理的问题呢，那就是关于饷章问题。编遣会议规定，第一集团军的饷章比其他三个集团军的饷章要高出一倍，理由是西北和广西地方苦寒，负担不起较多的钱粮，而这些地方的官兵特别是西北军的官兵，过惯了艰苦生活，所以饷章要定得低一些，而江南一带比较富庶，官兵也习惯于较好的生活，所以饷章要定得高一些。

这算什么理由？冯、阎、李都愤愤不平，拒不接受，编遣会议遂告破裂。接着就是冯、阎、李三方联合起来，组织"护党救国军"，共同反蒋。他们的官兵左臂上都缀上一块八厘米见方、白布蓝边、里边横书"主张公道"四个蓝色字的臂章。这是1929年的事。不过这一仗没打好，一因桂系方面距离太远，与冯、阎方面联系不上，不能密切配合作战；二因冯的主力部队韩复榘、石友三两个军，被蒋介石以重金和高官收买过去，冯不得不把在山东、河南的部队统统撤出潼关以西，休养生息。到1930年，冯、阎再次联合反蒋，打了半年之久的中原大战。

奇异装束

1932年1月28日，日军在上海挑起战事，十九路军奋起抵抗。国民政府在南京召开国事会议，冯被邀，由山西赴南京参加会议。冯到南京时，穿的是蓝色粗布棉裤和短褡棉袄，腰里扎了一条蓝布腰带，头上戴了一顶毡帽。冯的老朋友、国民党中央常委李烈钧一见他这样打扮，认为不太合适，连夜替他赶制一套常规礼服——蓝绸子长棉袍，黑缎子夹马褂，灰色细呢子礼帽。冯倒是没有拒绝，但他却把长袍的下半段给剪去了，只留到长及膝盖为止，说是下半段走起路碍事，没有用处，且是浪费。礼帽的边缘，除留前面的一部分外，其余部分也都剪去了，形成了一顶鸭舌帽。第二天，冯穿戴着这一套"礼服"去参加会议，会场上为之哄堂大笑。

在泰山

1932年一·二八上海抗战军兴，以蒋介石为首的军政人员主和，与日军订立了《淞沪停战协定》，战事遂告结束。冯是主战派，但孤掌难鸣，其志未遂，不愿留在南京，准备仍回山西晋祠韬光养晦。山东省政府主席韩复榘原是冯的部下，与冯有着几十年的患难之交，韩虽于1929年背叛冯，投靠蒋介石，而对冯的恩情不能忘怀；加之韩虽然投靠了蒋介石，但又不愿受其挟制，想要独霸山东。当他听到冯要回山西的消息后，遂想拥冯以自重，并借此以弥补叛冯的愆尤，于是，亲率钢甲火车前往徐州迎接冯，就这样，冯上了泰山，住在普照寺。

1933年长城抗战时，冯和吉鸿昌、方振武、任应岐等将领，在张家口组织察哈尔民众抗日同盟军，并和日军作战，取得不小的胜利。但蒋介石同日军签订了丧权辱国的《塘沽协定》，并同日军一起，派出大军进逼冯，要求他解散民众抗日同盟军，且将吉鸿昌、方振武、任应岐等杀害。

韩复榘再次亲率钢甲火车，第二次把冯迎上泰山。

冯在泰山时，担任警卫的有一个手枪团。这个手枪团是由跟随冯多年而不愿离开冯的各级军官所组成。他们的粮饷，是由韩复榘和宋哲元分别承担的。这个手枪团，日常除操课训练外，冯经常领导着他们从事生产建设。普照寺位于泰山南麓，寺前是一片乱石冈，冯就把那一片上百亩的乱石冈开发成一个林果园，聘请专家指导，引进良种，栽种苹果。泰山出产苹果，即从此始。泰安的"金帅"苹果，誉满中外，大量出口。

泰山有三溪，普照寺的西侧是西溪，西溪之西有疗养院、休养所、医院等许多机关，只因隔着一条溪沟，交通极不方便。于是冯督饬着他的手枪团，在那里修建了一座坚固耐用的石础铁架桥，冯亲笔题字镌石，取名为"大众桥"。这座桥不仅便利了交通，而且如今成了泰山上的一个古迹名胜。

冯虽然避开尘嚣，居住山寺，但南来北往路过泰安的军政要员，登山拜访冯并顺便游览一下泰山景色者，还是颇不乏人。有一天，铁道部部长、"太子"孙科，前来看望冯，冯亲自导游，从上午10点一直游览到下午4点，当然既不是骑马，也不是坐轿，更非乘车，只是步行，把孙科累得直不起腰来，满头大汗，渴得口内生烟，饿得头晕眼花。回到普照寺，先喝点茶水，歇息了一会儿，开饭了，都是不冷不热的小米绿豆稀饭，掀开笼格，便是冒着热气的棒子面窝窝头和一盆清汤豆腐白菜。孙科馋涎欲滴，喝着小米粥比牛奶还香甜，吃着窝窝头比面包夹火腿还好吃，就着白菜豆腐比山珍海味还要鲜。于是孙科狼吞虎咽地喝了两大碗稀饭，吃了两个大窝窝头，豆腐白菜，连汤都喝了。冯还一个劲地介绍说："泰山有三美，白菜、豆腐、水。"孙科吃饱喝足之后说："冯先生的饭菜太好了！今天这顿饭，我有生以来第一次吃得这么多、这么饱。我在南京，成天吃的是西餐、大菜，鸡鸭燕翅，可是每餐吃的数量，不及今天这顿饭的十分之一，这是怎么回事呢？"冯说："你在南京养尊处优，一天到晚坐着躺着，一动就是汽车，一步也没走过，一天吃上五六顿饭，上顿饭还在喉咙眼里，下顿饭又端上来了，根本不饿。再好的饭菜，一看就腻，怎么能吃得下呢？饥者甘食，渴者甘饮；饥者易为食，渴者易为饮，此之谓乎？"

"倒戈将军"

辛亥革命时，冯当营长，他同王金铭、施从云两位营长共同发动滦州起义，准备进攻北京，推翻清王朝；1916年袁世凯称帝，蔡松坡由滇入川讨伐，袁世凯的干儿子、四川都督陈宦，命冯率所部第十六混成旅在宜宾迎击滇军，冯却派参谋长张之江赴纳溪与蔡松坡谈判，为输诚佯装战败，十六混成旅由宜宾退到成都。冯力逼陈宦发出四川独立、要求袁世凯取消帝制的通电，这个通电成了袁世凯的催命符，不久袁便死去。1917年，冯反对内战，停兵浦口，拒不援闽；1918年，冯在武穴通电主和，反对内战；1920年，直、皖战争时，曹、吴命令冯率部参战，冯借故拖延，迟迟不行，未及开到战场，战事已告结束；1924年，第二次直奉大战时，冯发动北京政变，推翻曹、吴不久，又和张作霖火并，并和段祺瑞闹翻；1929年冯联合阎锡山、李宗仁，组织"护党救国军"，共同倒蒋；1930年，冯又联合阎锡山，发动了反蒋的中原大战。基于上述一系列的史实，有人称冯为"倒戈将军"。其实，冯之所以不听这个，不听那个，打这个，打那个，反对这个，反对那个，正是主张正义，不得不尔；正是顺应潮流，跟着时代前进。这正是他思想进步的表现。冯常常引用陶渊明的话"觉今是而昨非"。冯还常说："昔蘧伯玉行年五十，而知四十九年之非。"冯的所谓倒戈，大概就是基于这种哲理而行事的吧。

日　记

冯自当旅长起，天天记日记，没有间断过，无论多么忙，深夜也得把当天的日记记下来，或者次日早早起来把头一天的日记补记下来。如果一天的日记没有记，就书一"死"字以代之。日记的记载范围很广泛，举凡工作，做了什么，怎么做的；会客：会的是谁，谈了些什么事；读书：

读了什么，有什么心得体会；看操：看的哪些单位，操练的什么；视察：视察了什么，发现了什么问题；以及有什么计划，有什么打算，有什么观感；等等。有时把作的诗歌也记在日记里。1930年秋，冯、阎联合反蒋掀起中原大战之时，冯的日记已印制成书，平装，书皮是草绿色的，封面上写着《冯玉祥日记》。当时，西北军的连长以上军官每人发给一本。抗日战争时期，《冯玉祥日记》一度公开发行，书皮是白色的，其内容在前次出版的基础上抽掉了许多。大概是因为冯当时与蒋介石合作、共同抗日的关系吧，凡是日记里面有关反蒋的段落，完全给删去了，已非庐山真面目，失去了真实的历史价值。

半拉脸丢掉了

抗日战争初期，冯玉祥任第一战区司令长官，受其指挥的部队，主要是宋哲元的西北军旧部和刘峙的中央军嫡系。宋哲元部已不像从前那样恪遵冯的命令了，刘峙所部更是不听冯的那一套，因而宋部不战而退，刘部一泻千里，华北大片土地很快地沦入敌手。冯见事不可为，遂辞去第一战区司令长官职务。不久，冯又代蒋介石任上海一带的第三战区司令长官。这一战区的作战部队，完全是蒋介石的中央军嫡系，冯更是指挥不灵，处处掣肘，对于不听命令或作战不力者，由于蒋介石的包庇，亦无可奈何，于是只好又辞去第三战区司令长官的职务。又不久，津浦铁路北段战事吃紧，成立第六战区，这一战区的作战部队主要是韩复榘的西北军旧部，冯又被任命为这一战区的司令长官。冯乘火车赴济南，第三集团军总司令韩复榘到车站去迎接，冯下车时，用手捂住半拉脸，韩复榘问道："先生的脸怎么了？"冯说："我这半拉脸被宋哲元给丢掉了，剩下的半拉脸，就看你争气不争气了！"结果，韩复榘更是不争气，为了保存自己的实力，甚至不战而退，终致被蒋介石借口处死，第六战区被撤销。

爱国者友　害国者仇

抗日战争初期的1938年1月11日，蒋介石把第五战区副司令长官、第三集团军总司令、山东省政府主席韩复榘予以逮捕，并宣布四大罪状：不听命令，擅自撤退；保存实力，拥兵自卫；收拦民枪；贩卖鸦片。韩复榘被押解到武汉后，蒋介石本已拿定主意把他处死，但他却给人以假象，说是要让韩复榘出洋，何应钦拿着为韩复榘办的出国护照，假惺惺地向冯征求意见。冯沉闷了半晌，猜透了蒋介石的用心，是想把该杀而不让杀的骂名诿之于冯。于是冯先生提笔写了八个大字："爱国者友，害国者仇。"别的什么话也没说。结果，蒋介石把韩复榘枪毙了。

在陆大上学

抗日战争初期，冯先后担任三个战区司令长官，由于事权不一，指挥系统紊乱，都未能展其抱负，发挥其应有作用。他鉴于抗日战争不是短期所能结束，乃要求训练新兵，编练部队。冯为了将来指挥作战能像身之使臂、臂之使指那样运用灵活，建议由他自己选西北军旧部为骨干，成立三个军，并提出鹿钟麟、石敬亭、张维玺任军长。蒋介石表面上答应，并批交军政部长何应钦照拨新兵，照发武器装备和经费。而实际上蒋介石和何应钦玩的是双簧把戏，何连一个新兵也不拨给，一支枪、一元钱也不给发。冯无可奈何，只好作罢。闲着无所事事，冯做了一段时间的献金救国运动工作，随后偕同鹿钟麟、石敬亭、张维玺、孙良诚等，进入陆军大学特别班第三期学习，以备来日更好地为国效力。

陆大校长是由蒋介石兼任，但只是一个挂名，实际负责的是教育长。当时的教育长是杨杰（耿光）。由于冯是以军事委员会副委员长的身份带职学习，所以杨杰一遇着他，总是抢先向他敬礼，并向他请示报告；而冯每逢遇着杨杰，也总是抢先向他敬礼，这样，两人都是感觉不好意思。后来，冯提出一个两全办法，他对杨杰说："在校外相遇时，你是教育长，我是副委员长，你是下级，我是上级，你须先向我敬礼；一进陆大校门，你是教育长，我是学员，你是上级，我是下级，我须先向你敬礼。"以后他们两人就是照此协议行事。

冯在陆大学习期间，非常认真，非常用功，从不无故缺课，听讲、作业从不马虎，尤其是战术作业，写字是楷书，画图是工笔，一丝不苟，非常细致，所得成绩总是"优良"。但是，他的作业很少发还到他手里，都被教官们和同学们拿去作纪念品了。

西北军的带兵军官大多数是行伍出身，而其幕僚人员如各级参谋长、参谋、团附等，不是陆大出身，便是国内外军官学生出身。行伍出身的带兵军官，也不全是大老粗，韩复榘就是司书生出身，他当团长时，还上过相当于陆大的高级教导团。1925年，冯在张家口办了一所西北干部学校，学员小部分是从部队中选拔的文化程度较高的初级军官和士兵，大部分是从京、津一带招收的大中学生。在这所学校里，还选派了二三百名学员，分别留日、留德、留俄，去学习各兵科军事学。1928—1930年间，冯还在开封、洛阳举办过西北军军官学校。

在陆大讲演

陆军大学的校址，最早在北京，国民党当政时期迁到南京，抗日战争初期迁到湖南桃源，以后迁到贵州遵义，1940年夏又迁到重庆。迁到重庆后，正值将官班第一期（笔者就在这个班学习）和特别班第四期将要毕业，学校当局特邀在重庆的军政要员如孔祥熙、张群、于右任、王宠惠、李济深、何应钦、白崇禧、徐永昌和冯玉祥等轮流到校讲话。一天，轮到了冯，别人来时，都是把讲稿放在皮包里提着来，冯却用一块蓝粗布、白印花，好似农村妇女的顶头手巾，包着讲稿，夹在胳肢窝里而来。一开头，他说："陆军大学校是最高军事学府，而我是个行伍出身的大老粗，我向你们大家讲话，简直是鲁班门前耍锛、孔夫子门前卖文了。你们成天学的是高级战略、大军战术，我要再对你们讲这一套，那就好比刚吃罢丰盛的酒席，再让你们吃红烧肉，你们会感到很腻歪而吃不下去的，因此，今天我不准备讲那些高深的军事理论，而给大家弄点小菜来解解油腻。"

接着他就讲开他那所谓小菜的正题。他说，练兵最要紧的是，要让士兵练"咯吧死"，就是要多练瞄准，多练实弹射击。瞄准了，这边把扳机一搂，咯吧一响，那边的敌人应声而倒，这比练什么都要紧。接着他说，对士兵讲战术，必须讲得越通俗越好，深了他们听不懂。什么是战术？卖柴的老张和卖菜的老王，两人都担着挑子上街去赶集，街上路窄人多，老张的柴火挑子，碰撒了老王的青菜挑子，两人争吵相持不下，于是动手打起来了。卖菜的老王先用拳头照着卖柴的老张的头部一晃，老张只顾招架头部，冷不防老王从底下来了个"扫堂腿"，一下子把老张给摔了个嘴啃泥。这就是出其不意、声东击西的战术。而我们的指挥官，尤其是连、排长们，就不懂这一招，他们是"袖筒里装棒槌——直进直出"，那怎么能取胜呢？

冯讲了一个半小时，让大家休息一刻钟。别的要员们在休息时，都是到贵宾休息室里吸烟吃茶，冯却在院中一棵大树底下就地盘腿坐下，同围上来的学员们有说有笑地攀谈起来。下半段的时间，冯不再弄小菜吃了，而是端出山珍海味来了。他从上古直至近代的兵书如《六韬》《三略》《司马法》《尉缭子》《吴子六篇》《孙子十三篇》《李卫公问对》《纪效新书》《拿破仑战史》和《克罗塞维茨的战争论》等，滔滔不绝，如数家珍地讲了两个小时。大家听得出神，一点也不感到腻歪，一点也不感到疲倦。在这以前，没有见过和不了解冯的人，都以为冯是一个黑旋风李逵式的粗人，及至这次见了和听了他的讲演，才知道冯是一个不简单的人。

慈祥长者

1938年3月17日，笔者在抗日战争滕县守城战役中，被敌人的炮弹炸伤腿脚，先到汉口法国教会梅神父医院动手术，后转成都后方医院治疗。1939年1月11日，冯由重庆赴成都开展献金救国运动，他住到陕西街刘文辉的宅子里。第二天一早，我去看他，我知道冯向来是起床很早的，于是凌晨4点我就拄着双拐去了。

一到他那住所大门外，就看到随他来的手枪队正在劈刀、打拳、练武术。到了二门，看见他的卫士们正在吃早饭。到了内厅，看见冯正在灯下写什么。我把名片（当时我是陆军第四十一军一二二师三六四旅少将旅长）交给他的副官呈上，冯立即走出厅房相迎。他看见我拄着双拐，连忙伸手搀扶住我，进到厅里，让我坐下以后说："天这么冷，你出门怎么不穿大衣？"我答："本来穿着哩，穿着大衣进谒老长官不恭敬，脱在门房里了。"他"嗨"了一声说："你不怕冻着吗？快拿来穿上！"副官拿来之后，他亲手给我披上说："你是在滕县受的伤？"我说："是的，先生怎么知道的？"他说："你受了伤，到武汉来就医，怎么不告诉我一声，就不怕我挂念？"我说："先生日理万机，事情那么繁忙，我怎好再干扰先生呢？所以未向先生报告。"他说："我还是听到王丕襄说，才知道你在滕县受伤，到汉口梅神父医院治疗。于是那天我就同王丕襄一道从武昌过江去看你，并且还给你带了东西（一百多本书，大部分是冯的著作），谁知你在头一天乘飞机到成都去了。现在伤势怎么样了？伤在哪儿？我看看。"于是我解开绑腿，脱下鞋袜，冯用手在伤处摸摸捏捏，说："伤势很重，治疗得很好，若是把腿锯断、脚锯掉，那才糟糕呢，你还须好好休养，不要急着回部队去。"冯接着问我："你还有哪里受过伤？"1927年8月26日，在北伐战争时，我在陕西同州攻城战中，敌弹贯穿右肺，几濒于死。冯命我解开上衣，亲手摸着着弹处的伤痕说："噢！这是致命伤啊！现在怎样？有后遗症吗？"我说："没有。"他说："那好，那好！"冯又问："还有哪儿受过伤？"我说一处在腋下，一处在腕上，都是轻伤，没让他再看。随后，我说："先生可不可以给我写点什么，以便遵循并作纪念？"冯问我带笔记本没有。我忘带了，我说："回头送来吧。"我买了两张宣纸，订成一个16开的本子送去。冯写的是寸楷隶书，内容如下："带兵之道，须如父兄之待子弟，饥为之食，寒为之衣，出之以至诚无伪，行之以大公无私。练兵之道，必以身先之劳之；言教不如身教，以身教者从，以言教者讼；己身正，不令而行，己身不正，虽令不从。用兵之道，运用之妙，存乎一心；随机应变，坚定果决，出奇制胜，兵贵神速，巧迟不如拙速。我们一定要把日本鬼子打出中国去。"当时笔者的父母和张维玺、王恒心的父亲，都在成都寓居，他们过去都和冯见过面，这次他们也去看望了冯，冯在百忙中接见了他们。随后，冯还派副官拿着他的名片、带着礼物，回拜了三位老人家。

　　1940年夏，笔者在重庆于陆大即将毕业时，抽空又去进谒冯，一见面，冯就说："好啊！你把双拐撂下了，腿脚的伤都好利落了？"我答："不拄拐棍也能行动了，只是还不能走远路。"冯说："多坐车或多骑马，不要步行走远路。让我再看看伤势长得怎么样？"头天晚上我没有洗脚，不好意思脱袜子，我就说："已经长好了，先生很忙，不必看了。"冯说："我不放心，我得看看。"我只好把裤腿挽起，把袜子脱掉，冯一点也不嫌脚脏、脚臭，把伤处抚摩过来，抚摩过去，嘴里还说着："骨头接合得还不错。但是，还须休养一段时间，才能重返沙场。"随后，冯亲笔写了一副对联送给我。上联是："项羽破釜沉舟，立夺秦关百二。"下联是："勾践卧薪尝胆，终吞吴地三千。"我感到他真是一位慈祥长者。

义务保长

　　1941年起，日军更加疯狂地轰炸重庆，每批敌机少则三五十架，多则百余架，一批刚去，一批又来，夜以继日，连续不断地进行狂轰滥炸。重庆市区不能安居，许多政府机关及其所属职工家属纷纷迁居到距市区三四十里的西郊歌乐山一带。冯玉祥也由市区移到这里。政府官员的家属自以为是特权阶层，不受当地地方政权的约束，抗粮、抗税、抗捐，拒服兵役，并且横行霸道，为非作歹。当地老百姓愤愤不平，乡、保长们不敢过问。冯察悉这种情况后，挺身而出，充当义务保长。他把情况调查清楚之后，该纳粮的纳粮，该纳税的纳税，该认捐的认捐，该服兵役的服兵役，谁也逃避不了，谁也不能例外，铁面无私，毫不徇情。那些特权阶层敢怒而不敢言，而当地的老百姓和乡、保长们却是拍手称快，称他为"冯保长"。

穷人饭店

冯住到歌乐山，目睹肩挑小贩、升斗小民和来往客商，路过歌乐山一带时，住不起高级旅馆，吃不起昂贵酒饭，于是他在歌乐山下、交通要道上的陈家桥，开设了一座竹篱茅舍的"穷人饭店"。主食有大米蒸饭、稀饭和窝窝头，副食有萝卜、白菜和泡菜。住宿则是地铺，下面是一尺多厚的干稻草，上面夏覆竹席，冬覆毛毡，价钱非常便宜。因为饭店里的管理人员和服务人员是由冯的警卫部队中抽调来的，不赚分毫利润，过往穷人无不称道。事为重庆市政当局获悉，组织了一个调查团，前来调查这个"穷人饭店"，吹毛求疵地察看之后，下了"卫生很好，营养不足"八个字的结论。人们不禁问道：哪里的穷人们营养是足的呢？在旧中国，穷人们能免于饥饿而死，就算是幸福无边了啊！

在美国

冯竭力主张停止内战，国共合作，联合各党各派，共同建设祖国，反对蒋介石反共反人民的政策和法西斯独裁专制。但是，忠言逆耳，蒋介石对于冯的劝告是听不入耳的。1946年6月，蒋介石冒天下之大不韪，公然撕毁停战协定，掀起全面内战。冯看透了鸟兽不可与同群，也看透了蒋介石的反动政权不久就要崩溃垮台，遂即要求出国，并准备绕道到解放区去。蒋介石巴不得冯赶快离开，以免在他身边碍手碍脚，遂即给了冯一个考察欧美水利专使的名义，冯于1946年9月到了美国。

1965年夏，笔者在青岛疗养院疗养时，正值冯夫人、卫生部部长李德全到青岛度假，有一天我去看望她，承她告诉我冯先生在美国进行反蒋活动的一些情况。

李说，冯到美国的时候，美国正是由杜鲁门总统执政。他的政府是支持蒋介石反共反人民的，它不仅以经济援助蒋介石，而且还以军事援助蒋介石。因此，冯在美国遂即进行反对美国援蒋的运动。1947年"双十节"（当时的国庆节）那天晚上，中国留美学生会在哥伦比亚大学举行庆祝会，特约冯去讲话。冯在会上大声疾呼，义正词严地抨击蒋介石的法西斯独裁政策，并揭露蒋介石反动统治集团的贪污腐化、媚外卖国。他呼吁美国政府不要再支持蒋介石打内战。他说：蒋介石在中国屠杀了成千上万的知识分子、进步人士和老百姓，因此，可以说蒋介石是屠宰公司的总经理……蒋介石又是一个运输大队长，因为美国送给他的坦克、大炮和枪支弹药，都被他输送给共产党领导下的人民武装了……

就在庆祝"双十节"那天，冯还举行了一次记者招待会。他在会上宣布说，他坚决反对蒋介石的法西斯独裁和反对美国政府支援蒋介石反共反人民打内战的立场。有一个美国记者问他："冯先生你这样讲话，不怕蒋介石谋害你吗？"冯回答说："我如果怕他谋害，我就不这样讲了，我就不反蒋了。"冯在美国公开反对蒋介石，引起了蒋介石的忌恨，他立即解除了冯的考察欧美水利专使的名义；不久，又开除了冯的国民党党籍。国民党内的民主派于1948年元旦，在香港成立了以李济深为主席的中国国民党革命委员会，冯被推为该会政治委员会主席。有人问冯，对蒋介石处理这两件事的感想怎么样，冯一笑置之说，这是早在意料中的事。冯的留美护照有效期满，希望回到祖国解放区，遂于1948年8月离开美国。

遇　难

　　冯玉祥遇难逝世的消息传出后，死因如何，传说不一，有的说是蒋介石的特务害的，有的说是轮船失火烧的。1948年9月8日新华社自陕北公布的这一消息照录于下：中国国民党革命委员会政治委员会主席冯玉祥自归国途中于黑海因乘轮失火遇难逝世。据苏联塔斯社敖德萨4日电称："胜利"汽船8月初离开纽约驶敖德萨。在开罗时有两千多名要到巴统的被遣送回国的阿美尼亚人上船。8月31日"胜利"号船已由巴统启航来敖德萨，途中船上起火，原因系影片着火、处理不慎所致。遭难者中，有中国冯玉祥将军及其女儿。该船已抵敖德萨，正进行调查中。又据塔斯社莫斯科7日电称：在"胜利"号轮船因着火遇难的冯玉祥将军灵柩，已于9月7日由飞机运抵莫斯科，遵照冯夫人的愿望，将其遗体焚化，骨灰罐将交给冯夫人。火葬时到场的有冯将军的亲戚、苏联武装部队及公共团体的代表。当将军的灵柩抵达机场及火葬场时，曾致以军礼辞灵。

　　1965年夏，笔者在青岛会见李德全部长时，承她详述冯先生遇难的经过如下：冯自赴美国，蒋介石的特务始终跟踪，不离左右，但在乘苏联"胜利"号轮船离开美国时，曾扬言到开罗居留一个时期。船抵开罗，冯一行下船住下，特务们也下了船，当"胜利"号轮船由开罗启碇时，冯一行悄悄地上了船，那帮特务既无赴苏船票，又无赴苏入境签证，他们上不去"胜利"号，从此才把那帮特务甩开了。1948年8月31日船抵黑海，晚餐后，冯氏一家和部分其他乘客到船上电影室看电影。冯亲自动手，放映他在美国拍摄的纪录片，在倒片时，机轮滑脱，旋转速度太快，摩擦生电，以致起火，电影室内存放的影片拷贝很多，而拷贝非常易燃，火势蔓延迅速，刹那间，满室是火，瓦斯气味令人窒息。冯和其他观众争先恐后地夺门而出，但是到处烟雾迷漫，找不到出路。冯同他的家人失散了，他自己左冲右突，先到左边通道，找不着出路，后到右边通道，还是找不到出路，最后倒在一个楼梯下面，及至烟消雾散，家人找到他时，他已窒息，气绝身亡。他的幼女冯晓达同时遇难。李德全夫人亦被烧伤甚重，当到达莫斯科的时候还在昏迷状态中。船上其他乘客同时遇难者有七十多人。当火灾发生时，"胜利"号船发出求救信号，附近停有两艘苏联军舰，闻警赶至，立即把冯先生的遗体和他的一家以及其他乘客全部救出。冯的遗体在敖德萨装殓后，连同他的家人用飞机运到莫斯科。

荣　哀

冯玉祥的死讯传出后，1948年7月8日新华社陕北电称：中共中央主席毛泽东、中国人民解放军总司令朱德，顷电中国国民党革命委员会及冯夫人李德全女士，吊唁冯氏之丧，原电如下：

李济深先生并转中国国民党革命委员会诸先生鉴：

　　惊悉冯玉祥先生于归国途中不幸遇难，不胜震悼。冯先生连年为民主事业奔走呼号，此次归国，对于中国人民民主事业，定多贡献，今忽遭此意外，实为国家民族之损失。特电致唁，并申哀悼。

冯夫人李德全女士礼鉴：

　　惊悉冯玉祥先生及令爱不幸遇难，至深痛悼。冯先生致力民主，功在国家。尚希勉抑哀思，并为实现冯先生遗志而奋斗。

周恩来、董必武、邓颖超三同志亦曾致电吊唁，原电如下：

冯夫人：

　　惊悉冯先生及令爱遇难，谨致哀悼之忱。

冯夫人李德全的灼伤痊愈后，携着冯先生的骨灰罐从莫斯科回到北京。新中国成立后，李德全被任命为中华人民共和国卫生部部长兼中国红十字会会长，她还光荣地加入了中国共产党。

新中国成立后，人民政府在北京为冯先生举行了隆重的追悼会，毛泽东、周恩来、刘少奇、朱德亲笔为他写了挽联，高度评价了他的爱国主义精神。并且按照冯的生前愿望，在泰山西麓、普照寺西侧、大众桥的东端为他修建了陵墓。陵园依山而建，呈一半圆形，墓碑高约5米，宽约20米，以白色花岗石砌成，具有民族风格。墓碑正面上方，镌刻着郭沫若所题"冯玉祥先生之墓"的斗大金字。墓碑正中悬挂着冯先生的侧面人头铜像，铜像背后就是墓穴，里面安放着冯先生的骨灰罐。铜像下面，挂着一块约50厘米见方的铜质铭牌，上面镌刻着冯先生生前自作自书寸楷隶字的铭文：

平民生，平民活，不讲美，不要阔，只求为民，只求为国。奋斗不懈，守诚守拙，此志不移，誓死抗倭。齐心尽力，我写我说，咬紧牙关，我便是我。努力努力，一点不错。

冯玉祥

一九四〇年五月卅一日作

冯玉祥的陵园，紧靠着大众桥的东端，陵园的正门是一座华表柱的青石牌坊。进了牌坊是白色花岗石的台阶，台阶分三层，每层22级，共66级而达墓前。冯先生终年66周岁，台阶66级，正是死其年龄之数。1952年10月在这里隆重地举行了冯玉祥先生安葬仪式。现在冯的陵园和大众桥，都已成了泰山上的名胜古迹。

致李济深的信

1948年9月19日新华社陕北电，据国外消息报道：已故的冯玉祥将军曾勇敢地拒绝了美帝国主义破坏中国人民民主阵线的诡计，并遭受了中美反动派的联合压迫。本月11日香港《远东汇报》刊载，冯氏8月12日致李济深的信称：冯氏留居美国时，美国政府官员曾向他表示，只要中国反蒋的派别抛弃与共产党联合的立场，美国政府便会抛弃蒋介石，而以充足的军火与金钱支持他们。该美国官员给他们六个月的时间考虑此事。但冯氏立即作了答复，拒绝了这个卑鄙的提议。美国反动派在实行利诱的同时，向冯氏实行了威胁。冯氏感觉到在美国的处境恶劣时，决心回到祖国来，从事有效的奋斗。冯氏在上述的信中说：最后的里程不是没有困难的，因为护照期已满。冯氏谴责蒋介石与美国反动派企图颠覆他的计划："他们与国会里的恶棍楚德和鲁期联合成一气，一有可能就痛骂我。"前美国内政部的伊克斯于本月8日著文称：与希特勒或墨索里尼同样残酷的独裁者蒋介石，曾在美国官方显然的允许甚至帮助之下，派遣他的鹰犬追逐冯氏。冯氏有理由猜疑他在这里是不安全的，所以他悄悄地动身到另外一块土地上去，他希望能够在那块土地上找到较大的安全，以免遭到暗杀的可能。

论　定

1948年9月8日新华社发布了冯玉祥的略历，原电如下：

　　冯玉祥，字焕章，六十八岁（1882—1948年，实际六十六周岁），原籍安徽巢县，生于河北青县。自幼入伍，历任营长、团长、旅长、师长、督军等职。曾参加辛亥革命、讨伐张勋等役。一九二四年冬成立了国民军，任总司令。一九二六年去苏联，九

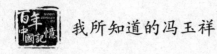

月返国，直至一九二七年国共分裂以前，曾经与中国共产党合作，帮助了陕西等地革命运动的发展。其后曾经一度脱离革命阵营，但受到蒋介石排斥。一九三三年五月组织察北抗日同盟军，亦因蒋介石的破坏而失败。一九三五年冬任南京国民党军事委员会副委员长，迄无实权，后因主张与蒋介石不合，被去职。一九四六年九月，以"考察水利专使"名义被蒋介石遣往美国。冯在美公开反对蒋介石的独裁政府，受到中国人民的欢迎，却很自然地受到蒋介石匪帮的痛恨，被撤销了专使的名义，并被开除国民党党籍。今年元旦中国国民党革命委员会成立时，被选为该会的政治委员会主席。今年八月离美返国，八月三十一日行至黑海，遇轮船失火而遇难。

冯玉祥麾下十一年

李肇武　曾宪洛　记录　整理

1913年，我在北京近郊平则门外，以一个普通学生的身份投到当时的京卫军第二营管带（营长）冯玉祥部下，开始了我的军旅生活。

从1913年（民国2年）起到1924年（民国13年）止，整整11个年头，我始终在冯的麾下。11年中，从他当管带，我当他的中哨三棚（班）亲兵开始，直到他当旅长以前，我都是他的亲兵，不离左右。从他当旅长直到做国民军第三军总司令，我也随之成为排、连、营长等中下级军官，最后的职务是第二十五旅一团一营营长，虽然不像当亲兵时左右不离，但也一直在冯最嫡系的部队中工作，经常见面。

关于冯玉祥，数十年来有关他的记述已经很多了。在军阀混战时期，我记得便有外国报纸称他为"豪杰"，称他的军队为"中国之一线光明"。今天来看，冯的治军、为人及其军风，确大有与众不同之处。11年中，我对他的深层政治活动接触不多，但所见所闻不少。因此，想借这篇琐记，把一些别人所没有涉及的见闻，可以说明冯的为人的，都如实记载下来，以供参考。

从自打耳光夜读说起

我入伍不久的一个晚上，约11至12时，轮到我站岗，忽然听见冯管带的房里传出几声清脆的耳光声。我跑近一看，大为惊奇。原来房中除冯外，并无别人，桌上放着一本书。他是因为读书疲倦，打起盹来，因此自打耳光，以资惊醒。这件事给我印象很深，直到今天，我也不能忘怀。以后，冯在对部下讲话和闲谈中，常常回忆起他个人自学的经历。冯说：他生长在保定府，12岁到小站，投入武卫右军当兵。从小家贫，不能上学，入伍之后才开始刻苦自学。

"我在棚子里才学认字，"冯说，"那年月，识字的军人可真不多。认不得的字，我就拿到营外，找杂货铺里的管账先生去问。回到营里，一有空我就练字、读书。到了晚上，我在棚里洋油灯下看书。同棚的弟兄有人说：'喂，这洋油是大伙攒钱买来的，供你一人使的吗？'好，第二天我就自己打洋油看书。谁知道这也不行，我的棚头（班长）说：'你没听已经吹过熄灯号了？不服从号令行吗？灯照得我们睡不着，你想当官，看看你的坟山，有那好风水吗？'我又想了一个办法，去买了一个破斗，把斗的四面去了一面，又买了一个灯碗，买了一个点豆油的小灯放在斗里，这才读成了书。以后当到哨官（连长），就好些了，请了个私塾先生来教我。——比起你们，现在有《八百字课》（冯部自印的一种扫盲课本）还不好好念书，行吗？"

确实，在我入伍后接触冯的11年中，他自学一直是很努力的。我记得他升了京卫军左翼第一团团长之后，有时间就读古文、习作诗文、练颜体字。1914—1915年打完白朗之后，冯部奉调由陕赴川，他在马背上总是手持一卷，孜孜不倦。1918年以后，他在常德当旅长时，不但读古书，还请了一个牧师教英文，请了日本人高桥教日文。对于自学，他一直是很重视的。

在行军之际，冯还自编了一首《勤学歌》，教全军都唱。其词曰：

勤为无价之宝，

成功唯在勤。

不受苦中之苦，

难为人上人。

古有悬梁刺股，

负薪与挂角。

人生百年如梦，

岁不待我们。

从这首歌里，也可看出他勤学的指导思想。

反对"二十一条"和编唱《国耻歌》

1915年，日本向袁世凯提出了"二十一条"。那时我们驻扎在陕西汉中，冯听到消息，大愤，便登台对全军讲演。我记得他说道："今日日本人欺侮我们，早20年我们小，晚20年我们老，不早不晚，刚好现在欺侮我们，我们有责任打！四万万同胞，拼他个小日本，一定能得胜！"

冯的讲话鼓动了全军，群情激昂。石友三上台表示，大家不要饷，建议把军饷集中起来支援反对"二十一条"，全军通过。同时又以全旅名义致电袁世凯，表示如与日本开战，我们秣马厉兵以待，愿为前驱。从这时起，我们每次学习，均以日本为假想敌。

冯又自编两首《国耻歌》，教唱全军。因年代太久，第一首只记得起两段了。词曰：

甲午年，日本造反。失去大沽口，海军轮船失落完。割款赔台湾！

庚子后，义和神团，除去外国人，八国联军侵中原。赔款四万万！

此后每次集合讲话时，全军先唱此歌。

撕马褂做纪念

1916年，冯奉陆军部令自四川调回，驻军廊坊。其时，冯在政治上的靠山陆建章已被陈树藩驱下陕西督军的位子，并取而代之。因此，段祺瑞政府便企图将冯部建制分隶别的军队，解其兵权。冯当然不愿意，于是，段政府令驻南苑、通州、天津的部队向廊坊十里外集结，取包围之势。

这时候，冯在全旅中威信很高，全旅官兵得此消息，大愤，集议要与来包围的军队决一死战。冯鉴于寡不敌众，硬拼必然吃亏，便出面阻止了大家。他说："为了我一人打，师出无名，又坏了我的名誉。只要你们不忘记我，也就够了。"于是，他通电下野。陆军部当时也转了个弯，没有拆散部队，下令以该旅团长杨桂堂代理旅长。

冯走时，全旅连长以上军官在廊坊火车站送别。其时有人很激动，把冯所着马褂当场扒下，撕成一条一条，各持其一，以作纪念。这在纪念品的历史上也算是别开生面。

冯离开军队为时并不长，1917年张勋复辟，段祺瑞马厂誓师之后，冯重回廊坊，在营门大喊："快来打大辫子兵哦！"把连以上军官集合起来，进行了一番动员。最后，他表明个人态度说："我是来玩票的。打一个漂亮仗，我还是下野传教！"从此，冯又重掌兵权，参与了反复辟之战。

打英国资本家

1917年秋，冯玉祥奉陆军部令率部援闽。他把部队开到浦口就按兵不动了。到了冬天，又奉令改道援湘，率全旅乘招商局"江孚""江新"等十数只轮船西上。冯自己乘坐"江孚"。那时，我担任他的卫兵长（排级）。

船到九江停泊那天，我正在值勤，忽听见下面甲板上人声喧哗。原来，有一个英国人从岸上上船来，说要看船上机器房的英国同乡机师。我们的卫兵告以此系兵船，不可擅入，要上船必须先有命令。那个英国人一边大骂，一边举手打了卫兵两个耳光，往上就冲，于是一阵大乱。

当时，我闻声下梯，正好碰到那个英国人已经爬上扶梯来，下面弟兄们一喊，我居高临下，飞起一脚，把那个英国人踢下梯去，滚到了甲板上。我叫："先把他绑起来！"那家伙赶快从身上掏出五块银圆，嚷着说："钱、钱、钱……"旁边一个弟兄说："谁要你的臭钱！"一把将他掀倒，绑了起来。于是，我去报告冯旅长。

冯正在舱房里练字，他听了报告说："绑起来，等我写完这张字去问问他！"过了十几分钟，冯下来把那个英国人大训一通，还说："你们国家号称文明，你今天先动手打人，这样野蛮！这里是中国兵船，不是英国租界！"那家伙还在分辩，冯先生给了他一个嘴巴，又加上一脚，回过头来说："脏了我的手！护兵，拿鞭子抽！"于是，我们一齐上去，给了那家伙一顿饱打。

原来此人乃是九江英美烟公司的经理。出事之时，他的随从已经飞奔下船去求救。后来由一个牧师出面（因为冯是基督徒）说好话，又派人送了许多礼品上船赔罪。这样，才把这个英国人领回去。

装病见曹、吴

1917年冬，冯玉祥旅坐船到湖北武汉便停止前进，分驻要道。冯随即请陆建章联合长江三省（江苏督军李纯、江西督军陈光远、湖北督军王占元）与冯一起联名通电，主张和谈。这时北洋政府皖系当权，于是总统冯国璋下令，把冯玉祥撤职留任（其时，冯已加入直系，因此和皖系处处闹矛盾）。

冯也不管这样那样的处分，天天在武穴带着部队练习山地战。一天，他乘马回营，由马上摔下来，声称腿骨摔伤，被抬回旅部。从此，陆军部虽然一直急电催冯旅开往湘西，冯总是借口腿伤未愈，不能进兵。直到直系的曹锟做四省经略使，曹派人到武穴和冯联系好，冯才率部开到武昌。几天之后，冯得知曹锟已和第二师师长吴佩孚专车南下，便挂着一副拐棍，到汉口以北的刘家庙车站去等候。这次我没有跟他去，以下的事情是听随他去的弟兄回来说的。

据说，专车到刘家庙时，一停车，曹锟就在车上叫道："下面挂双拐的是冯旅长吗？"冯应声说是。曹锟便叫副官们把他架上车去。冯上车敬礼后，说："我在武穴，好像小孩子一样淘气不听话。蒙大帅原谅，我今天特地来辞职。请大帅另择贤能，使我得以养伤。"曹说："派别的人到你的队伍，你那些官兵未必听话。还是你去湘西，把蔡钜猷、鲁涤平他们赶走，我保你升湘西镇守使，再扩充点兵力。"正谈时，忽然火车鸣笛，吴佩孚说："你快下车吧！"冯便告辞下了车。吴佩孚从窗口探头大声说："你把拐杖忘在车上了！不要装病了，快到湘西，把临澧、常德、桃源拿过来吧！"于是冯、吴哈哈大笑而别。

湘西三战夜袭桃源

冯部开入湘西，主要敌人是地方军阀蔡钜猷、陈嘉祐、鲁涤平的部队。冯部一战取临澧，二战取常德，三战就是夜袭桃源。

冯平时最喜欢叫部下练习夜战、夜袭。民国四五年，他就编了《夜战歌》和《夜袭歌》，在军中教唱，至今我还记得——

夜袭歌

敌人昼战夜必困，

步哨偷睡无精神。

暗进、暗进！

须乘敌人打睡盹，

无般防备好时分。

路崎岖，看不明，敌就不睡看不清。

奋勇扑敌人，

敌人必溃奔！

愿我军人学甘宁！夜袭敌营！

夜战歌（一谱，五节）

一

古今来，各种战斗，

夜战为最难。

森林村落皆黑暗，

进退实维艰。

二

远望见，队伍前进，

要去冒险问：友军我军与敌军？

务必辨清真。

三

夜行军，保持步度，距离忌伸长。

最忌张皇与紊乱，

镇静要当先。

四

当侦探，严密搜索，

警戒我全军。

刚胆、沉着自慧敏，更贵有热心！

五

倘若是，失迷方向，

举头望月明。

更有指北针可用，或看北斗星！

当时，桃源驻守的敌人除了蔡钜猷一个团外，还有所谓"神兵"数千人。"神兵"号称肉身不避子弹，武器是白蜡杆、长矛，作战时且用符咒，"神兵"头子尚穿八卦衣、执鹅毛扇。这是一支妖气十足的队伍。

为了夜袭桃源，冯是苦心布置的。他从各团中挑选了100名精壮之士，必须是练过拳、喜用火器、能单刀破枪的人，每人身背大刀。我也在百人之内。那天夜晚，大雨如注，我们100人翻城墙而入，砍倒门军，放开城门，与"神兵"巷战。"神兵"最初还用肉身拼火器，战斗甚猛，终于倒下的越来越多，七八小时之后，我们攻占了桃源。残余"神兵"则退往原州一路。原州即所谓"后州符"之发源地，也即"神兵"的老窝。

从那时起，冯便升了湘西镇守使，驻常德大练嫡系队伍。

支持打日本洋行事件

　　1919年，五四运动兴起，全国反日风潮弥漫。这时，常德城里有一个日本洋行，老板高桥，即教冯日文的人。运动发展到了常德，学生们爱国热情高涨，砸毁了洋行。高桥哪肯示弱，立即打电报给日本政府，声称常德民变，将他的货物抢劫一空，要求向中国政府交涉赔偿25000元，并保证以后不再发生类似事情。

　　当时，冯在常德，他将常德县长薛笃弼叫到湘西镇守使署来，问薛，如何处理？薛说："洋行是学生捣毁的，还有几十个商人和老百姓。我已经把为首的几个人抓了，叫他们赔偿。"

　　冯说："不是这个办法。你先把这几个人都放了，马上找电报局长，把日本人那封电报扣下来。先把我们的电报发出去，再登他的。"薛照办不误。

　　冯叫薛发的电报，是以湘西镇守使冯玉祥、常德县长薛笃弼和常德县商会三者名义分别发给北京政府的。主要内容是，"常德因有人向日商洋行买货，争执价格，言语不通，打坏了几块玻璃，并未造成民变或抢劫事件，合行呈报"云云。这三个电报发完，再发日本人的电报。

　　日本政府接到高桥电报，即转日驻华使馆向北京外交部交涉。结果，我方拿出常德三封电报做证，说明不能负责。几经交涉，后来双方同意先电询一个在常德的美国牧师，查问真相。偏巧那个美国牧师与冯处得不错（美、日矛盾当然是根本原因），因此回电说，并无民变。于是日本使馆只好叫高桥自己就地交涉。

　　高桥先找到薛笃弼，口气已经软了，只要求赔偿1000元。薛心中有数，说："我不当家，你还是找镇守使去。"于是高桥又来找冯。

　　冯说："你是想暖和一晚上呢，还是想暖和十年八年？"高桥问："此话怎讲？"冯说："你买卖要做长，要做短，看你自己。我们若是赔了你1000元，老百姓气愤，不做你的生意，损失还不止1000元哩！"高桥仍然坚持无理要求，冯便问："你来中国的时候，带了多少钱？"高桥说："大约500元。"冯又问："现在有多少？"高桥说："大约有万把块钱。"冯说："那就看你想不想做下去了。"高桥不甘心。冯气极了，把桌子一拍："王八蛋！要钱不要脸！给我砍了！"吓得高桥抱头而去。

最后，一个钱也没有赔给高桥。

冯是怎样失去半个小指头的

冯盘踞湘西，与当时统治湖南的皖系军阀张敬尧产生了矛盾。其时，冯的老婆刘氏有一个堂弟，在张敬尧手下任团长，张就派他到常德来活动，冯部官兵称之为"刘二舅爷"。

刘二舅爷到了常德不久，即装精神病发作，冯请了一个在常德的美国医生，人称罗医生（中名似是罗感恩）来看病，冯陪着罗医生在榻前诊视。罗诊断后，说刘并没有发病，刘忽大骂说："哪个要你洋鬼子来看病！"说着，就从被底抽出手枪，一枪打去，弹入罗脑，罗医生应声而倒。

刘随即对准冯开第二枪，冯把他手膀一挡，枪弹朝上飞去。刘的臂膀已被冯捉住，而枪犹在手，便把枪头朝下，对冯开第三枪。冯一躲，小指头一截已经被打下。这时卫士闻声入内，刘被当场抓获。

冯立即审问刘二舅爷，对他说："我信耶稣，因此我爱仇敌。你只要说出那个叫你行刺的，我就放你。"及刘供出系张敬尧主使之后，冯说："你去对张敬尧说吧！要打就打，要刺就刺。他有刺我之法，我有防他之心！"便把刘二舅爷放走了。

罗医生既死，冯令官兵送葬，并电告美驻华使馆，抚恤罗家属一万元。罗的家属知道冯是基督徒，便将抚恤金购一木制能活动拆卸之礼拜堂，从美国送到信阳，送给了冯。

刘走之后，冯把留了十多年的胡子剃了。我见他的样子发笑，他说：

"你笑！我这是性命重生、再世为人咧！"

军队中的牧师

军队中设有牧师，在近代史上，除太平天国是特例外，冯玉祥可谓只此一家。

在1912年以前，冯只是个人信仰基督教，并没有推行到部队。冯对我们说，他在信教之前，有一个哥哥吃喝嫖赌，无恶不作。冯大恨，起下杀心要杀他。在动身赴他哥哥处之前，路过教堂，忽然听见牧师传教，正在宣传基督要爱仇敌的道理。冯听了以后，居然大彻大悟，放下杀刀，入了基督教。

1918年，冯到常德立下地盘之后，便开始在部队中大力推行基督教。起初，他聘请一些牧师到常德向全军讲道，来的牧师近自常德，远自汉口，中外都有。后来，便逐渐有了随军牧师，随着队伍扩大，大致上是一个旅一个牧师，最多时有七八人。这些固定下来向士兵说教的牧师则全是中国人，他们大多是由美以美会的刘廷芳博士介绍给冯，加以任用的。冯是在刘博士那里领洗的，所以两人关系特殊。

由此，部队里有了一套宣传宗教的仪式，凡官兵读经、祷告、唱诗、受洗、礼拜，都由牧师主持，大讲灵魂升天之说，我也是那时在常德入教的。

部队里凡信教的官兵，每人发给《圣经》一本，早上起来，先唱国歌，最初是唱老国歌："中国雄立宇宙间……"开往北京后改唱"卿云烂兮"的《卿云歌》。接着，读一个小时书。吃饭、睡觉则唱圣诗、做祷告。每逢星期日，凡信教官兵必集合于操场（或旅部），由牧师主持做礼拜如仪。有时由冯主祷，冯也对我们讲道。他的讲道，注重"精神学"，即把中国的圣经贤传和许多封建道德观念与基督教义结合起来，而仍以前者为主。冯主持自编"三精神书"，即《爱国精神》《军纪精神》《道德精神》三本书。其内容分条，类似格言和箴言，规定官兵每人必须能背诵。至今若干条我还背得。例如：

死生有命，富贵在天。我不杀敌，敌必杀我。我不以死救国，则我必作敌之俘虏。杀敌与否可知。

英雄本色，在枪林弹雨之下言笑自若，更易使人看出。战死在国，病死在家。荣辱之间，不可不别。

受伤能笑而歌曰："吾荣矣！吾荣矣！吾为国家受荣也！"

以上是爱国精神的几条。

军纪者，命脉也。人无命脉必死，军无命脉必败。金人有言：撼山易，撼岳家军难。

中东战时，拾到日兵手记有云：日本军者，只知前进而不知后退者也。

这是《军纪精神》举例。

悔改上要用功夫。闻过必改。过则无惮改。过而能改，复于无过，善莫大焉。

谦让不可少，谦受益，满招损，凡人能温良逊让，而人无不敬爱之者……

革故鼎新，刮垢磨光。汤之盘铭曰：苟日新，日日新，又日新……

每夜就枕，必思一日所行之事。所行合理，则恬然安过。或有不合，即辗转不能成寐，思有以更其失。又虑始勤终怠也。

这是《道德精神》举例。这本书里还引了许多曾、颜、子路、墨子等的故事，而基督教的故事却很少。可以看出，不少是冯从一些理学家语录和《曾胡治兵语录》里搬过来的。

由于军队推行基督教，我们的生活中又增加了一个特色，那就是：冯部的军歌编得特别多（冯注重用军歌作为宣传武器，这一点也是当时别的军阀所不及的）。而差不多所有的军歌，都用赞美诗的调子来唱，每唱，以当时的音乐或军乐队伴奏。本文所引各歌，大都如此。因此，以圣诗调子来唱军歌，这也是中国军队中少见的奇事。

随军牧师制度一直推行到1926年。冯从苏联游历回来之后，便到处说宗教是文化侵略，取消了军队中的牧师，把他们送回了教会。

冯的用人

冯的用人和培养嫡系力量，有自己的一套办法。

冯部军官，最初大多为陆建章私人的，后来，冯才逐渐培植自己的力量。他招收新兵，不要营混子、兵油子，干过别的军队的也不要。他要的是农民、学生（民国5年叙府之战以后，冯派杨桂堂团长到河南招新兵一团，时我已升排长，随杨同去，冯特别交代新兵条件）。新兵入伍后，选拔其中较有文化水平的组成模范连，加以训练。模范连的工作，从1915年即已开始。我进模范连时，连长是韩占元、程希贤，但领导始终由冯自己抓。由模范连出来的，升任下级军官。排以上军官，则组成军官教导队（民国十二三年后改称教导团），再加以训练，这样逐步建成了自己的队伍。大约三年之后，冯终于把陆派的军官全部撤走。这些军官向他辞职，他说："好，我庙小坐不下大神，请吧！"

冯的嫡系都是自己行伍里出身的人。冯对这些人是经过多次考验才提拔的。他在任营、团长时，时常于晚上穿一件兵士大衣，趁值岗士兵不在时，摸到空铺上和士兵睡在一起，听士兵们谈什么，所以他极能掌握下面的思想情况。在冯的部队中，公开明确所有官兵不许串营，不许与其他部队交往。在官兵之间则经常叫人汇报情况，官兵有连环保。这些工作，冯是抓得很紧的。

我记得冯当旅长的时候，补一个新兵，连营长也不当家。每个新兵都必须由冯亲自挑选。盘问了历史，检查了身体，合格才能补上。他当营长时，能说得上全营士兵的姓名和籍贯，他也不时地问连长，看连长对每个士兵的姓名、历史、优缺点能否答出，答不出的，立即罚跪，并且大训一通。

对于非嫡系的队伍，冯是极端不信任的。例如湘西之战中，湘省军阀部队中有个营长叫曾绍武，在常德之役率全营向冯投诚中，冯即派曾营做游击队。常德既定，冯立刻调曾为旅部副官，曾所属全营，调到常德师范学校后院点名以后，发饷遣散，同时收缴枪支。曾绍武当然也立不住脚，做了副官不久就辞职走了。

冯掌握地方政权以后，对追随他多年、信得过的佐官（军需、书记官、军法官、军医官等）或者同事，便安排做地方行政官。例如薛笃弼由军法官出任常德县长，军医官邓琢如出任澧县县长，书记官江粹青荐到甘肃任某县县长，与冯同充营团长的董世禄被派任天津市税局局长等，都是由这条用人原则来的。

大致说来，冯用人，一要追随多年，二要不畏劳苦，三要与冯部以外的军队无接触，四要绝对服从，能任责罚。在培养嫡系时，冯不但注意行伍出身，也很注意籍贯，他专用北方直、鲁、豫三省的人。现在可以数得出来的，山东人有杨桂堂、谷良友（曹州府）、赵登禹（菏泽）、宋哲元（乐陵）、石敬亭（济南）；河南人有吉鸿昌（扶沟）、梁冠英（郾城）、李鸣钟（沈邱）、朱永和（郾城）；河北人有韩复榘（霸县）、佟麟阁（高阳）、张之江（盐山）、鹿钟麟（定县）、孙良诚（天津）、刘汝明（大名）、刘郁芬（清苑）、孙连仲（雄县）、冯治安（景县）；只有一个石友三是东三省人。当时中下级军官中，山东曹州府、河南归德府、河北景县的人尤多。上述这些人也莫不行伍出身。例如朱永和和我同时当兵。我当班长时，宋哲元做排长，冯治安、佟麟阁、张自忠都是班长，赵登禹和我算是曹州小同乡，那时还在当兵。

对于当兵的抓得这样紧，冯是自有其看法的。他对我们说过："当兵，要知识简单才好，要是他比你高明，你管不了他。要找初生牛犊不怕虎的人，打起仗来不怕死。官长总得比兵强，中级军官要胜过下级，才能指挥得动。"这是他的总结。

冯也从历史上吸取了经验。他最怕部下倒他的戈。我随他11年，没有听他说过他哪一个上司的好话。因此他决不用非嫡系的人，凡陆军大学毕业派来的学生，冯只让他们当参谋，决不让当部队长，也永不让他们掌兵权。参谋长做事从不当家，冯对所有的事一向独断专行。邱冰、蒋鸿遇都做过他的参谋长，一次，蒋在做工作时效率较慢，冯就对他说："参谋、参谋，你吃馍馍！"终于使蒋一气而走。

为了搜罗精锐保卫自己，冯自1916年起成立了手枪队。每人发一大刀，一支盒子枪，挑选掌握国术之人组成。我任班长时即在手枪队里。

冯培养嫡系的情况大致如此。但是，他重嫡系不等于重私人感情。冯在当兵时，有个同棚兄弟叫尤鹤亭的，后来不当兵了，在保定府说书，听说冯做了官，便跑到常德来向冯要官做。冯对他说："我学的是兵术战法，你说的是《三国》《聊斋》，怎么能做官？好吧，给你派一个勤务兵服侍，一个月拿60块，逢星期天，你给士兵讲一回书。讲关公岳飞聊斋，不要讲花天酒地，官不能给你做！"就这样，部队里除了牧师讲道外，又多了一个专职说书人。

我所知道的冯玉祥

赵卓志

1920年，冯玉祥先生率领陆军第十六混成旅驻防湖南常德时，我担任旅部少校洋文书记官，同时教冯读些英文。由于这样的机缘，在公务之暇或教读间隙，和他闲谈的时候比较多，因此得以听他谈叙他过去的一些事。

冯的出身和学习生活

冯玉祥字焕章，原籍安徽省巢县，幼年随父到河北省保定府（今河北省保定市清苑区）。因家境贫寒无立锥之地，11岁时在保定入伍当兵。在一次闲谈时我曾问他是哪个军校毕业的，他笑着对我说，因为家里穷，一天书也没有念过，假如有一间房、一亩地，我也不会入伍的。他入伍后，被分配到棚（旧军制的棚相当于新军制的班）里去当兵。棚里的弟兄们除了上操上课以外，还担负着轮流在棚外站岗放哨的任务，可是弟兄们有空就聚在一起赌钱，不愿意出去站岗放哨。由于冯自己不会而且不愿意赌博，因此每逢轮到同棚别个弟兄站岗守卫时，都请他代为值勤。正因为这样，才使得他有充分的时间学习。最初，他买了一本《杂字本》，一面抱着步枪站岗守卫，一面手持书本认字。以后由《杂字本》而《百家姓》、

72

《三字经》、"四书五经"等书，甚至旧社会认为是闲书的《三国演义》《东周列国志》等，他也认真读过。特别是《三国演义》一书，他能从头到尾全部背诵出来。他曾说他能把《三国演义》这部书以说评书的方式讲说出来。在学习过程中，并不是没有困难的，凡是遇有不认识的生字或对书内章句文义有不懂的地方，他就随时请教军中一些会笔墨的人，直到弄会弄通为止。

此外，每天无论怎样繁忙，他还要写两篇大字，就是在行军作战、炮火连天的情况下，也从不间断。每到一宿营地，就由随从弁士将随身携带的特制行军桌椅展开，摆上笔砚，写他这两篇大字。到1920年他39岁驻防湖南常德的时候，对于书法已经有了相当的成就。记得当年夏天我和他同到常德北门外山上避暑，一天我们漫游山谷中，发现一股小小的泉水，颇为甘洌，因为这是个荒山，泉水无地储积，听任流溢山下，不予利用，觉得实在可惜，于是立即派人找来了石工，在滴淌泉水的处所开凿了一个小小的池子，把泉水储积起来，以便他人来到此地时可以饮用。当时冯兴之所至，立刻提笔写了"德池"两个大字，刻在山石上留作纪念。字写得那么刚劲饱满、神气内蕴。这个石刻倘若没有被破坏的话，或许至今仍旧存在着吧！

冯的民族革命思想

1911年革命军尚未在武昌起义的时候，清政府曾抽调驻防奉天（今辽宁省）的新军第二十镇（镇相当于师，镇的长官是统制，相当于师长）进关参加秋操。这支队伍在到达京东滦州（今滦县）后就得到武昌起义的消息。该镇统制张绍曾立即联合第三镇协统（协相当于旅，协的长官协统，相当于旅长）卢永祥等联名打电报向清政府提出类似于最后通牒的十二条。结果事未成功，张绍曾本人却被迫离开了他所统率的第二十镇。这是因为第二十镇原是从北洋六镇中各抽调一部分官兵混合编成的。内中一部分军官是具有民族革命思想的，例如冯玉祥就是其中的一个，但是也另有一部分军官仍然具有封建保守思想。因此，在该镇内部就形成了两种截然不同的倾向，清朝统治者对于这种情况是了解得相当清楚的。他们就采用了分化手段，加强了保守派的力量，从而迫使张绍曾不能立足，终于离开了第二十镇。

张绍曾出走后，该镇内具有民族革命思想的管带（相当于营长）冯玉祥联合同镇另两个管带施从云、王金铭密谋起义，并宣布独立，响应革命军。他们为了表示决心，都把发辫剪去了。不料因寡不敌众，被驻防芦台的王怀庆军包围击溃，施、王两个管带被俘牺牲。冯突围逃出，在外逃途中到了一座寺院，换上了一身袈裟装作和尚的样子，乘上火车潜来北京隐居。直到辛亥革命成功，才再抛头露面。当冯谈到这一经过时，我曾问过他，对于清政府说来，你是一个反叛，怎么不到别处逃生，反倒往北京去送死呢？他笑着说，他们料着我决不敢自投罗网，我就给他们来一个出其不意，这样做倒是一个最安全的办法啊！其后袁世凯窃位为大总统，派陆建章训练新兵，由于陆的保荐，冯才又东山再起，被任为统领（相当于团长），驻防北京北苑，担任训练新兵的工作。

傅良佐对冯前倨后恭的一段故事

1912年，河南农民起义军的首领白朗打着杀富济贫的旗帜，在河南信阳、湖北襄阳一带掀起了农民起义的斗争。他们攻陷了豫、鄂、皖等省的很多城池，还击败了北洋军阀王占元部下号称精锐的第二师。袁世凯看到农民起义军节节胜利，势如燎原，大为恐慌，特派陆建章为"剿匪督办"，发动了对起义军的大规模围攻。陆就把冯团扩编为一个混成旅，开往河南参与作战。这支起义军因寡不敌众，白朗本人又因病死去，终以失败溃散了。

冯在这次战役中缴获了大量的弹械，随即奉命班师回驻廊坊。这时冯以弹械增多为由，请求当时陆军部就所缴获的枪支数目扩编军额，不料竟遭拒绝。与此同时，张敬尧的队伍被打得落花流水，溃不成军，只剩下师长一个人光杆回来，陆军部反而替他重新建制，编足一个整师，仍旧归张统率。冯看到当局如此行事，大为不平，就亲身到陆军部去找当时的陆军次长傅良佐重申前议，据理力争。不料又遭到傅良佐的严词拒绝。鉴于当时军政当局这种蛮横不公的情况，冯愤而辞职，到北京西山暂住休养。

陆军部虽另派旅长一人接替，但还未及到任，张勋就挂起龙旗复辟了。驻防廊坊的第十六混成旅全体官兵认为北京政局如此混乱不堪，全旅不能无人主持，遂决定推派代表前往西山迎接冯先生回到廊坊旅部，主持大计。段祺瑞马厂誓师后，由于廊坊地处京、津要冲，为了讨张军事的顺利进行，非与冯取得联系不可，于是派人到廊坊协商。所派代表不是别人，正是不久以前对冯蛮不讲理的前任陆军次长傅良佐。起初傅恐对己不利，不敢担此重任，嗣经段再三说明，冯是以国事为重的人，绝不会计其前嫌，保证可以无事，傅这才勉强答应下来。当即由路局准备专车，满载犒赏全军的物品，直驶廊坊。车到距离廊坊车站约半华里的地方停住了，傅先派随员到冯旅部通报，并观看动静。如其情况不利，也好掉头逃回天津。经来人向冯说明来意，并告以傅在车上等候云云，冯立即只身偕同来人前往车站迎接，一面走一面与来人有说有笑。傅在车厢中看得很清楚，约计相距百步之遥时，傅始下车一步一鞠躬，直到两人对面握手时为止。冯随即督率本旅官兵由廊坊直趋北京，进了永定门，击溃了辫子军。张勋逃入东交民巷荷兰驻中国公使馆，一场复辟丑剧就此结束。

反对内战及武穴主和

复辟丑剧闭幕后，段祺瑞再度进京组阁，梦想武力统一全国。当时盘踞在福建、广东两省的军阀，都不是他的嫡系，段就想一并铲除，以圆其武力统一全国的迷梦。1917年，段编组了两支大军南征：一支是以吴佩孚打前阵援粤，一支则以冯玉祥为先锋援闽。冯率全旅官兵沿津浦铁路南下，经由浦口开至湖北武穴停止前进，就此安营驻下。但是冯部是先锋部队，尾随冯部南下的部队正源源不断地乘车南来。由于冯停军不前，后续部队当然无法前进，形成铁路沿线兵车拥塞的现象。段大为着急，一日数电，催促前进，冯均置之不理，并通电主和。段祺瑞接到主和电后，大为震惊。段的爪牙中，有人认为，小小的一个混成旅能有多大实力，可令后续的亲信部队把它包围歼灭，消除祸根；又有人说，冯旅士兵打起仗来称得起是以一当百，须要慎重考虑，不可等闲视之。段本人也认为冯是当代人才，收归己用，最为上策。因此就派了冯的旧长官陆建章专程由京前往武穴劝说。

冯见陆建章前来，考虑到若遵命起兵援闽，则内战一起，兵连祸结，实有悖通电主和的初衷；否则，又难却旧长官的情面。有一天，冯带同随从弁士数人骑马外出，正在放辔驰骋之际，冯忽然从马上摔下来，随从弁士们一见大惊，急忙下马上前问询，只见冯抚足呼痛，不能起立，及将军医找来看视，冯仍呼痛不止，因此一致认为冯是落马受伤，随即回营中休养。陆见此景象知冯非言词所能动，也就悄悄转回北方去了。正在这个问题不得解决的时候，坐镇武汉的四省经略使曹锟忽而出面缓颊，电请令段饬冯旅开驻湖南常德，并保荐冯为湘西镇守使，因此南征援闽之举也就云消雾散了。

布鞋向缎鞋敬礼

1920年春，有一天我同冯走出旅部大门到街上散步，转回来的时候，刚要走进旅部大门，他老远就向守卫在大门口的士兵立正，举手敬礼，并且站定不动，两眼注视着守卫士兵的两只脚。就在他立正敬礼之前，这位士兵看到长官回来，早已举起了步枪，严肃而又恭敬地向长官敬礼（旧制军礼，士兵向长官行举枪礼的时候，长官还礼，在手未放下、人未走开时，枪是不能放下来的）。长官既站定不动，手不放下，士兵也就只得保持着举枪敬礼、注目而视的姿态，不能松懈下来。在这种情况下，这位守卫的士兵大感不安，惊慌失措，当时我在旁看着这种情况也莫名其妙。紧接着，听冯先生对这位士兵说："请你把枪放下来吧，我不是给你敬礼，而是我穿的这双布鞋给你穿的那双缎鞋敬礼。"我向那位弟兄脚下一看，原来他穿的是一双很亮堂的缎鞋，这才了解了这一幕戏的原因。接着，冯对该士兵讲了些不要忘本、不要学奢侈等勉励的话。这件事传遍全军，对于全体士兵起了很深刻的教育作用。

派兵"保卫"日本人的商店

湖南常德是内地通商口岸之一，日本商人在该城内设有一些商店，其中一家百货商店表面上是卖日用百货，实际上却是卖海洛因、吗啡等毒害我国人民的毒品的处所。冯到常德了解到此种情况后，认为自己身为地方军事长官，负有将其取缔的义务，但此事若直接出面干涉，又恐惹起外交上的问题，因此想了一个最妥善的办法，那就是以保护外侨为名，派了两个战士背枪站在日侨商店门口守卫。这么一来，当地的那些瘾君子就再也不敢登门购买毒品了。过了不多日子，该日侨因为没有顾客上门，生活无法维持，也就只得关门大吉，悄悄回国去了。

西北军见闻

石仁麟

　　我于1926年在冯玉祥将军戎幕充国民军联军总参谋处秘书，曾负责保管来往机密文稿。并曾参加全军军以上参谋长会议，担任记录，又奉命主编《冯总司令训令文稿汇编》，将冯对部下的重要指示选集数百篇订成巨帙，印发全军以资参阅。后来又随冯至南京，先后在编遣委员会和军政部工作，对于冯在北伐一段时期的事迹颇多耳闻目击。兹就记忆所及，作一简要回顾。

草亭密语　　驱曹倒吴

　　冯玉祥原籍安徽巢县，生长在河北保定，家世清寒，出身行伍，历任北洋和国民党政府军政要职，为北洋军阀中的杰出人物；从他所策动的滦州起义、廊坊起义、驱曹倒吴、驱逐溥仪出宫、张垣政变、手捆曹锟宠幸的李彦青、怒斥蒋介石亲信刘纪文等一系列事件来看，可以说明他在反帝反封建方面都曾作出贡献。但有些人对他不无微词，千秋功罪历史自有定评，本文只据事直书。

　　当第一次直奉战争后，直系凭战胜声威，曹锟驻节保定，吴佩孚坐镇洛阳，互为声援，并借"猪仔议员"贿选曹锟登上总统宝座。吴佩孚任直、鲁、豫三省巡阅使，权倾内外，野心勃勃，战争烽火弥漫全国。先是冯玉祥充河南督军，在第一次直奉战争中，长辛店一役率部策应，出力甚多。战后吴之亲信张福来继任豫督，冯则充任陆军检阅使，有职无权，与吴貌合神离。在第二次直奉战争开始前夕，冯的盟兄孙岳由大名镇守使调来拱卫北京，在检阅使署一座草亭之内密商主和之策。既有成约，复联合陕西陆军第一师师长胡景翼暗中布置，伺机而动。

　　那时冯部被调赴喜峰口一带与奉军作战，冯仅遣少数斥候队轻装前行，每到一地即以电报报告其行踪，取信曹、吴，并借口修路，把炮火兵力潜伏在沿公路两旁的城镇，不露声色，待吴佩孚嫡系部队第三师开赴山海关前线之后，立即班师回京，由孙部策应入城，包围总统府。胡部得讯亦由前线反戈，会师一处，驱曹倒吴，宣告主和，拥段祺瑞为临时执政，迎孙中山先生北上共商国是，成立国民联军总部。冯被推为联军总司令兼第一军军长，胡景翼任第二军军长兼河南军务善后督办，孙岳任第三军军长兼河南省省长，在孙未到任以前由何遂代理；以张之江为察哈尔都统，李鸣钟为绥远都统，宋哲元为热河都统，刘郁芬代甘肃督办，鹿钟麟任北京卫戍总司令。冯入京安民布告中首述，"兵凶战危古人所戒，国家至不得已而用兵，必求有益于国有益于民，断未有不顾国家之安危不恤人民之涂炭，好战喜斗如今日者，殊不知民为邦本，本固邦宁……"云云，仅此寥寥数语，却已道出当地人民苦于内战的心情与他们主张和平的动机。自此之后，冯与国民党拉上关系，后来配合北伐军五原誓师，解西安之围，出兵潼关，与国民革命军会师郑、汴，直捣幽燕。"草亭密语"实为其历史转折点。因此冯玉祥对此具有纪念意义的日子非常重视。1927年驻节开封时曾为纪念此日大征诗文。我曾为秦德纯参谋长代拟七律三首，其中一首诗云："草亭数语两心明，结合纯然出至诚。从此中原风气变，大河南北起欢声。"盖已道出此一事实的重要意义矣。

整饬内部　严格军纪

　　冯玉祥对于参谋长的选用非常严格，除非与他一起行伍，才识兼优堪膺斯选者，不讲究学历外，否则非国内外陆军大学出身者不用。所以他的历届参谋长都属于这两种类型。如蒋鸿遇、石敬亭属于老行伍出身类型，刘骥、熊斌、邱山宁、王乃模、曹浩森、秦德纯等都属于陆大出身类型。

　　冯部久戍西北，人才较缺乏。冯玉祥对于外来投效的知识分子，十分器重，提拔很快。如薛笃弼、薛笃烈、邓哲熙、邓崇熙、郭春涛、何其巩、黄少谷、唐悦良、邓翠英、邓飞黄、戈定远、简又文、凌勉之、孟宪章、王开化、李世军、郑方珩、雷嗣尚、周鸣湘等，后来在政治舞台上都是活跃人物。

　　冯军总司令部设总参谋长、副总参谋长、总参赞、左右参赞、参赞、总参议、参议、顾问、秘书长、副秘书长、高级秘书、参谋、秘书、副官、军务、军需、军医、军法、民政、机要及抚恤、外事、电政等处。总参谋长初为刘骥，副总参谋长为曹浩森，后刘调任第三十军军长，曹升为总参谋长，以二十三军军长秦德纯调任副总参谋长。后曹调本军训练总监，以第五方面军总指挥石敬亭调任总参谋长。后石又调任山东省政府代主席，秦德纯升充总参谋长，吴锡祺升代副总参谋长，后又易张联升。总参赞蒋鸿遇，左参赞林立，右参赞周煜坤，总参议熊斌，其余参赞、参议甚多，不能一一列举。参谋处长由吴锡祺兼，副处长虞典书兼军务处长，秘书长初为何其巩，后易黄少谷，副秘书长戈定远，副官处处长许骧云，后许调铁路运输司令，以胡长海继，后胡又另调，以张自忠继，仍兼第二集团军军官学校校长；军需处长初为贾玉璋，后为傅正舜；军医处长谢文龙，副处长胡兰生兼后方总医院院长，军法处长徐维烈，民政处长任佑民，机要处长邓翠英，外事处长唐悦良，电政处长郑方珩，抚恤处长武景唐。此外还有总政部，由郭春涛任主任，下设秘书、组织、宣传三处，秘书处长李世军，组织处长简又文，宣传处长孟宪章。

冯部官佐分为三等十二级，一等比照将官，二等比照校官，三等比照尉官。一等一级只冯玉祥一人，其余方面军总指挥、总参谋长、副参谋长和一些资深军长，均为一等二级，部分军长和师长为一等三级，旅长为一等四级；团长为二等一级，营长为二等四级，连长为三等一级，排长为三等二级。总部处长、副处长、科长比照师长、旅长、团长等级铨叙。将官用红缎胸章缀以黑星，校官用黄缎胸章缀以黑星，尉官用蓝缎胸章缀以黑星。但旅以上副主官如副旅长、副师长、副军长、副总指挥之类，则用红缎胸章缀以白星，使人一目了然。

冯部服装官兵一致，冬夏均是灰色，并绑裹腿，军服上身用窄袖，下身军裤均用中国式，便于前后掉换来穿，可以耐磨一些。冬日帽子多用棉帽，后面双层可以放下来护耳护脸，北地苦寒，此种式样正合实用。夏日戴大草帽，附以蓝油布帽罩，既可蔽日又可遮雨，同时蓝色是保护色，行军作战两得其宜。

冯部在北伐时期因西北各省地瘠民贫，维持这一庞大军队食、穿、用三项，已感财力不胜，更谈不上按月发饷，官兵一律每月只发给菜金、服装、鞋袜。菜金每日每人三角，按旬具领，所省下来的钱发给本人，作为零用，其他一些则用于军医疗治，病号饮食公家有照顾。遇有特别用途可打借条，由直属长官批准报销。校官以下不准携眷，带眷者每周有一两天外宿假。所有眷属用的粮煤得比照本人标准向军需处请领。眷属一般以父母妻子为限，如有老年父母随营奉养，冯玉祥还不时赠与皮袄和肉米，以示优待。遇有重大节日或作战胜利，冯玉祥常给予官兵现金或实物犒赏。所以大家还不觉得没有薪饷的困难。一直到北伐胜利之后，才按等级发给维持费。冯玉祥对于参谋、军需人员似较重视，常给以肥缺调剂。如刘骥曾充陇海铁路督办，王乃模、杨慕时曾充京汉铁路局局长，龚柏龄曾充京奉铁路局局长，陈琢如曾充津浦铁路局局长，舒双全曾充崇文门税关监督等。但时间都不很长，大家轮流来干，总使多一些收入，生活能过得去，安心为他效力而已。

冯部官兵除佩符号、胸章、识别带之外，军服内外还缀有标语式的印好的小布条，如"打倒帝国主义，瞄不准不放"，"不到二百米以内不放，随便放枪就是懒虫就是反革命"，无论官兵，在换洗军服时，必须将标语拆下缀上。冯玉祥时常于检查内务或召见部队长时亲自检查，如未佩戴，即受申斥。

冯部行军非常迅速机密。冯玉祥在北伐时期驻节郑州、新乡时，经常命车站方面掌握四辆火车头，朝东西南北向升火待用，一声令下，挂好就走。究竟冯何时要走，目的地在何处，他人很难捉摸。一看见他的手枪旅开始拆帐篷，就是要走的迹象。这时没办的事赶快办好，要吃的饭赶快吃饱。有时甚至事未办完，饭未吃好，车已开动，其迅速有如此。

在战役开始时，冯玉祥经常废寝忘食地批阅电报，研究敌情。时常用电话指挥作战，有时部队已动，命令才下，只是补办手续而已。他的部队经常要作好战斗准备，听候调遣。军令森严，作战非常勇敢，所以能打硬仗。从刘镇华部军长梅发魁在豫东作战不力，即被当场枪决，可见一斑。

冯玉祥有时从谏如流，和蔼可亲，有时声色俱厉，拒人千里。在开封，总部有一位二等一级参谋何成璞系日本陆大毕业，与曹浩森有同学之谊。由曹介绍来参谋处工作，并在禹王台参谋训练班任教官。他时常上条陈，深得冯的嘉纳，将他提升为一等四级高参，他很感激冯的知遇之恩。不料有一次他上条陈，提出凡涉及军法案件，应组织军法会审，然后执行，为冯所不能接受，说他信口雌黄，不负责任，授意叫他告退，何不得不走。因受此刺激，再东渡扶桑，后来回国在陆大任教，颇负声誉。冯看到不惬己意的文电，有时有很奇怪的批语，如"放屁""放狗屁""脱裤子放屁"等一类骂语。有一次对蒋介石的亲信、所谓党国元老吴稚晖因话不投机，竟用诸葛亮骂王朗的语调，骂他："苍髯匹夫，皓首老贼……死有何面目见总理于地下！"骂得淋漓尽致，不留余地。

冯蒋关系 由合而分

当国民党宁汉分裂之时，冯玉祥初用两面手法，派刘骥为驻武汉代表，又派熊斌为驻南京代表。尽管宁汉两方都委他为第二集团军总司令，他均不就职，仍以国民军联军总司令自居。后因蒋介石下野，南京军事方面群龙无首，指挥不统一，致为孙传芳部所隶而有龙潭战役的发生，南京岌岌不保。后来靠海军之助虽把孙军击退，但仍与何应钦部相持于明光、固镇之间，尚有威胁首都的可能。同时张宗昌、褚玉璞所部直鲁联军曾向陇海线猛攻，前锋逼近开封，给冯很大压力。冯感到有迎蒋返国主持北伐的必要，除分电国民党中央和国民政府痛陈迎蒋复职之必要外，并派张之江、马福祥东渡日本迎蒋回国。彼时蒋正拟与宋美龄结婚，利用宋家的政治影响以图东山再起，得此机会正中下怀，乃即返国。当蒋、宋举行婚礼之时，冯遣其夫人李德全前往参加，由秘书长何其巩随往。以此何其巩后来乃得到蒋的垂青，当上北平市首任市长。

自蒋介石东山再起之后，为着整饬军纪继续北伐，枪毙了作战不力的赖世璜、王天培两个将领，把前锋推进至徐州。冯玉祥也就任第二集团军总司令之职。同时将盘踞在陇海线东段的直鲁联军打垮，并与何应钦所部在徐州会师。蒋、冯两人先前原未谋面，这次蒋乘专车自徐州东来，冯乘专车从兰封（今兰考）往接，两车在野鸡岗相遇才获会晤；并同车回到开封，结拜金兰。当他俩在河南省府礼堂拍照时，冯让蒋居左，说蒋是国民革命军总司令。蒋让冯居左，说冯年长为兄。两人互让不休，后经王铁老转圜拍两张照片，两人互换居左，以表示既讲公谊又讲私情，两人均表同意。自此之后蒋给冯来电就称"焕章大哥"，冯给蒋去电则称"介石我弟"，在表面上煞是亲热。

在此次会谈中，蒋、冯决定了北伐大计。由四个集团军共同出兵分进合围，直捣平津。蒋部第一集团军沿津浦铁路线北进，冯部第二集团军向鲁西先取济宁，再攻济南，然后与第一集团军会师北进，将主攻兵力放在津浦线上。平汉线由第四集团军李宗仁部负责。第三集团军阎锡山部以一部兵力守住娘子关，并以主力从平绥路大同出击，以攻敌军侧背，预定在1927年秋季攻下平津。当时还约好冯先驻新乡，以欺骗奉军，牵掣其兵力，俟蒋回归南京与阎、李两方商妥部署完毕，再以电报通知。冯即移驻兰封开始进攻。

冯、阎两人说来也是换帖兄弟，从冯给阎去电每称"百川仁仲"可以知之。不过他俩因利害冲突而貌合神离。当冯坐镇新乡时，其先锋部队在磁县、邯郸一带集结故作欲动之势，果然张作霖所部奉军被迷惑，误认为将来如果革命军开始进攻，其主力可能放在平汉，这方面必有一场鏖战，当即将其精锐王牌部队三、四方面联合军团张学良、韩麟春所部配置在平汉线上，且乘我军未动之前先发制人，先将阎锡山部队打垮。乃围攻涿州，把阎部主力傅作义部队围困城内月有余日，一面分兵猛攻娘子关，使阎部首尾不能相顾。阎感到力不能支，乃派其参谋长朱绶光来新乡向冯请兵救援。冯以无兵可调为辞，仅允派骑兵郑大章所部在阎部侧翼活动，虚张声势，减轻阎军压力，以顾全阎的面子。其实当时冯并不是无兵可调，乃以冯在南口退却之时，阎曾乘人之危命商震将冯部改编不少，不免有介于怀，故不愿在此时期代人火中取栗。

当蒋、冯在开封商定北伐军事大计之后，蒋回南京部署一切。冯到新乡牵制奉军。迨各方准备完成，李、白（李宗仁、白崇禧）率部沿平汉线北进，冯撤出此线移驻兰封，彼时指定第一兵团刘峙部在津浦线大汶口出击猛攻张宗昌、褚玉璞所部直鲁联军。第四兵团贺耀组部挡住徐州、扬山、黄口一线，确保津浦、陇海两路要冲，相机出击。冯部第一方面军孙良诚从豫东出发，由鲁西菏泽一带向孙传芳所部五省联军进攻，以马鸿逵军为策应。方振武部向全乡鱼台出击，与孙良诚部合力围歼孙传芳部五省联军。兵力部署既定，一声令下，各路奋勇前进。全线战事非常吃紧。不料孙传芳部以贺耀组部第三十三军张克瑶部驻守黄口战斗力非常薄弱，认为有机可乘，如果把黄口占领，可以切断蒋、冯两大军联络，并可直奔徐州，截断刘峙所部后路，使全部趋于崩溃。因此仅留少数兵力守卫济宁，以主力出击攻下黄口车站。贺耀组抵挡不住，急向蒋介石求援，蒋急电冯玉祥抽调一部往援。冯立即派在兰封候命的石友三军星夜驰援。当孙传芳部击溃张克瑶军占领黄口车站正在扬扬得意时，石友三部业已赶到，乘其立足未稳，拦腰侧击，打得落花流水，节节败退。中途又被方振武、马鸿逵两部截击，伤亡惨重，溃不成军，甚至连孙传芳的苏浙闽皖赣五省联军总司令大印也被马鸿逵部俘获。当孙传芳部倾巢出击时，济宁已被孙良诚部乘虚攻占，这时已回不得。同时张宗昌、褚玉璞又怪孙传芳不该离开济宁，贸然出击，以致失去掎角之势，影响全盘战局，造成此次惨败。孙传芳感于内外对彼不利，知大势已去，只好把残部交给李宝章、王金珏等统率，自己溜走。褚玉璞为着挽回危局，曾亲到兖州、泰安一带督战。但士气不振，节节败退。蒋介石急电冯玉祥即日前往济南指挥作战。冯在得电后由兰封回到开封稍事摒挡后，即启程赴鲁。在途中得到报告，孙良诚部已攻占济南车站，贺耀组部已进入济南城内，方振武部已占领济南辛庄。彼时南京方面组织有战地服务团，以蒋作宾为团长，战地参谋团以张之江为团长，均已开到前线。

当我军节节进展之时，日本驻济南的××师团害怕革命军势力扩张，影响日本帝国主义在济南既得的利益，正在蠢蠢欲动之时，恰好我政工人员在城门口张贴标语和漫画，日本兵往下撕，我军予以制止，日军乃以护侨为名采取行动，并向战地服务团外交处处长兼山东交涉员蔡公时交涉，一言不合竟将蔡杀害，同时炮轰我军阵地，贺耀组部乃退出城外。蒋介石闻讯亲到离济南20公里的党家庄车站时，冯的专车行至泰安，闻前方有变，原拟折回开封，乃以蒋介石来电话坚邀冯到党家庄商议，遂继续前进。蒋、冯两人在党家庄车站站长室密商对策，决定以孙良诚为山东省政府主席。在孙率部作战未到任以前，调冯部总参谋长石敬亭代理，暂移省会于泰安。冯则移驻河南道口，所部由大名绕过济南，直取德州，进攻平津。并派何成浚为军使，进入济南，与日军师团长交涉，叫他们停止射击，遵循外交途径，由两国政府协商解决。

冯军移驻道口没过多久，就听到张作霖乘专车退回沈阳时，在皇姑屯车站被日本人谋害，遇炸身亡。冯玉祥乍听这个消息还不大相信，后经其驻津秘密代表丁春膏来电证实，真相始明，乃即移驻新乡，听候中央命令。

当北伐军节节推进之际，冯部孙良诚、韩复榘两方面军都在最前线。蒋介石为使冯玉祥更加卖力，一鼓攻克平津，曾许下大愿，说鹿钟麟是河北定县人，过去曾当过北京卫戍总司令，韩复榘是河北霸县人，为着驾轻就熟和实现冀人治冀计，如攻下平津，即以鹿钟麟充任平津卫戍总司令，韩复榘充任河北省政府主席。冯玉祥对此非常高兴，驱军疾进。迨韩复榘部到达南苑之时，蒋即派何成浚秘密北上，暗中活动，利用冯玉祥过去在驱曹倒吴和驱逐溥仪出宫时，曾向北京各大户摊派捐款，触犯了富豪利益。他们听说冯要重来，无不戒惧，由北平绅商出面，公推王士珍为首组织治安维持会，欢迎阎而反对冯。蒋即以民意所在为由，以阎锡山任平津卫戍总司令，商震任河北省政府主席，仅以冯的秘书长何其巩任北平市市长，自食前言。按北伐收复平津战役，冯部出力最多，阎部出力较少，而论功行赏，适得其反，使冯对蒋大大不满。于是乃称病请假，赴辉县百泉疗养。

那时蒋约定四位总司令在北平会面，蒋、阎、李三位已到，冯则迟迟不行。南京方面已知此中原委，敦嘱张之江、马福祥一再去电促驾，冯才勉强成行。初起程时以泰山号铁甲车压道，过了保定，冯的专车先行，反叫铁甲车殿后。本列车原挂有花车一辆供冯乘坐，但冯将花车分配给参谋处乘用，自己坐在由巩县兵工厂加装钢板的铁篷车上，车至丰台时，冯令转向西直门车站驶去。因此集中在北平西车站迎冯的人们闻讯较迟，都扑了空。至冯的专车到西直门车站停车以后，欢迎人员才蜂拥而至。他们为冯玉祥选定颐和园为行辕，冯不去，令随行官兵仍留住专车之上，本人率一些卫队和随从人员到西山白云寺孙中山灵前伴灵。他的行动神出鬼没，与众不同，令人捉摸不定。阎锡山时任平津卫戍总司令，阎部张荫梧任北平警备司令，晚间城禁森严。虽然冯的专车停在西直门车站，但入晚10时城门紧闭，停止出入，非有上级命令不得开城。可见彼此钩心斗角，尔虞我诈。

冯玉祥到北平的当天晚上，蒋介石以四位集团军总司令均已到齐，即举行一盛大欢迎宴会，尽情欢叙。冯即席大发议论，大意说，"北伐用了这样长的时间，动员这样大的力量，现平津虽告克复，而东北问题尚未解决，军国大计亟待筹商，国人所寄望于我们者至为殷切，岂仅为此谋耶"。蒋为之动容，并提议四个总司令和其他重要人员，翌日在汤山开会磋商一切。决议东北问题改用和平解决，目前先以裁军入手，与民休养生息。约定在一个月以后，各总司令集会南京，会商编遣大计。但决议尽管决议，沿平汉、平津两铁路干线各站仍有不少部队在大招新兵，培养个人势力。冯玉祥对此深表愤慨，命参谋秘书两处在平、津、保、石各地报纸中收集此类招兵消息的材料，加以整理，以便在将来编遣会议上提出纠正。

冯玉祥在到平之日，即面饬参谋秘书副官各处着手筹备在南口旧战场开一大规模的追悼会，以追悼在此战役中阵亡的将士。经过积极筹备，该会果即开成。是日，蒋介石、李宗仁和海军总司令杨树庄代表陈绍宽等均亲临参加。冯玉祥以阵亡将士的孝男身份，向各位长官来宾道谢，并作沉痛的追述和演讲。不少当年曾经参加此一战役生还的官兵，感动至泣下。

冯玉祥到平停留不及十天，即回开封，且不作去南京的准备，而以轻装简从，跑到西安去巡视。蒋介石知道他在华北军政要职人事安排上曾厚阎而薄冯，引起冯的不满。而冯部兵员人数最多，实力雄厚，裁兵问题如得不到冯的合作，很难收到良好的效果，必须挟冯以自重，如冯来则阎不敢不来，李更不成问题。乃以军政部部长一席为饵，让冯的挚友马福祥、驻京代表张之江，送电促贺，冯始成行。迫冯到南京之后，蒋即分电阎、李促其来京。他们虽各怀私意，但均不敢不来。阎原定由铁道乘车南下，开封方面闻讯已筹备欢迎。而阎鉴于徐树铮过去覆辙，忽临时变卦，从天津乘外国轮船到上海，转京沪路到南京。从这里可以看出冯、阎之间的内在矛盾。

蒋介石鉴于冯玉祥充任了行政院副院长兼军政部部长，恐冷淡了阎锡山，乃决定将冯系薛笃弼所担任的内政部部长一席让给阎锡山接充。另设一卫生部以安置薛笃弼，使冯、阎两方均感满意。

冯玉祥即就军政部部长之职。军政部规模甚大，设陆军、海军、航空、兵工、军需五署和总务所。部内组成人员除海军署署长由陈绍宽充任自行组织外，余采取中央与冯部各半原则，掺杂少数他系人员。政务次长张群兼兵工署署长（蒋系）、常务次长鹿钟麟（冯系），总务所所长虞典书（冯系）、主任参事马晓军（桂系），陆军署署长曹浩森（冯系）、副署长项雄霄（蒋系），航空署署长熊斌（冯系）、副署长张静愚（蒋系），兵工署副署长徐廷瑷（冯系），军需署署长俞飞鹏（蒋系）、副署长贾玉璋（冯系）。后来张群调充上海市市长，所遗的政务次长兼兵工署署长一职由陈仪（蒋系）接充。

冯玉祥对于调京供职人员选择甚严，并且采取降一级任用标准，非有正式学历和能力较强者，鲜能当选，因此使行伍出身者感到不平。韩复榘曾电冯大发牢骚，自请解甲归田，将兵权交与石友三（韩、石私交甚厚，石在西北军中资格与韩相埒。因在南口退却之时，石曾受商震改编，冯对石不满，不肯再重用石，当石敬亭调总参谋长之时，遗下第五方面军总指挥，韩曾力保石友三，冯未准，径委了张维玺）。冯得韩电后极为不安，乃向中央建议将河南省政府改组（原由冯担任主席，在冯公外出期间由民政厅厅长邓哲熙代理），调韩复榘为河南省政府主席并将其兵权卸去，当经行政院会议通过。冯玉祥并亲书一长函用珂罗版复印多份，向校官以上官佐每人送一份，以示慰问，而安众心。后来由于蒋介石的收买，韩、石联合叛冯，在此时已露端倪。

蒋介石在冯玉祥未到南京之前，只恐他不来，用种种手腕要他来。既来之后，即联冯以对付阎、李，迨阎、李都到南京，又联阎、李以对付冯玉祥，在编遣会议上对冯施加压力。

国军编遣委员会由蒋介石任委员长，中央党部代表吴敬恒，国府代表谭延闿，行政院代表宋子文和各将领杨树庄、冯玉祥、阎锡山、李宗仁、李济深、何应钦、朱培德等为常务委员，下设总务、编组、遣置、经理四部。总务部主任李济深、副主任葛敬恩，编组部主任李宗仁、副主任张华辅，遣置部主任冯玉祥、副主任刘骥，经理部主任阎锡山、副主任朱绶光。当时蒋提出全国共编50个师的指标，交大家讨论。冯对于编遣标准首先提出这样的意见，那就是："强壮者编，老弱者遣；有枪者编，无枪者遣；训练优者编，训练差者遣；战绩优者编，战绩差者遣。"并主张各集团军部队混合来编，不必拘泥哪一区域，编遣后军权归中央统一掌握，各集团军总司令均到中央供职，加强中央领导，以改变以往割据的局面。但蒋、阎、李认为各集团军取消之后，所有部队均应归军政部直接节制，冯是军政部部长，那么冯的权力太大；而且他的野心不小，又很有一套权术；善于带兵将，很容易把别人的部队拉了过去。蒋、阎、李各怀鬼胎，抓住兵权不放。因而在会议场中形成两种意见。一种主张不分畛域，但照军队素质、训练程度、战绩表现，混合来编。一种主张我国幅员辽阔，南北语言、生活习惯和信仰有所不同，不便强为合编。双方各执一理，无法取得一致。

冯后来又提出一个方案，即第一、第二两个集团军原来兵员较多，各编12个师，第三、第四两个集团军各编8个师，其不属各集团军的各省杂牌军队共编10个师，以符合全国50个师的指标。同时冯自以为他和蒋拉得很紧，以蒋冯的联合兵力可以控制一切，必能得到蒋的支持。其实这是冯的天真想法，他就没有想到蒋对他早有戒心，绝不愿冯的力量能和他分庭抗礼。倒是阎锡山看穿这一着，提出另一个方案，那就是第一、二、三、四集团军各编11个师，另设一个中央编遣区，也编11个师。所设中央编遣区也归蒋掌握。这个方案表面上是抬蒋压冯，拆散蒋冯合作关系，而实际上也便宜了阎自己，同时又讨好了李宗仁，很快就得到蒋介石、何应钦、李宗仁、白崇禧等同意，并顺利通过。

按当时冯部共有9个方面军，第一方面军孙良诚，第二方面军孙连仲，第三方面军韩复榘，第四方面军宋哲元，第五方面军张维玺，第六方面军刘郁芬，第七方面军方振武，第八方面刘镇华，第九方面军鹿钟麟。每一方面军辖三个军，每一军辖三个师。此外还有不辖于各方面军的直属军、师、特种兵师和民团军等。兵员实数不下四五十万人，就按12个师改编所裁已多，若再改为11个师，要裁的数目更多。而中央和第一编遣区归蒋掌握的就现有部队还不足编22师，阎、李两部也是如此，无怪他们在平津克复之后还大招新兵增加自己的实力。冯至此已知为他们所抵制，孤掌难鸣，因而托病不再出席。一面急电后方，速将编余部队改编为各种警察和保安团队，以保存实力。蒋看冯态度暧昧，称病不出，虑有异志，借口北方局势未稳，让阎先返北平坐镇。这使冯更为恼火，乘蒋因事赴沪之际，留书向谭延闿院长请假，回转开封。编遣会议遂陷于停顿状态。

编遣不成，内战遂起，首由桂系发难。先从罢免非本已系统的湖南主席鲁涤平入手，企图把湖南、湖北与广西连成一片，进可以战，退可以守。桂系曾派代表温乔生与冯联络共同倒蒋，已承允诺，并由陶钧、胡宗铎在武汉开始行动。蒋闻讯急亲率精锐部队由海军第二舰队掩护，溯江西上，直取武汉。并令鲁涤平所部从湖南、江西一路出击，切断陶、胡两部与广西方面的联络。同时派贺耀组为代表，面请冯玉祥出兵相助，事后当以武汉相谢。冯采取两面手法，派韩复榘率强大兵力进驻信阳，挡住武胜关口，按兵不动，坐观鹬蚌争持，待收渔翁之利。陶、胡因蒋军节节进逼，感于势孤力弱，无法负隅，又兼李明瑞倒戈，使桂系倒蒋运动很快就告失败。西征胜利结束之后，冯欲在武汉方面分得一脔，蒋认为冯之出兵并无助已诚意，因而未与，仅允在山东日本问题获得解决后，将青岛交冯。冯只好耐心等待。

蒋乘战胜桂系声威，认为无人再敢与他抗衡，重弹编遣旧调，因编遣实施会议的召集。当时曾派出许多点验组分赴各部队实地点验，以为裁编标准。先是冯回西北之后，军政部长等于虚悬，此时改由鹿钟麟升任。至冯原兼的编遣会遣置部主任一职，此时也由李鸣钟接充。贺国光继刘骥为遣置部副主任。周亚卫继张华铺、葛敬恩身兼编组、总务两部副主任，使编遣会内部人事先获健全，便于推动工作。

日军自五三惨案强占济南、青岛、辽东一带之后，鉴于平津克复，蒋介石政权日趋巩固，此问题不便长拖不决，已有归还之意。只以蒋虑青岛收回之后，势不能不交给冯玉祥，这样使冯得一海口，可以向国外输入军火，不啻为虎添翼。因此蒋宁可将青岛收回问题暂搁一边不谈。此刻迫于当地民众要求、全国舆论压力和国际声誉关系，势难迁延不决。乃捏造口实说日人批评冯部军纪不好，不让孙良诚出兵接收青岛，而任命葛敬恩为青岛市市长，派宪兵司令吴思豫率宪兵队前往接收。冯玉祥怒不可遏，乃命孙良诚自山东撤兵，并令韩复榘、石友三等部均退入陕西，据守关内，准备与蒋决裂。但韩、石原对冯不满，同时又贪恋中原财富，不愿再到陕、甘贫瘠之区受苦，因而受蒋收买，在撤退途中叛变，与冯分道扬镳。后来冯、阎、李与汪精卫等合作，在北平召开国民扩大会议，联合反蒋，引起中原大战，这是后话。

西北军十年

李九思　刁则纯　记录　整理

　　1920年7月，冯玉祥派人到郑州招兵，说是成立随营学校，招学兵。有个荆迪凤（音），也是郑州人，在冯部十六混成旅当排长。我找荆迪凤说："我去。"并到关帝庙求得上上签。签上说："公侯将相本无种，虽暂困，终必泰。"我始终相信它，决心跟荆迪凤上十六混成旅。同时去的共37人，都是学生。到了湖北谌家矶检查身体，有七人未过关。我被编在十六混成旅的补充团第一营第四连。

　　当时，十六混成旅有四个团：一团团长李鸣钟，二团团长张之江，三团团长张树声，炮团团长鹿钟麟，补充团长张维玺，旅参谋长刘郁芬，参谋刘骥。

　　冯玉祥曾对士兵讲话说："你别看我现在当了旅长，我也当过伙夫，当过兵。你们好好干，保国卫民，才能当官。不吃苦中苦，难得人上人。"他常问我们："你们的父母是什么人？"大家回答："是老百姓。""你们的亲戚朋友是什么人？"答："是老百姓。""你们脱了军装不干了是什么人？"答："是老百姓。"冯又说："钱跟你爹放在一块，你们不能见了钱就不要爹了。"他常讲孝悌忠信、礼义廉耻。

　　当时操练很严格，早晨3点钟起来，冬天穿短袄单衣，非跑到出汗不可，长距离跑步，最艰苦了。天冷打雪仗，弄得浑身是雪。河水结冰了，赤身到河上，用脚蹬开冰块，下去洗澡，真是刺骨的冷，连长张自忠带着大家苦练。

每天早上操练两个钟头，下午练各种体操、木马、独木桥、跳高、跳远等。学军事知识，不识字的，认《六百字课》。一天不认三个字，不能吃饭。士兵臂上佩一个白布臂章，上写："不扰民，真爱民，誓死救国。"

旅部原有一个模范连，连长是冯治安。11月，又把我们这个连调到旅部，成为模范第二连，还是张自忠当连长。这样，时常跟着冯玉祥，冯不断对我们讲话。

第三团团长张树声请假不干了，便由补充团张维玺调充。补充团长为刘郁芬，参谋长由刘骥充任。

1920年11月间，十六旅调到信阳，与毅军鲍德全、河南归德府镇守使闹矛盾。吴佩孚支持鲍，要打十六旅。冯把鲍打败了，把鲍1000多人的枪缴了过来。吴佩孚下令给冯：枪要交回去，少一颗螺丝也不行。冯没办法，只得忍气吞声、完完整整地退给他。

在信阳这一阶段，训练特别严格，特别紧张，吃穿更困难。

1921年，吴佩孚命令十六旅去陕西打督军陈树藩。陈有几个旅的人，吴叫冯一个旅去，想借陈灭冯。冯部到郑州后，两个模范连列队迎接吴佩孚。吴对我们很客气，拍拍我们的肩膀，笑笑。

冯部到了潼关后便不走了。冯玉祥、刘骥等曾在城楼上开会，我不知其内容。这时训练更紧，纪律极严。如一个姓杨的连长因调戏妇女，冯决定枪毙他。杨求饶，冯说不行，鹿钟麟、张之江都跪下求情，也不行，杨还是被枪毙了。

约在二三月间，冯部由潼关出发，过灞河，水齐腰，衣服尽湿，又冷。四个团在前面打陈树藩，两个模范连跟旅部在后面。前面张之江指挥，后面是冯本人指挥。我们只听见炮声枪声，不到半天，把陈树藩打跑了，冯带两个连上西安，那时陕西督军是阎相文。

这时冯玉祥的部队改编为十一师，冯是师长，旅长有李鸣钟、张之江等。

那时，陕西杂牌军很多，省长刘镇华有20多个营，胡景翼有4000—

5000人，郭坚有1000多人。这些人都向督军阎相文要饷，阎没有办法，吃大烟自杀。阎死，吴佩孚叫冯玉祥当督军。

冯当督军后，两个模范连改为学兵营，张自忠为营长，冯治安升为第一团第一营营长。

这时，冯开始拉拢刘镇华和胡景翼。因郭坚拉拢不了，便想法子收拾他。冯请郭来吃饭，把冯部士兵的《精神书》200多本发给郭的部队，不断和郭见面，净讲好话，说他不错。一天，冯请郭吃饭，以摔酒杯为号，让手枪队出来把郭抓起来，当场就拉出去枪毙了。冯对郭的部下说，愿干的留下，不愿干的回家。这样收编了一部分郭的部队。

1921年5月，吴佩孚叫冯把督军让给别人，上河南打赵倜。赵是河南督军，有四五十营部队。吴还是要借赵灭冯。

冯部上河南，刘镇华特别高兴。我们离开陕西时，刘部列队欢送我们。冯走后，陕西军政大权由刘独揽。

冯部由陕至豫，一路急行军。冯规定要严守纪律，一定要公买公卖，一草一木、一针一线都不准向老百姓借取。如有不守军纪的，要严办。一路上不准住民房，都搭帐篷露营。到潼关，休整一天，继续向洛阳前进。到郑州有火车，我们没有坐，步行到洛阳。部队由洛阳到郑州，驻在郑州附近，学兵营跟冯玉祥驻在洛阳。郑州附近还有靳云鹗的第八混成旅。冯带了一个手枪队到郑州和靳会面，赵倜知道了，准备晚上收拾冯玉祥，冯闻知后，星夜回到洛阳。到洛阳后立即带领学兵营向郑州开拔。坐火车到汜水关，铁轨被扒去一条，修复半小时，继续前进。到了郑州，学兵营住在二里岗老百姓院子里。这时，在郑州以东20多里的地方，冯部与赵倜的部队接火了。赵倜人多，冯部打得很艰苦。一天夜里，冯命令学兵营向前方增援，在火线挖战壕，准备打。一夜无事。拂晓，有人来接防，学兵营回到二里岗休息。大约中午的时候，胡景翼和冯玉祥来到二里岗。靳部第八旅机关枪营长下命令说：现在我们向敌人攻击，正面由冯督军部队担任，右翼由胡景翼担任，左翼由八旅机关枪营担任。命令后，散开，前进，学兵也前进。张自忠不管一切，命令前进，谁不前进，枪毙。双方打得很激烈，我们没有什么进展；胡景翼的队伍上来了，他们枪支很少，见枪如命，六七千人上去空手夺枪，就这样把赵倜打垮了。冯把这些兵集合起来，整顿好，向开封前进。到开封，学兵营驻在演武厅，一面学习军事，一面学《精神书》。

三个月后，我到教导团学习，团长是石友三，教育长是张维藩。我被编在第一中队，中队长是高树勋。在教导团，一天操练两个钟头，其余时间学习军事：步兵操典、射击教范、初级战术等。六个月后毕业，我升为司务长，被编在河南第五团第二营第五连。团长门致中，营长吴清旺（音），连长李增志（音）。

当时官兵薪饷，每月只拿到五分之一，司务长5元，排长7元，连长71元，营长140元，团长280元，旅长400元，师长600元，特别费1000元。冯玉祥送钱给孙良诚，一送就是一两万现洋，所以孙感激冯。当时士兵借饷，规定交到我手里，叫"士兵存款"，这是西北军的老规矩。不叫士兵乱花钱，有钱一定要寄回家养父母；绝对做到"烟酒必戒，嫖赌必戒"。这是冯玉祥的规矩。我当司务长，从不喝人茶，抽人烟，兢兢业业，谨慎小心。

1922年一二月间，冯部开到北京，驻南苑、西苑一带。冯在河南时，成立了五个团，全是少吃没喝的老百姓。五个团长是佟麟阁、门致中、过之纲、葛景章（音）、韩复榘。五个团是冯自己搞的，没有饷，吴佩孚一看，冯几个月就增加了五个团，日子长了，更不得了，制服不了他。因此，把冯部调到北京。当时黎元洪当总统，曹锟为直鲁豫巡阅使，吴佩孚是副使，冯当陆军检阅使，无实权。冯把河南招来的五个团编成三个混成旅：第七旅旅长李鸣钟，第八旅旅长张之江，第二十五旅旅长宋哲元。

我当司务长，还管队伍。天冷，早上跑步，排长不去，我去。干了三个月，升为排长。先在机枪连，后调回二团二营五连。升了官，我更加拼命苦干，不敢出一点错。后来又把我调到学兵团辎重连当排长。石敬亭这时是十一师参谋长。

学兵团长由冯玉祥兼，团附张自忠。后来冯不兼团长，由参谋长石敬亭兼团长。学兵团的训练、学习，比普通团更紧张。排长以上还学英文，由美国留学生教。学军事，学各种技术，严格注意卫生。每星期先检查枪支，有一点脏就要挨打；再检查个人卫生，衣领、口、鼻、指甲都查；再就是查宿舍、厨房、厕所。营长戴白手套摸一摸，有点黑，司务长就要挨打。有一天，我当全团值星官，检查内务时，发现厕所有一个苍蝇，张自忠在全团军官们的面前叫我趴下，用洋镐把我打了五下，打得我几个月不能起来。我发誓一辈子也不跟张自忠。后来队伍要出发，我被送到第八混成旅医院。

1924年三四月间，冯部出发打张作霖。吴佩孚的计划是：分三路攻东三省。第一路总司令彭寿莘，第二路总司令王怀庆，第三路总司令冯玉祥。第一、二路攻山海关，第三路由古北口经赤峰攻东三省。吴佩孚的阴谋是：一、二路先打下东三省，冯到不了，回头一、二路打冯，消灭冯。冯玉祥看到吴佩孚要收拾他，就联合胡景翼、孙岳成立了国民军。胡、孙各有一万多人，冯是国民军第一军，胡是第二军，孙是第三军。吴佩孚催冯赶快出发，冯老是拖。吴下命令，冯没有办法，只好出发。一天走七八里，十天才走到古北口。我这时病未完全好，张自忠派人叫我上前方去。在前方住了两三天，忽然宣布回北京。一天一夜走了180里，天亮到了北京。老百姓说，天兵到了。学兵团住在旃檀寺，冯把曹锟赶下台，把溥仪赶出故宫，由鹿钟麟经手"逼宫"。溥仪、亲王、宫女等人出来时，什么都不准带走。

那时，学兵团和另外两个团在北京驻守。一、二、三军向天津、山海关进发，回过头来打吴佩孚，抄吴的后路。吴在天津，冯打天津，各国公使逼迫吴离开天津，吴只得坐两只兵舰，带七八百人，逃到湖北鸡公山（湖北督军肖耀南原是吴的部下）。吴走后，张作霖进关，与冯推段祺瑞为执政。

当时北京是冯玉祥的势力。鹿钟麟为北京卫戍司令兼一个师长。京兆尹（市长）是刘骥。青海、甘肃、察哈尔、热河、绥远、宁夏、陕西都归西北军。这时是冯玉祥兴旺发达的时期。

赶走曹锟后，胡景翼为河南督办，孙岳为河北督办。很快又把孙岳拿掉，提李景林为河北督办。山东督办郑士琦，后来是张宗昌取而代之。

段祺瑞派王揖唐当安徽督办兼省长，王有顾虑，要冯玉祥派部队保护他。冯派我带30名内卫队保护王督南下，冯亲自对我说："你这次跟王督上安徽，有很大意义。他没有部队，你去，咱的部队向南方发展，你就是告示，好坏全在你。你几个人就代表西北军，军纪要特别好，全国看着你。"这时冯是西北边防督办。

我当排长，带30个人的内卫队保护王揖唐南下。到蚌埠，王下车时，有五个混成旅长去接他。到督办公署后，王对我说：三天以内不见客，你这卫兵特别注意，不准闲人接近。三天以后，王接见了几个旅长，要看看这几个旅的部队。有一天阅兵讲话，王要他们守军纪，听命令。而后三个旅长向王要三个月的军饷，王发愁，没办法。一天，王到车站接陈树藩，乘机坐车跑到安庆，把我留在蚌埠。当我们决定走时，有一营军队要缴我们的枪。我们开会决定：宁死不交枪，并作好战斗准备。他们的旅长说，你把他们几十个人解决了，冯玉祥派十万大军来，你们谁能打得过？结果，他们不敢缴我们的枪，我们离开蚌埠到了安庆。

王揖唐曾是南北调和的代表。他在安庆的时间很少，时常以安福系首领身份到各省去活动、拉拢，以巩固段执政的地位。他到湖北找督办肖耀南，并去看吴佩孚。吴住鸡公山，王只带我一个人去。他不让吴知道我是西北军的。王说："你们是死敌。"王、吴谈话时，叫我离开，不让我听。王还到江苏与卢永祥督办联系，到江西和方本仁督办联系，到芜湖与吴金标镇守使联系，为段执政做工作。

约在1925年4月间，王揖唐上北京，路过郑州时，胡景翼上车与王谈了话。到北京时，卫戍司令鹿钟麟、京兆尹刘骥都去迎接他，很隆重。在北京住了一星期，王上张家口见冯玉祥。冯带张之江、张自忠等团长以上军官都去欢迎。王冯谈话内容，我不清楚。听说是冯跟张作霖有矛盾，张占了天津，还要北京，说是快要打了。一打，南方要起来，吴佩孚要起来，四分五裂，段执政要完蛋。王督去见冯，大概是为这个。

王又上东北见张作霖，没有叫我跟他去。他去东北，主要是调和东北军与西北军的矛盾。两三天后，他回到北京。刘骥到郑家花园见王时，先到我的住处。刘对我说："你要好好干，你这几十个人代表西北军，只要跟王督，升官不成问题。"不久王回安庆，以后再没有出去过。

6月间，王又上北京，仍然是去调和冯、张的矛盾，没有成功。王给我电报，说他不回安庆了，辞职了，叫我留在安庆。我打电报给冯玉祥，要求归队。冯复电，叫我率队北归。回到张家口，冯又叫我把家眷接去，住在督办署，和李德全住在一起，后来感到不方便，便在外面找房子住下。

一天，冯对我说，在衙门待了七八个月，吃苦耐劳的作风恐怕丢了，派你几十个人到附近的土山上掏井，一定要掏出水来。挖了一个多月，快有泉了。冯派我到交通兵团当上尉副官。

1925年冬，西北军和东北军打起来了，就在北京与天津之间。第一师第二旅被奉军打垮了，程希贤升任旅长，收容溃退官兵。程派我当旅部手枪队长兼五团二营营附。每天激战，旅长上前线，我始终不离。一天，在廊坊车站，徐树铮的专车经过这里，西北军把徐拉下来就地枪毙。这是冯玉祥为陆建章报仇，陆是被徐害死的。

廊坊一带，每天激战，伤亡也很大。冯玉祥本想速战速决，三天把李景林打垮。谁知李很能打，我们打了个把月，一点没有进展。冯下令"总退却"，意思是北京都不要了，守南口。张之江、鹿钟麟一看电报，觉得这样丢人，也对不起冯。他们把"总退却"改为"总攻击"，规定不准放枪，全拿大刀、刺刀拼，分三道战线，前边拼完了，第二道上去，第二道完了，第三道上去，决心死战。一天拂晓前，以大炮为记号，开始攻击，把李景林打退了，我们向天津方向追。门致中带一个旅在最前面，进入天津市区。对方有三个团长、一个参谋长、一个师长往租界逃时，被抓住带到总指挥部。那个师长说跟鹿司令熟，要求见面。程希贤去报告鹿钟麟，鹿批了四个字："准予枭首。"程希贤的号长把他们杀了。李景林失败后，退到山东。

这次作战，西北军伤亡很大，战后各归原地。

1926年，张宗昌、李景林联合向天津进攻，兵力很强。此时孙岳当河北督办，顶不住，驻北京的西北军全部出动支援。我当副营长，到前线去打。张李两部攻势很猛，西北军只有防御力量，不能进攻。张有一团白俄骑兵，厉害，不怕死。我带一个连加一个排在天津不远的地方守一座大桥，对方多次进攻，被我打退了。白俄骑兵来冲，我们尽力防守，伤亡一半。最后他们用山炮轰，盖沟被掀了，一百几十人只剩下十几个人。我带着队伍，节节抵抗，节节后退，退到一个村子，又支持了几天，便退到北京附近，驻在离南苑一二十里的地方，全部挖沟，准备抵抗。很快，对方打到北京，我们向南口退。我们这个旅一直退到察哈尔附近。这时冯玉祥上苏联去了，由张之江代理西北边防督办职务。守南口的总指挥是刘汝明。东北军和吴佩孚的军队攻南口，很猛烈，我们伤亡很大，打了几十天，被东北军打垮了，南口被攻破。张之江见大势已去，离开张家口。队伍纷纷退却，刘汝明在后面收容散兵。"西北票"成废纸。我们第二旅归韩复榘指挥，跟着退到绥远。

西北军退到绥远一带，决定打阎锡山去。韩复榘大概是第三路总指挥，攻大同。锥子山（音）是大同的门户，韩复榘派我这一营去攻，他对我说："打不下锥子山，我要杀你的头。"山上有三道防线，一道一道被攻破了。全营五六百人，最后只剩下三十余人。韩又给我拨了一部分人。

大同攻不下，就把它围住，抽我们这营去保护口泉煤矿。煤矿监督赵品山跑了，我们在赵的公馆里缴获了十几个皮箱，我报告了团长，结果给旅长拿去了，也给团长一些，我连一根毛也没捞到。

后来我部又被调去打大同。挖地道，用炸药炸开城墙，一连人冲上去，一个也没有生还。上面又决定还是派兵围住大同，绕过它前进，向山西进攻。晋军抄我们的后路，宋哲元（热河都统）带一个手枪团支援我们，才把晋军打退。忽然又接到命令：总退却。韩复榘的第三路军退到绥远驻防，和晋军接洽，说归他们指挥。晋军要求他们穿山西军服装，"白牌牌"要卸掉，韩复榘都答应了。具体归绥远都统商震指挥，到时要钱，领衣服。

行军路上，我们住老百姓的房子，临走扫地，糊窗时打破了碗，赔人家钱。一针一线不能动。这是冯玉祥的治军办法。冯还派军法官在队伍走后查，查出不按规定办的，给连长撤职处分。

到了洛阳，韩打电话叫我，我骑马到指挥部，韩复榘集合营长以上军官，说我打仗勇敢，是责任以内的事，但用办公费买盘、碗，从中渔利，判处五年徒刑。这是曹福林对我的报复，过去在北京时，我请假回家，当晚没有回营，团长曹福林骂我"混蛋"，我打了他一拳，他一直怀恨在心。现在他当了师长，就来报复我，这是1927年夏天的事。几天后，部队向郑州出发，把我送到洛阳县监牢里，坐了10个月的牢。石敬亭想办法把我放出来。我出来后，上训练总监部高级班，后当步兵一大队四中队中校中队长。在训练总监部受训的有3000多人，主要是各部队挑选的营、连、排长，我那个中队的学员原是连、排长，教官是保定毕业的。一次蒋介石来洛阳，到训练总监部讲话，大意是全国要团结起来，同心协力，步调一致，共同对敌，共产党是主要敌人。讲了一两个钟头，我是这次才见到宋美龄的。

北伐时，孙良诚最卖力，号称铁军，蒋介石为了使冯部里面起矛盾，直接委孙良诚为山东省主席。冯当时是蒋介石的军政部部长，见蒋委任省主席不通过自己，不买蒋的账，不让孙到差，而叫石敬亭去代理。当时训练总监已取消，后来冯才叫孙去当山东主席，这是蒋冯矛盾之一例。

从冯内部说，也不断发生坏事。如郑州国民大队长王长春，曾是石敬亭的学生，因为贪污，被枪毙了。又如，陕西兵工厂督办沈家新（音）因强娶女学生，也被冯枪毙。沈是石敬亭的学生，石去电报保沈，电报未到，沈已处死。这些事例说明冯玉祥执法严，但犯法的人仍不少。

冯玉祥命令将编遣人员收容起来，在郑州设立训练所。训练所长是刘汝明，赵登禹的弟弟赵学礼是大队长，我在赵下面当中队长。

韩复榘当河南省政府主席后，把训练所改编为暂编第一师，师长是过之纲。我当时在这个师的第一旅第一团第一营当营长。那时上甘肃招新兵，到了天水，住一两个月，差不多团长以上的官都弄个姨太太。特务团长赵学礼花1000元现洋把一个名叫兰芬的妓女娶来做小老婆。过之纲撤了赵的职，赵带小老婆到潼关，他哥哥赵登禹在潼关一带驻防，有个旅长出缺，赵学礼当了旅长兼潼关警备司令。他逛窑子，叫手枪队把门，谁都不能去。各团各营分到各县招新兵，征来的兵，出几十块钱就可以放回去。过之纲师长发财，团长以上都发财。有个副营长杀了团长，架走营长去当土匪，跑的人到了汉中，张维玺（汉中镇守使）把几十个人抓了回来，一律枪毙。

各部把兵招齐了，第一师改名为军，过之纲当了军长，有兵无枪，便派两千人到鹿钟麟那里领枪，只领回四五百支破枪。没有枪，每人发一把大刀。赵学礼被撤职，过之纲派我去接任特务团团长，驻天水。

大半是上边知道过之纲在天水弄得不太好，忽有消息说，张自忠带第六师来接防。我当团长不到两个月，便调我为第一旅副旅长。我怀疑是过认为我是张自忠的人，靠不住，所以把我的团长职务拿掉了。张自忠到天水前一两天，过之纲带第一师跑到青海投孙连仲去了。过不叫我跟去，派我负责留守。第二天张自忠带两旅人来了，见到我，要我想办法给认识的人打电话，叫他们回来。原来做什么，仍然做什么，保证不拨散。我去联系，一师二旅旅长董泽光（音）带一个团回来了。张自忠把特务团归董节制，成立十八旅，董当旅长，我为副旅长。一方面因我有功，一方面叫我监视他。不久，过之纲又回来了，大概是孙连仲把他的队伍拨散了。过后来奔西安，带着11个骡子驮着现洋、金沙，发大洋财了。

过走后，张自忠补充枪支，加紧训练，一个师完整的三个旅，人马齐全。一方面，整顿军纪，还是冯玉祥"不扰民"的办法，跟过之纲不同了；一方面，筹饷，要现洋，筹了几十万款，派一团人护送给鹿钟麟。押运部队走到武功县时，几千老百姓和红枪会打来了，想抢枪，抢接济，打了几个钟头，终于把他们打退了。他们都是老百姓，年景不好，弄吃的很困难。过了武功县，再没有遇到麻烦，平平安安到了西安。

这时听说冯玉祥由山西回来了，冯、阎要联合打蒋介石。当时冯的部队大概有十万人。孙连仲从青海调回来了，高树勋跟孙当师长。青海不要了，后方部队全调上去，准备大战。西北军在平汉线，阎锡山晋军在津浦线。第六师张自忠直达郑州，开到离许昌几十里路的地方。接着，孙连仲、吉鸿昌、孙良诚、方振武、高树勋、鲍刚，都开到平汉线。第六师向许昌进攻。十八旅全是甘肃兵，最顽强，最能打。张自忠下命令：有枪的打枪，没有枪的拿大刀砍，扔手榴弹，不准后退，后退杀头。我是张自忠的人，董泽光让我指挥。第一次，攻下几个村子，打得蒋军节节败退。可是我们伤亡也不小，听说左右友军也打得相当激烈。特务团长刘振三受伤躺下了，张自忠派我去当团长，打到离许昌二三里的地方。张自忠决心要把许昌拿下，命令我带特务团进攻附近一个土围子，我带头爬上墙去，半路滑下来，跌伤了腰。我躺在担架上指挥，终于把土围子拿下来了。张自忠把我送到开封总医院去治疗，几个星期后我重返前方，许昌还未打下，张叫我仍去当副旅长。我照样上前线指挥作战。后来，两个旅被蒋军包围了，张派最精锐的十七旅绕到蒋军后面，不到半天，把包围我们的部队打退了。十七旅伤亡也很大。因为柘城方面吃紧，张又调第六师到柘城那边去，一到就上火线，很激烈，要不是第六师来，蒋军一下就到郑州了。

冯玉祥的总指挥部设在郑州，先驻在县政府，蒋介石派飞机来炸，把郑州炸得一塌糊涂。总指挥部搬到了城东北一座高塔附近。前方战斗激烈，伤亡很大，需要补充兵源，张自忠派我回郑州请总司令部想办法。冯玉祥批准由过之纲新兵师拨一团人，过不给，又经司令部黄维纲处长打电话联系，过才拨给一个团，团长叫姚启发（音）。验收时，我按花名册点名，姚对我不满。我用电报向张自忠请示，张叫我把部队停在郑州训练待命。这期间，我经常上冯玉祥那里去。一次，听见冯打电话给郑州十八里河的吉鸿昌，要吉坚决顶住对方进攻，要抽出部队出击，非死守不行。这时大约是1930年七八月间。

不久，听说汪精卫来，说是不打了，停止攻击。主要是阎锡山不打了，不但不打，还要撤兵，冯这边确实是胜利的。事后知道，蒋介石已经打不下去，准备撤退了，再打，蒋非垮不可。就在这个时候，阎不打了，西北军没有办法。阎锡山从津浦路一撤，我们一个也回不了。汪精卫去了以后，我们停止攻击，就在十八里河附近待着。在此情况下，蒋介石给西北军高级将领送现洋，给委任状，只要投过来就有钱有官，把冯玉祥搞垮了。孙连仲头一个带几个军投蒋了。还有梁冠英、吉鸿昌，六师十七旅王修身也走了，归孙连仲。孙良诚也走了。张自忠没有投，第六师还有两个旅没有投，跟张自忠走，过黄河北去，把姚启发团也带走了。张在渡过黄河向北走前，在郑州想见冯玉祥，没有见着，很泄气。回来路上，他对我说："嘿，蒋给我二十三路总指挥，30万现洋，我没有接受，坚决要回来跟冯先生。没见着。我带部队过黄河，你是郑州人，留下，看看情况怎样。"当夜张带部队向北走了。

郑州一片混乱，不愿投蒋的兵纷纷北逃。快到中秋节了，我还是决定走，追赶部队去。到了黄河大桥，人山人海，都是溃兵。过河往山西方向走，半路遇到一排兵，拦住我，叫我们把东西留下。我说，我是副旅长，奉命收容散兵。经我这一"唬"，他们不敢拦了。我"诈"他们，叫他们不得随便乱来。溃败的队伍，军纪坏到极点，随便拉人家的牲口。我带着四个卫兵，也拉了两匹骡子。走到山西地界，赶上张自忠部队，张自忠叫我回四十八旅当副旅长。

部队到了晋城住下，高树勋师也在附近。不几天，高树勋往南走了，他找孙连仲去了。

张自忠带着队伍——两旅一团在晋城，吃喝都成问题，就开到曲沃。阎锡山不给钱，他们就向老百姓要白面，每人要60斤，除吃三四十斤，多余的卖了买菜吃。这时，冯治安来找张自忠，他们是换帖兄弟，张自忠收容散兵给冯治安编了一个师。曲沃附近这两个师，都是冯玉祥的亲信。

孙良诚跑到天津不干了，他的三个师驻在翼城附近，也很困难，军纪也差。三个师长：张人杰原是张自忠部下，汤传声原是冯治安部下，鲍刚原是方振武部下。张自忠派我去找他们，想把他们拉过来。第一次去，没有成功。张人杰说，他现在是师长，过来当个旅长，不干。汤传声有点犹豫：去吧，当个旅长，不去，队伍人数没有张人杰多，怕张吃掉他。第二次又去，鲍刚请我吃饭，张人杰作陪。鲍当面说我，去拉他们的队伍，不客气的话，把你抓起来，不但不请你吃饭，还让你到小屋蹲着。这次去，汤传声自动过来投冯治安，这是我的功劳。汤这一师过来了，冯治安把它拨散了，汤做了个师部参议，张人杰更不来了。

宋哲元失败后，人没了，官也没了，穿便衣过黄河，来找张自忠，住在曲沃附近。这时，张学良在北平，北平、天津一带都归张学良。宋哲元派肖振瀛到张学良那里活动以后，我们归了张学良，成立二十九军。张学良派弓富魁点检我们的队伍，点完以后，说部队要缩编，旅长编为团长，团长为营长，营长为连长，师长不动。缩编以后的二十九军，下有两个师：三十七师、三十八师。每师四个团，每团三个营，每营四个连，每连120人。我原来所在的十八旅编为二二六团，团长是原旅长董泽光，我是第一营营长。

缩编以后，发八成饷，团长120元，营长80元，连长50元，发中国票、交通票，可以兑现，还可以领衣服，待遇好多了。如果不归张学良，冻也得把我们冻死。

冯玉祥逸闻

仝菊圃

1927年，冯玉祥由西北进军中原，驻于开封。这时我在他的总司令部新建的教育部工作。因此，我有机会直接或间接知道一些他在政治军事生活中的逸闻故事。从这些故事中有助于了解他的为人和治军；但时过境迁，多被遗忘。兹就记忆所及，略述几个片段。

一

冯玉祥是行伍出身，是身经百战的总司令。他的部队各级长官，绝大多数都是他早年战友或下属逐级提拔的。他对士兵的教育，是家长式的教育，是冯的子弟兵，所以在他部队中流行着这样的歌谣："打的亲，骂的疼，不打不骂是路人。"

冯到了官大位高的总司令和省主席位置时，所需辅佐人员决不是一个小圈内所能解决的，因而必须向各方延揽所谓"高级宾卿"或"高级幕僚"。对于这些人，绝对不能采用家长式来对待了。因此，冯玉祥对待幕僚就有几种不同的态度。

首先，以师待之。冯既是穷家出身，幼年失学，长爱学习，同时也由于他的地位一天天提高，迫使他非学不可。他学中文，又学外文；既学散文，也学诗歌；既学社会科学，也学自然科学；等等。因而他的专业教师不只一个，也有条件请到一些饱学之士。他对这些专业教师是毕恭毕敬，以师待之，一点也不马虎。人所共知的有王瑚（铁珊）、徐谦、陈国梁等。

其次，以友待之。总司令部除了军事之外，也有一些科学、文化、卫生、教育事业，因而添设教育部专管其事，都需要专业人员以主其事。冯在这方面，也很想和他的军事一样，做点突出成绩，于是多方延揽大学生、留学生以及一些负有声誉的专家，云集开封，盛极一时。著名的如教育厅长江恒源（向渔）、教育部长凌冰（济东）、查良创（勉仲）、河南中山大学校长邓莘英，还有陶行知、邹秉文、许士骐，等等。他对这些人都是以友待之，对他们不摆架子，谦虚谨慎，促膝谈心，采纳意见。但其中的友谊程度又各有不同。与陶行知则属于"咬耳朵"之类的友谊。

最后，以僚属待之。中级以下人员，不管是聘请而来，还是自动投效的，一般说，都是以僚属待之。但其中也有程度的区别。至于从子弟兵中提升的，那就不管他地位高低，都是以僚属待之，但与一般僚属又是有区别的。

二

冯玉祥的名字，原来不叫"玉祥"而叫"玉香"。怎样改的？谁替他改的？有一段小故事。

冯玉祥入伍时，名叫"玉香"，以后逐步升为排、连长以至营长，依然还叫"玉香"。升为团长以后（是否团长，不很明确，但肯定还不是旅长），在北京投片进谒京兆尹王瑚（即上文师中王瑚）。王见冯相貌魁伟，谈吐不凡，心生爱意，从此常相往来，相谈甚得，冯亦以长者尊之。某次，二人又相聚，王说：一个人的名字，本来只是一个记号，也就无所谓好，无所谓坏了，但在习惯上常常代表一个人的名位事业，也就是说，一个人的地位高，事业大，而他的名字倘若庸俗小气，无形中就会降低人的尊严。因此，我认为你的名字"玉香"，就和你今天的地位事业很不相称。冯认为很有道理，便欣然向王说："我自幼贫穷，没有上过学，名字也是老人家随便起的，入伍后也没有改，就一直叫下来了。现在，就请老师代我改换一个名字吧！"王略加思索说："你的官职已经不低了，'玉香'也已经叫开了，全改是有不便的。我想给你改换一个字，把'香'改为'祥'，不叫'冯玉香'而叫'冯玉祥'了，音很相近，不是好像没改的一样吗？"冯大喜，从此便改叫冯玉祥。

三

冯玉祥在开封时，不要人称他"总司令"或"主席"，要求以先生称呼。按那时的风俗习惯，"先生"是一种很广泛的普通称呼。但是，"先生"二字落在"总司令"和"省主席"身上，其含义就不同了。

总司令部的文人和省府系统的厅、局中高级干部，特别是列在师友的，不论在什么场合或私人谈论中，涉及冯时，总是说冯先生如何，或冯先生怎样。这些人和冯对面谈话时，迳称"冯先生"，不称"总司令"或"主席"。冯和这些人对面谈话，或在公开场所提到时，也是称某某先生，例如对教育厅长江恒源，不称江厅长，而称江先生；对教育部长凌冰不称凌部长，而称凌先生；等等。但在他子弟兵系统之内的人员，就不在其列了。

四

冯玉祥系统的军队，官兵都无薪饷，是人所共知的。冯兼河南省主席时，对省府系统的厅、局人员，基本上采取和军队一样的待遇，他的理由是：革命尚未成功，人民生活太苦，不应该增加人民的负担，应把有限的经济用在革命事业上，等等。同时，他又认为政府公务人员的生活习惯、家庭负担不同于军人，必须加以照顾，因而基本上采取军队式的供给制外，不分职务和等级，上自省府委员、厅长，下至文书、办事员，每月另发生活补助费20元。总司令部的教育部，人员多系文人，也和厅局一样。

对于公务人员的生活供应，衣服一律是棉布，唯蓝颜色不同于军队，上下级没有区别。吃饭供应，就大大不同了。冯强调说，公务员均属文人，所谓先生，要给他们吃得好些，否则会影响先生们的健康，也会影响工作。因此，当时首府各厅、局的伙食是很好的。一日三餐都是白米细面，自不待说，而副食菜肴也制作精细。按规定，八人一桌，每逢星期三晚餐，外加两个好菜，星期六晚餐，外加四个好菜。所以各部门工作人员都很满意，称之为"三日一小宴，七日一大宴"。

那时实行薪给制的工作人员，除少数高级人员外，中下级人员待遇很低，有吃无穿，更难养家。实行供给制后，对中下级待遇，不是降低而是提高了。真正降低的只是中上级的大官，因此，来自苏、浙一带的高级知识分子的大官、被当时革命浪潮鼓舞前来参加工作的人，只有"哑巴吃黄连"，忍耐一时之后，便"借故请假"，更接着来个"长假不归"，于是人才就这样陆续"逃跑"了。

五

1928年春，上海、南京等处一批学生来到河南，要求冯玉祥分配工作。冯在郑州亲自接见，并征询他们愿做什么工作的意见。他们表示愿做教育工作。冯说，军队的教育工作，就是教"大兵"（冯对外界人谈到士兵时，惯用"大兵"二字）。他们表示愿意教兵，而且露出教兵的工作很容易的情绪。这种情绪被冯察觉了。冯说，请诸位明天先参观一下军营生活，并给"大兵"们讲讲话。

第二天，冯亲自陪同他们参观和讲话。之后，冯就他们给士兵的讲话提出一些问题，例如术语和名词的问题。冯说，名词、术语，在大学里，先生、学生都很习惯，听了入耳，也很顺耳，但在军队中，就不入耳，更不顺耳了。因为我们都是大老粗，不懂得。对他们讲这些东西，好像对牛弹琴，无动于衷的。冯接着用几句通俗易懂的话，来代替"积极""消极"的含义，并问道：这样说法，是不是符合"积极""消极"的意义呢？是不是大兵们就容易懂了呢？学生们连连点头，一致表示同意，说：好！好！冯接着说，教大兵这件事，说来好像很简单，但实际又不是一件容易的事。当兵的都是穷家孩子，没有上过学，一个大字不识的人很多；识字的人，也只认识斗大的字，一两箩筐吧！因此，教他们识字、读书是容易的；但是，他们都是经历过南征北战的人，东奔西跑，见得多，听得多，想到的也不少，因而就有许多实际问题瞒不过、骗不了。他们总是要打破砂锅问到底的，这又是不容易的……这一番话，说得大学生们口服心服。

学生们此后常对人这样说：冯先生是有真实学问的，见了他，才知道自己没有什么学问，自己是太不行了！

六

新中国成立前，一般城市的城门在晚上一定时间都要上锁的。上锁后，再有出进城门的人，必须持有当地最高级军警司令部的通行证，否则任何人都不能通过。

冯驻开封时，有一天夜间，有人自称总司令部的高级官员，由于出来早，也没有预料回来这么晚，因而没有带通行证，请门岗通融一次，准予进城。值班门岗说这个规定很严格，无证不能进出，并强调总司令部高级人员更应严格遵守。这位官员多方解说，自己负有重要任务，若明早进城，就要误事……值班岗哨坚决不允，并说，你既是总部长官，更能了解守卫人的责任，决不能放进无通行证的人黑夜进城。不这样做，不仅是违法的，万一发生事故，哪个能担得起这个责任呢？你如真有重要任务，打电话也可以解决。这时这位官员态度很强硬地说，依你的说法，什么人都不能通融或例外吗？假设总司令这时从城外来，也不能进城吗？哨兵毫不迟疑地回答说，没有"通行证"，谁也不能进城，即便是总司令，没有证明，也不能进城的……

说到这儿，这位官员不慌不忙地从身上掏出一件证明，双手递给哨兵。哨兵接过一看，大吃一惊，目瞪口呆，连忙把门打开，口称："总司令！总司令！"原来他就是冯玉祥乔装的。冯双手拉着哨兵的手，连称："好弟兄！好弟兄！你不要以为我是冯玉祥就惊慌了，你做得对，做得很对！应该这样，以后永远这样做！"

第二天，冯传令，表扬这位值班哨兵，并给予奖励。

七

冯玉祥不仅经常乔装普通军人，暗查部队情况，而且乔装老百姓，深入民间，了解百姓对他的军队军风的反应。

冯驻开封时，曾乔装外地客人，到城西角游逛。有一老人正在园地做活，他就上前和老人打招呼，谈上几句后，向老人要水喝，便同老人到屋里，喝水后，就和老人及其老伴从家常谈起了。其中主要的对话是：

冯：开封驻的是什么人的军队？规矩不规矩？

老人：是冯玉祥的军队！总的说算是好的。

冯：怎样好？好在哪里？

老人：冯玉祥的军队管得严些，不许当兵的随便进老百姓的家，乱闯乱闹；也不许拿老百姓的东西。

冯：能这样好吗？每个当兵的都能做得到吗？

老人：人多品不齐，管得再严，也不是个个都能听话的。少数坏人、调皮捣蛋的，也不是没有的。

冯：有兵到过老大爷您家里吗？

老人：没有来过。

这时他的老伴抢着说：当兵的虽然没有到家里来，可是有一天，我的一只老母鸡刚刚下过蛋，从家里跑出去，有两个老总从门前过，就被他们抓去了。我听见鸡叫，赶忙跑出去，鸡就没有了。

老人：一只鸡算个啥，不到家里乱拿东西，就是好的。

冯：一只鸡子说起来算不了什么；可是，拿老百姓东西，总是不应该的，就不能算是好军队。还听说拿别家东西没有？

老人：这倒没有听说。听说冯总司令很厉害，他常常到处私访，当兵的不敢胡闹，万一碰到他，那就不得了。再说几十万大军，管得人人都好，确实也不容易。

冯：老大爷见过冯玉祥没有？

老人：这样大的总司令，咱老百姓怎么能见到？

冯：他出来时看不到吗？

老人：出来时，站着许多岗哨，又有许多卫兵跟着，不许老百姓靠近，又怎么能看见呢？

冯笑嘻嘻地说："老大爷，你想看看冯玉祥吗？我就是冯玉祥！（随手把帽子取下）请老人家仔细瞧瞧冯玉祥的模样吧！"

老人听说他就是冯玉祥，顿时惊惶万状，他的老伴更吓得打哆嗦，话都说不出来了。冯一手拉着老人，一手拉着老人的老伴，笑着说："我谢谢你们，我冯玉祥从来不护自己的短处，你们不要害怕，我不是不讲理的人。"老人和老大娘吞吞吐吐地解释说："我们老糊涂了，老总们没有拿我的鸡，我是胡扯的……"冯玉祥说："老大娘不要这样，有什么说什么，偷鸡就是偷鸡，说出来很好嘛。"冯这时从身上掏出五块钱来，笑着说："这几块钱是我赔偿老母鸡的钱，请老人家收下吧。"老夫妻俩一齐说："不可，不能收，这怎么行呢？鸡不一定是老总们拿去的，即便是，一只鸡能值几文钱？总司令宽宏大量，不责备我俩老糊涂就好了，要我们收下这些钱，我老两口还有脸吗？"冯反复解释、安慰他们说："一只母鸡虽不值多少钱，但是下蛋的母鸡，连蛋算上，可就不少了，请老人家收下吧！以后有什么话，有什么事，去找我，或是写信给我，我是欢迎的！我打搅你们了，我走了，再见！"

八

大约是1928年春末夏初的一个上午，冯在开封南门大菜场集合部队及总司令部各单位和省府各厅局干部讲话。冯登上讲台时，左臂夹着一件灰布棉大衣，讲话时才把大衣放在一旁。大意是：外面有些人说冯玉祥会装假。冯玉祥穿布衣、吃大饼，都是作假……是的，冯玉祥穿的是布衣，和弟兄们一样，吃大饼也是不错的。我想，一个人对于吃饭穿衣，真能够作假的话，也不算什么坏事吧？一个人能够在吃饭穿衣上作假几十年，更不算什么坏事吧？！但是，我不管那些人怎样说，我在吃饭穿衣上要作一辈子假呢！我这样说法，当然又会有人在背后议论说，冯玉祥又在说假话了！

九

冯驻开封时，洛阳西工是他的军事学校集中地。这里有初级军事学校、高级军事学校、各兵种专业学校等。

一次，冯到洛阳公毕离开时，各校学生列队欢送。冯从每一队前走过，看看他们的精神面貌。走完又回到其中一队前面，叫他们全体坐下，脱去鞋袜，伸出两脚。全场为之惊异。这时，冯从衣袋中掏出一把剪刀，蹲着给学兵剪脚趾甲。一边剪，一边不住地问："你的脚趾甲长了这么长，多少天没剪了？"或者问："你的脚这样脏，几天没洗了？"等等。当时他的夫人伴随在旁，很风趣地插话说："你还说他们，你自己的脚趾甲够长的，脚也够脏的了……"冯同样有趣地答道："是的，我还有你来关心我，他们有谁来关心呢？"

他说："今天我给几个弟兄剪脚趾甲，将来又会有人指手画脚地说：冯玉祥又在作假呢！是的，我不能给我军每一个弟兄剪脚趾甲，但是，我要提醒你们各级官长，尤其是排、连长特别注意。你们应该关心自己带领的弟兄的一切生活，不仅要关心他们的吃穿，更要关心他们的清洁卫生。大家想想看，弟兄们离开了家乡，离开了自己的父母兄弟姊妹，谁是他们的亲人？你们天天生活在一起，不关心他们，还有什么人关心呢？官长就是他们的亲人。如果官长不以亲人看待他们，他们又怎么能不思家念亲呢？剃头、洗澡、修指甲等，都是小事，但我们不能看作小事，事实上也不是小事，它是生活的一部分，对身体的健康，对军容实力的影响，都有很大关系，而且更表现了官长对弟兄们是否关切！"

最后，冯高声问道："冯玉祥是在说假话吗？""不是！""冯玉祥是在做假事吗？""不是！"冯于是"噢"了一声说："只要你们不认为冯玉祥在作假就行了！"

十

冯玉祥在群众性的大会上讲话时，常在有意无意之中借题发挥，指桑骂槐。有一次他在讲话中插入这样一段话："现今世道，不讲什么'人道''不人道'了！现在的世界，是'霸道'的世界，是'横行霸道'的世界，是你抢我夺的'强盗'世界。处处有'马道'（马路），没有'人道'（人行道）的！就拿开封来说，最好的也还是'马道'（开封当时最好的一条路，也是最热闹繁华的一条路，是相国寺东边的'马道街'）！'人道'不如'马道'！"

十一

冯玉祥某次在集合部队讲话时，好像心有所感，因而一开始就用极不平常的语调问道："弟兄们！现在有人说冯玉祥是个'大军阀'！你们说，冯玉祥是不是一个'大军阀'？"全场高声回答道："是——"这个出人意料的答声，弄得冯玉祥下不了台。怎么办呢？冯不动声色地站着不动。稍停一会儿，他用不很高的声音，不是用问的口气，而是用自言自语的口气说："噢——冯玉祥——还是一个——大——军——阀！"这时又应声而起："不是——"冲破了短暂的沉寂的空气，活跃了全场的人群！

为什么会有这样的大笑话呢？由于部队惯例，答话是用简音的"是"或"不是"。那时的讲话，既没有扩音器，又是在讲话的开始，会场还没有安静下来，话音也不是很高，因而士兵没有弄清楚问话的内容，就不自觉地答了个"是"，弄得全场各级官长都下不了台，又由于冯的应付得当，转变了气氛。

接着，冯玉祥讲了什么是"军阀"，怎样就不是"军阀"，才结束了这次啼笑皆非的集合。

十二

冯玉祥对部队的学习很重视，因而经常鼓励士兵学习。他发给每人一只背包，随身携带应读的书籍和用具，以便随时随地学习。一般士兵学的是《识字课本》《冯总司令语录》《三民主义问答》等。高一级的官佐学的是《三民主义》《曾胡治兵语录》《总司令语录》之类。总部一些高级知识分子也不例外。他还制定了一些学习制度，例如在吃饭前和睡觉前，一定先学习5—10分钟，或是认识几个字之后才能吃饭或睡觉，以表示读书和吃饭、睡觉是同样或更为重要的。

在一次鼓励士兵们要认真学习的讲话中，冯说道："现在你们的官长都希望你们学习，领导你们学习，发给你们学习的读本和用具，给你们定出学习时间，你们为什么不好好学习呢？我当兵时，和你们今天是大大不同的。官长固然不领导学习，还不给学习时间。自己有时自学，官长和弟兄们看见了，不是讥笑你，就是挖苦你，使你啼笑皆非。那时我经常偷偷地在夜间学习，在住室墙壁上挖个洞，小小油灯放在里面，书就拿在洞口外边，一则为了看清楚；二则为了遮避灯光，不妨碍大家睡觉，更不会使弟兄们知道。但是，一天夜间一个弟兄起来小便，见我正在学习，当时虽没说什么，可是第二天，他就当着我的面对许多弟兄说：'冯玉祥夜间在用功，想升官，想当班长；班长有缺时，还不是冯玉祥顶补吗……'大家一齐哄笑，弄得我无地自容！"

十三

韩复榘当河南省政府主席时，冯驻洛阳。有一天，冯命令调韩复榘最精锐的手枪队去洛阳，韩不肯从命，冯震怒，即派总部大员某人（据说是参谋长李兴中）亲去开封，把韩复榘叫到洛阳。韩见冯时，脚上穿着一双新皮鞋（有的说是礼服皮鞋）。冯就从鞋上开话，说："你的这双鞋很好呀，新买的吗？价钱很贵吧……"接着就说："你现在当了主席，吃穿都很讲究，在家有人守卫，出外有人保驾，事事都很威风了！我在这里，没人管了，连守卫的人都没有？好啦，请你去给我站门岗守卫吧！"韩本是在冯的家长式教育下成长起来的，这时他虽满肚子气愤和恼火，但敢怒不敢言，只有乖乖地走到司令部门外执行站岗任务，一直站了两三个小时。经一些高级人员再三求情，冯才饶恕了韩复榘。

1929年，冯军由开封西撤，韩复榘行至黑石关，掉转东去，背叛了冯玉祥，投靠了蒋介石。有人认为与这两个钟头的门岗不无关系。

一天下午，冯在陕西华阴驻地办公室接到一份电报，大吃一惊，怒气满面，默不作声。少顷，大呼拿绳子来。左右人不知何用，不敢不拿。这时，冯一面伸出自己的双手，一面喝令："把冯玉祥绑起来！"这真吓坏了左右的人。他们服从命令就得动手"绑"，不"绑"就是违抗命令，真叫左右为难了！他们只有垂手而立，俯首不语。冯再三喝令："绑！绑！绑！"但他们只有抗命到底。这时，冯往地上一坐，用自己的双手乱打自己的脸，哭泣又气愤地说："冯玉祥不要脸！该打！该打！"一些高级人员前来劝解。冯说："冯玉祥太丢人了，几十年教育出这样的部下，自己应该负责，不加惩罚，还有什么法纪呢！……"

他这究竟是为什么呢？原来是因为韩复榘的叛变。关于这个消息，冯已有所闻，但他决不相信。自信他的所有将领都是他几十年亲手教育提拔的，一向管束很严，怎么也不会叛变他的，因而认为是谣言，是传说，绝不足信的。这天来的电报，证实了消息不是谣传，而是真的。冯对此事感到万分痛心，感到家长的威风丧失殆尽，对其他将领是否忠诚也已丧失信心。经人劝解，怒气虽然稍平，但坚决要记"冯玉祥大过一次"，以示薄惩！

亲见冯将军

姚铭枢

　　1924年第二次直奉战争爆发，冯玉祥将军举行反直武装政变，反对吴佩孚，囚禁曹锟，驱逐溥仪出故宫，电请孙中山北上主持国政，为中国的统一与建设进行的革命行动受到了人们的敬重。但政权很快落在皖系军阀段祺瑞手中，由于奉系军阀张作霖的进攻，冯部宋哲元率军到热河充督统。当时我父亲姚景川任热河团练，负责地方治安，剿匪颇见成效。宋哲元面见父亲，请他参加了国民革命军，充混成旅旅长。我当时年幼，记得国民革命军戴灰布军衣帽，举青天白日旗，戴约8厘米宽、14厘米长的四方形袖章，蓝地白心，蓝字，上写"不扰民，真爱民，誓死救国"。当时的百姓对于鲜明的口号，感到新奇和兴奋。尤其是宋哲元部军纪严明，公买公卖，与官匪有天渊之别。处在当时的情况下，我父亲将冯、宋看成是救国救民之师，遂下决心追随，参加了国民革命军。

　　由于直奉军阀围攻，冯出走苏联，我父亲在冷口、喜峰口与奉军激战，双方伤亡很重，宋部西撤至张家口。父亲在大滩亲率所部骑兵同席液池旅、聂玉岭旅一起，与奉军血战三整夜，最后父亲毁家弃产，携全族家小西撤绥远，最后到了包头。父亲的壮举在西北军中引起强烈反响。冯将军从苏联归来，在包头听见宋哲元将军的报告备受感动，对父亲嘉奖备至。这是我第一次见到冯将军。

那天下大雪，包头军运频繁，郊区停十几架烂飞机，我还跑到跟前往机舱内看。我和祖父被副官长领到一个大帐篷内，看见一位形似罗汉的人，农民装束，身高一米八以上，穿灰布中式短棉衣、棉裤、白布褂，布操鞋，腰扎宽皮带，短平头，浓眉大眼，脸刮得干干净净，面带笑容，用响亮的河北保定口音，双手握着祖父的手说："您老人家受惊了，吃苦了！"祖父很激动，眼含欣慰的泪花，感到宽心喜慰。我祖父从外逃以来，第一次有了笑容。冯将军随手拿起一个半斤重的莜麦面馒头给我吃，又拿方块冰糖给我们吃。当时的包头颇有革命气氛，街上时有工、农、商、学、兵的游行队伍，"打倒军阀""打倒列强"的口号声不绝于耳。李大钊的学生杨绍宣、张伯平、俞绍农是当时群众运动的领导者，也是父亲的同学和朋友。西北军西撤五原，他们遭到商震的迫害，被关了起来。父亲当时是绥远督统府总参议，保他们出狱，让他们一直住在家中，这是李大钊在北平被张作霖绞死后的事。这些往事说明，冯玉祥将军一贯主张联俄容共。

1931年"九一八"炮声响，沈阳一夜之间被日军攻占，全国人民义愤填膺，东北、华北各地纷纷组织义勇军。1932年日军三路进攻热河，冯将军命肖振瀛、李炘到天津催促父亲速返热河重建骑兵，义旗所至，乡亲们纷纷来投，不日便有数千人。同孙殿英部猛攻赤峰，收复数城。1933年冯将军在张垣成立抗日同盟军，父亲充骑兵司令兼第一师师长。我当时在北平高中毕业，目睹国破家亡，决心弃学从军，参加抗日。在张垣我第二次见到冯将军。一天午后两点，在南营房操场，父亲领我谒见冯先生，父亲说："我的第二个儿子也参军了。"冯将军笑了，还拉拉我的手说："救国嘛！国都没有了，还有什么家？我们要雪国耻！"当时军中有很多北平来的爱国学生，为了国家存亡，不怕吃苦牺牲。当时抗日同盟军条件很差，六七月还身穿烂棉衣、破皮大衣，吃的一半是莜麦、荞麦。察哈尔本身就比较穷，忽然一下增加了十几万军队，并且当时日伪军已进逼多伦、独石口，蒋介石也派重兵暗中"围剿"同盟军。山雨欲来风满楼，形势是严峻的。在我们见到冯将军的当天晚上，放映电影，我同大哥姚铭超同去看，操场上坐满了官兵，白上衣，灰裤子，光头，齐齐整整。听说这支部队是二十九军留守的一个团，还有山西来的汾阳军校（即西北干部学校）学员。电影放映的是冯将军1930年中原大阅兵，访贫问苦，慰问伤员的纪录片，冯将军亲自为伤员理发的场面十分真挚感人。电影放映间隙，宣传队唱起《义勇军进行曲》等抗日歌曲，激昂、热烈，我受到教育，精神上感到很充实。

在张垣时，我见到方振武、吉鸿昌、李发、佟麟阁、李兴中。父亲与吉鸿昌、张凌云部属一度收复多伦，同盟军抗击日军义举得到全国人民的强烈支持。朱子桥捐巨款援军，各地纷纷通电声援，但是蒋介石政府倒行逆施，一面派周炳勋、关麟徵等部十多万人马从南口向抗日同盟军扑来，一面派熊斌、李炘劝说冯将军，实际是逼冯下野。冯将军为了顾全大局，主张宋哲元将军回察哈尔主持政局，收编遣散同盟军。当时宋在河北只有两个师番号，不足两万人，因此扩编成一三二师（师长赵登禹）、新二师（师长刘汝明），宝昌警备司令姚景川，沽源警备司令张允荣，昌都警备司令高树勋，高走后由张凌云、张德顺接替。阮宣武是沽源副司令，此人是方振武的参谋长。吉鸿昌、方振武率部去河北被中央军击溃。吉逃至天津后被特务捕获被害。方振武当时传说已阵亡，后来方知逃往香港。轰轰烈烈的抗日同盟军就这样夭折了。父亲告诉我，住在冯将军住处的那个大鼻子不是苏联人，后来才知道叫柯庆施。汾阳军校的干部学员多数是共产党员，很多人留在二十九军军官教导团，张克侠充教育长。我从军抗日的梦想破灭了，乃回北平暂在民大读书，雷殷时任校长。

1934年底，我决心到三十八师张自忠部学兵连当兵，后入二十九军军官教导团。1936年日军桂田旅团督蒙军进犯宝昌、沽源，北平爱国学生在中国共产党领导下，开展了震惊中外的"一二·九"运动，要求蒋介石停止内战，一致抗日。宋哲元将军任冀察政务委员会主席，张自忠部进驻天津，肖振瀛任市长；冯治安、赵登禹部进驻北平，秦德纯任北平市市长，佟麟阁在南苑办军官教导团。宋哲元将军屡次召集高级将领会议，再三表决心，加紧扩军备战，与日军最后一战，收复失地以雪国耻。当时已放弃察北六县，我军已撤至长城以内，刘汝明是察哈尔主席，父亲骑兵扩充为骑三军，郑大章任军长，父亲任副军长兼骑兵十三旅长，加紧练兵，以应战局转变。我奉命到河北新乡、威县募兵千名，在宣化集训。步兵训练见效快，骑兵能练成上马还容易，而能发挥作战能力就不容易了。所以骑兵扩充很不容易。

1937年7月7日卢沟桥事变爆发，日军炮轰宛平城，第二十九军三十七师吉星文团奋起抵抗，从此拉开了中国全面抗战的序幕。日首相近卫文麿增兵华北，日军二十师团侵占廊坊，我骑兵十二旅一个团一举收复崇礼县，我大哥姚铭超受重伤。7月27日，北平四郊发生激战。28日，南苑被日军攻陷，佟麟阁、赵登禹阵亡。29日，北平、天津相继失守。8月8日，南口战役拉开序幕，第十三军汤恩伯部与日军激战半月有余，最后失守。我部骑兵从长城赤城、尤关，后撤至平绥线铁路沿线，程潜任一战区长官，宋哲元副之。实际华北局势很混乱，父亲深感时局严重，收复失地已成泡影，加以祖父在卢沟桥事变前夕已病故于宣化防地，父亲爱国忧民，更忧今后前途渺茫。父亲昔日与宋哲元部、抗日同盟军所部皆已被改编为二十九军各师旅团，只有父亲骑兵始终保持独立番号。

当时李守信所部如陈景春、丁其昌、朱恩五、崔兴五、郭秀珠等师长，皆属父亲旧部，这些人再三表示，如果国军大反攻，他们首先起义投诚，共歼日本强盗。这个问题在同盟军时代就有，陈景春代表李守信就曾来张垣见冯将军，同盟军倒旗，陈也曾几次来张家口，由父亲引见宋哲元将军，也一再表示如果我军反攻，六个骑兵师将同时倒戈反正，还几次将日伪军蠢动情报预先通知我方，使我早有准备，并偷运七九步枪子弹两万箱赠给我方，宋将军命父亲以高级手表10只回赠李守信等人。所以二十九军进入河北，父亲仍留在察哈尔，在宋哲元将军扩军备战的统筹计划中，对李守信反正寄予很大希望，在一次重要高级将领会议中，张克侠参谋处长的作战计划中也着重提到李守信、陈景春的反正问题，把这部的兵力用于从热河直攻东北主力。平、津失守，宋哲元将军处境艰难。冯玉祥将军在中央任军委会副委员长，对当时情况也深感不安，1938年宋哲元将军因病辞职，到四川养病。我部同五十九军张自忠部增援山东临沂，打了场恶战，阻击了日军坂垣师团的进攻，敌我伤亡皆重，刘振三、黄维纲二位师长负伤。我部缴获日军洋马20余匹，为台儿庄战役胜利奠定了基础，为徐州保卫战争取了布防时间，否则台儿庄也无法持久以至于胜利，因为敌军两路向台儿庄进犯，一路被歼，另一路已失去优势，加以孙连仲、庞炳勋等皆属西北军系统。当时韩复榘不战而退，蒋介石在枪毙韩时也曾征求冯将军的意见，冯表示军法从事，决不姑息。当时二十九军已扩编成三个军，李宗仁始终把张自忠、冯治安这支部队抓在手里。台儿庄战役后，张自忠领导的这支部队撤守汉水一线，屡次击溃日军进攻，为重庆大后方的安全起到屏障作用，敌人未能越雷池一步。张自忠将军阵亡，大后方人心震动，义愤填膺，敌人在汉口、南京开庆祝会，国民政府举行国葬，蒋介石、冯玉祥等国民党中央要员亲临迎祭，全国下半旗致哀，张自忠是抗日民族英雄，是军人的楷模。冯将军对张的阵亡深感哀痛。

1940年，陈诚提出重新按苏式编制整军。父亲任骑二师师长，历年战役造成人员马匹伤亡很重，马匹补充困难，训练骑兵非一日之功。屡建战功者，受部队名额局限，该升者不能升，诸如步兵部队当排长的都已当了团长，而骑兵还在待编，由两个师编成一个师，编外军官只好在军官队报到。父亲决心辞去师长职务。

1940年，父亲随同张自忠将军到重庆谒见冯玉祥将军。我当时也辞去团长职务，让给其他有功者，冯先生对我们倍加慰勉，并亲自到亨得利钟表行选怀表一只，亲笔题字刻于表盖上："景川将军，一门忠义。冯玉祥赠。"这块怀表一直由我保存，可惜在一空难中损失。为了抗战，冯玉祥将军、李济深将军向蒋介石推荐父亲以军委会热河军事特派员名义去西北陕坝成立行署，策反李守信部八个师。兄长姚铭超率100人马去了陕坝。冯将军将我留在身边，保送我和梁霭然（鹿钟麟的秘书长）、王维贤（冯先生的亲属，英国剑桥大学毕业，学天文的）到中训团党政班七期受训。也认识了王侔如、赖亚力等。在中训团我们同时参加了国民党和青年团，介绍人一栏我们填了冯玉祥先生。但是在审查中，对梁霭然提出刁难，认为他有"共党"嫌疑，后来还是通过了。实际梁霭然、王侔如、赖亚力都是中共地下党员，冯将军对他们倍加信任。鹿钟麟任兵役部长，梁充次长，我们一直保持着很好的友谊。

我来到后方，目睹国民党政府腐败，牢骚满腹，在中训团对孔祥熙子女发国难财、过着骄奢淫侈的生活提出批评，受到教育长王东原的责备，此事冯先生得知后，也说我"幼稚"。在保举我去中训团前见冯将军时，他曾风趣地说："去镀镀金嘛，什么教导团，高教班！"中训团是在"精诚团结、抗日到底"的幌子下为国民党培养、集聚各派势力而设的。中训团毕业后我当军政部部附，又到军官训练班受训，为组建军官总队预备干部。冯将军教导我要安心工作，都是为了抗日，一切从我们做起。

1941年父亲病故于宁夏马鸿逵寓所，戎马一生为抗日积劳成疾，未能完成使命，含恨九泉。冯将军非常悲痛，对我慰勉再三，鼓励我努力工作。1943年经冯先生同意，我到航委会空军一大队充政训主任兼中美混合团随军记者，随B-25飞机轰炸汉口飞机场、黄河铁桥，破坏了日军机场，使之两个月不能使用，敌人铁路运输也面临瘫痪。这些报道文章登在报纸和《中国空军》刊物上，鼓舞了士气。抗日战争胜利后，我被从空军中排挤出来，突然被免去职务。那时正是冯先生与蒋介石矛盾恶化的阶段。

第二章 恩威并施 以教治军

爱军如命，爱兵如子

王赞亭

对军队的平时训练

1914年，冯在陕西当十六混成旅旅长，全旅才3000多人，后来逐步扩编到5000人。1918年至1919年，冯驻军湖南常德时扩编到7000人。军中的武器都是些老套筒子、汉阳造的七九步枪，还有一小部分大盖板六五步枪。机枪很少，一共只有十几挺。这些武器大部分是打内战得来的。1925年以后，由苏联运来一批武器，有大陆炮、水压机关枪、水连珠步枪等。

1920年春，冯驻军湖北谌家矶。作为一个旅，本来只应有两个团，但冯自己扩充到五个团。当时的第一团团长是李鸣钟，二团团长张之江，三团团长张树声，四团团长张维玺，炮兵团团长鹿钟麟；另外还有骑兵营长李长清、工兵营长程希贤、辎重营长闻丞烈、模范连连长冯治安、手枪队队长陈玉耀。四个步兵团的营长是：孙良诚、赵席聘、谷良友，宋哲元、葛金章、石友三，过之纲、韩复榘、刘汝明，曹梦九、佟麟阁、刘玉山；炮兵团的营长是孙连仲（另二人不记得了）。实际所领一个旅的军饷，相差一半以上。冯到哪省，哪省的督军都予补给。他的军队人强马壮，令人生畏，所以到哪个省都不愿他常驻下去。冯军南北奔驰，粮饷确实困难。但冯的军纪严明，他常说：冻死不入民房，饿死不取民食。当时他的军队

124

所到之处，人民呼之为模范旅。

冯的军队行军时，各班抬着帐篷，各连抬着行军锅。旅团营连大都住帐篷，但也有住庙宇的。官兵都自背一身棉大衣，又当棉袄，又当盖被。每人背200粒子弹，一支步枪，一把小铁锹，水壶、饭包、雨伞各一，饭包内装着针线包、《步兵教程》《军人宝鉴》等，大衣内包着鞋、袜、衬衣，这是军人的全部家当。

冯的新兵一入伍，先学简明军纪18条：1. 携械潜逃者枪毙；2. 盗卖洋药者枪毙；3. 暗通敌人者枪毙；4. 强奸妇女者枪毙；5. 持械威胁长官者枪毙；6. 私入民宅者严办；7. 拿老百姓一草一木者严办；8. 持械私斗者严办；9. 黑夜惊呼急走乱伍者严办；10. 遇警不报者严办；11. 失火误事者严办……这些条文官兵都得会背、会讲，随时接受考问。

那年在湖北，全军驻在江岸上，天气非常炎热，帐篷里更热，但没有人敢到阴凉处所或水边上随便乘凉。湖北督军王占元不准他在湖北久驻，催他开走。1920年冬，冯率军开往鄂豫交界的信阳驻下。当时第三团团长张树声走了，以第四团团长张维玺调充，四团缺由参谋长刘郁芬升充，刘骥升任参谋长。第四团驻信阳教场河，冯集合全团官兵，考问简明军纪。二营五连有一个新兵不会背，冯把连长安树德打了三拳，并斥责说："这个新兵如果犯了军法，送了性命，你应当负责，这就叫'不教而诛'，你是送命的阎王！"

冯向来不准官兵外出。必须外出时，得向营部请假，发给外出证，按时回营。各营部或团部都设有小铺，卖信纸信封、日记簿、毛巾、肥皂、鞋袜，也有烧饼、油条、花生米等零食。

军队每日两餐，早餐9点，晚餐4点。每餐时，先站队唱吃饭歌，歌后每人还要认识两个生字。每早起床后先唱《早起歌》，然后跑步一个钟头，回来后用凉水洗脸、刷牙，打扫清洁，整理内务。7点至9点出操，下午1至2点半练器械操、杠子马、跳高、跳远、篮球、足球等。4点半至6点，练刺枪、打拳，6点半至9点上讲堂，读《军人精神书》及《军人宝鉴》《步兵教程》等课。班长读《军士勤务》，官长读《带兵规则》，伙夫、马夫学习识字，以"百字课""千字文"等为教材。晚9点熄灯，保证每日睡足八个小时。

每星期有一次阅兵，阅兵后听调，调哪连哪连出来，考刺枪、打拳、劈刀，或制式教练、战斗教练等。全旅官兵看着，当场评论优缺点。每星期有一次行军或夜行军，或急行军，或战备行军。星期日最忙，擦枪、擦子弹、洗衣服、晒铺草、打扫清洁卫生、比赛内务，还得听两个钟头的基督教传道。

冯常说：带兵要管得严、练得紧。兵如水电，不流则腐；兵如火电，不战则焚。待兵之道要用霹雳手段菩萨心肠，恩威并用。所以对士兵既要锻炼他成为壮如猛虎、动如脱兔，还要爱护他如手如足，到用时，才能如肢之使臂，臂之使肢。

每逢年节，冯一定有犒赏。每连10元或15元，团长也得赏5元，有时营长、连长也赏3—4元。由班长买些花生、糖果，各班包包子、炖肉。八月中秋节每人4两月饼，中午炖肉，五月端午节大锅煮菜，吃粽子。遇到假期，请鹤亭讲笑话，说"三国"，有时亲自扮演文明戏。清明节给亡故官兵扫墓，并发给全军官兵每人信封一个，信纸两页，邮票一张。信纸上印着羊羔跪乳、乌鸦返哺的画，叫每个人写封家信寄回去。

每逢星期日，冯还常常亲自拿了点心、糖果等到医院去慰问住院的官兵，并问他们：你们连长、营长、团长来看你们吗？还嘱咐医官、护士们要看护好病人，给病兵们擦澡、洗脚。

每到月底发饷时，士兵们除买鞋袜、手巾、针线外，余钱一律存放营部，够10元时，即督促他寄回家去。士兵们向来身上没有整元的钱。

冯常说：官兵食民膏食民脂，我们要保国卫民，替老百姓多办好事。每到农忙时节，用军中骡马，给老百姓耕地，官兵替老百姓修路、修桥、修河，不许同老百姓吵嘴，不许打老百姓。军中的铁工、木工、瓦工，一律用自己的官兵，不许用老百姓，不许拉差。冯常告诉大家：军中什么样的人才都应有，一切要自己来干，做到不扰民，真爱民。在河南信阳过春节时，老百姓家家门口贴红对子，写着"冯军万岁"等字样。

1921年冯军从河南开到陕西，冯驻咸阳，仍当旅长。1922年冯升任十一师师长，当了16天的师长就成了陕西督军。这时李鸣钟升任二十一旅旅长，张之江升任二十二旅旅长，张维玺调修械所所长，孙良诚、赵席聘、宋哲元升任团长，韩复榘升为骑兵团团长。模范连扩为两个连，改为学兵队，手枪队也扩为两队，改称卫队团，共四个连，石友三任团长。

这时陕西土皇帝各据一方：第七师吴新田据汉中，郭坚据凤翔，胡笠僧据渭北，井岳秀据陕北。陕西地瘠民贫，经济困难，无法大扩充，十一师基本上仍是十六混成旅的人数，全军官兵共9000多人。陕西没有大米，苞谷比麦子贱一半，官兵每日一顿白面，一顿苞谷面窝窝头。冯也是一样。官兵夜晚只有一件棉大衣当被子盖，冯也是一件棉大衣。副官长建议给他做条棉被，冯不肯。后来旅团长们也建议，他说：我们应当与士兵同甘苦。并说：兵未入室，将不入舍，兵饭未熟，将不言饥，军井未达，将不言渴，冬不服裘，夏不挥扇，雨不张盖，皆无盖也。我希望大家都要与士兵共甘苦。大家又说：你是我们的首领，你的身体健康，关系全军，应当保重。最后有人出主意给他加一条军毯，冯说：士兵都无军毯。有人说：现在织呢厂有军毯。冯令加紧赶制，每班发三条军毯。

冯当督军不住督军署，住在西北城角空空的皇城里头，他把那里改名为新城，搭上帐篷，手枪队驻在左边，模范连驻在右边，冯居当中。这个旧址一片荒草和乱石砖瓦，很长时间才打扫出来。冯仍嫌不清洁。一天冯把模范连长张自忠、手枪队长陈毓耀叫到操场里，对他们说：操场里砖头瓦块而不知捡，尘土荒草而不知除，足见其术科之不讲也；讲堂里黑板颜色脱落而不刷，桌凳歪斜而不整，足见其学科之废弛也。模范连手枪队是全军模范，如此疏忽，理应处罚，令二人摘下指挥刀跪下。二人对面跪下，并传值日排长带队，即来打扫。从此以后，每日起床先扫操场。

冯时常检查卫生。有时亲到连里检查，有时在阅兵时或下操时检查士兵身体，看看牙刷了吗，耳朵里有灰尘吗，脱下鞋袜看看洗脚了吗，解开扣子看看衬衣清洁吗，有虱子吗，手指甲剪了吗。冯说：千百人住在一起，既容易得病，又容易传染病，要力求清洁。冯还讲了一个故事，他说：有一家兄弟三人，都是有名的大夫。老三号称"国手"，他能一服药见效，二服药病愈，三服药除根，大家称他为"国手"。老三说：惭愧，不敢当，实际上我大哥第一，二哥第二，我是第三，怎能算"国手"呢？大家说未听到你大哥二哥的本领如何。老三说：我二哥一年四季吃预防药，吃了他的预防药，就不得病了，我大哥平时事事讲究卫生，连预防药也用不着，根本就不得病，比起病后还得吃三次苦水强得多了。冯说：从此看来，要想没病，唯一的办法就是平时讲究卫生。

冯向来禁止烟、酒、嫖、赌。每次遇见吃烟的，就给予打的处罚，遇见嫖、赌的，打了以后还押起来。冯说：烟、酒可以滋事，酒又能误事，嫖、赌既误事又生是非，军中严禁。

冯看到陕西贫困，无法发展。1922年直奉战争，冯向吴佩孚表示，愿意助吴，吴允许。冯在新城集合官兵讲话说：丢掉陕西督军如同丢掉破鞋。说话时，冯即抬起脚来，把一双破鞋丢得远远的。之后，冯军就向郑州开去。令李鸣钟一旅参加直奉战争，张之江一旅驻防郑州。河南督军赵倜派赵三麻子带了宏卫军三师围攻郑州。冯亲自指挥应战。第三天，胡笠僧带了一旅（徒手的占一半），还有靳云鹗十八混成旅的留守处约500人亦参加作战。只有五天就把宏卫军完全打垮了，同时还打垮了老毅军的一个师。

冯接任河南督军，驻开封。六七个月的时间中，成立了六个步兵团，一个学兵团，一个手枪营。六个团的团长是张维玺、石友三、刘汝明、过之纲、葛金章、刘玉山。这六团步兵，一团学兵，都是真正的农民及初高中学生。冯把所得赵倜的枪都发给新兵，巩县兵工厂的子弹也发下来了。三个月的时间，新兵的基本教练和战斗教练都完成了，上战场就能用了。

冯常说：打虎还是亲兄弟，上阵还是父子兵。在他的军队中，如谷良友、谷良民，孙良诚、孙良玉，韩占元、韩德元，田金凯、田金山，潘允荣、潘允玉，都是亲兄弟，事例不可胜举。每次扩编都是派官长回家招家乡人来当兵。如王冠军当副营长时，回到曹州，把曹州天中及南华的学生带走了93个，李鸣钟的侄子李团沙当副营长时回原籍把家乡学生带回三十几名，编为学兵连。这些人在家乡是同学，在营中还是同学。冯对学兵格外注意，常亲自点名，并将其家乡住址、父母兄弟的名字一一记住。冯常说：军中无阶级，军队是父子兄弟，无论贵贱，一样当军官。将相本无种，男儿当自强。这一时期，冯一面在督军署办公，一面到演武厅练兵。一天，看学兵团第一连的战斗教练。连长鲁崇义喊了一声："散开！"前面有水，士兵都奔向前方一个个下了水，毫不迟疑；又喊了一声："卧倒！"士兵们也不管是水是泥，都卧倒下来。冯说：命令一下如山倒。士兵听见命令，赴汤蹈火在所不辞，这是军人的天职。冯时常到新兵团看操和检查生活。

1922年年底，冯任陆军检阅使，军队进驻北京南苑。这时扩编为一师又三个混成旅。冯兼十一师师长。刘郁芬任二十一旅旅长，所属四十一团团长孙良诚、四十二团团长赵席聘；二十二旅旅长是鹿钟麟，所属四十三团团长韩复榘、四十四团团长过之纲，另外还有炮兵团团长孙连仲、骑兵团团长张树声、工兵营营长赵汝明、辎重营营长闻丞烈；第七旅旅长是张之江，所属第一团团长葛金章、二团团长刘玉山、三团团长×××；第八旅旅长李鸣钟，所属一团团长石友三、二团团长张维玺、三团团长陈玉耀；二十五旅旅长宋哲元，所属一团团长佟麟阁、二团团长门致中、三团团长刘汝明；学兵团团长由冯自兼，副团长高云龙，步兵营营长张自忠，手枪营营长冯治安。除张之江第七旅驻通州外，所有军队都驻南苑。

这一时期，冯对官兵的教育，副营以上军官有高级教育班，连排长有教导团军官队，班长有军士队。三个月毕业，轮流参加学习。请了许多教官，如陆大毕业的郑大章、日本士官毕业的吴锡祺、杨耀东、徐庭瑶、熊斌等。十一师参谋长是石敬亭，检阅使署参谋长是王乃谋，还有不担任参谋长名义、实际办参谋长事情的刘骥、蒋鸿遇。士兵的教育有旅部讲堂、团部讲堂，由旅部参谋、团部团长、副团长、营长、副营长等担任教师。冯从早到晚都在操场，随时抽调营、连、排、班，进行考查。操场里设有树林、高凹地、坟头等地形，还有一列一列的铁杠子、木马、拦阻、天桥、级梯等，当场考核。全军官兵都得学刺枪、打拳及铁杠子。冯在操场里搭了帐篷，常住在那里，亲自教验。参谋长有公事即拿到操场里请冯批阅。吃饭，即由他的随从提着饭盒、暖水瓶，骑车送到帐篷里。他的号令非常严明。检阅使署发出的号令，全军各团营都按号令行事。他还规定：八步以外，兵见兵要互相敬礼，官见官也互相敬礼，队伍见队伍，由连长发口令，换正步走向右看或向左看。先敬礼的表示谦恭和气，后敬礼的表示骄傲自满。

冯军各团都设有澡堂、洗衣房、掌鞋房、小铺、菜园、储蓄所等。发饷后一律存款。有的还设有小工厂，做肥皂、毛巾、织布、织毯，制作信纸、信封、饼干、罐头等。

北京有一道河，夏季常发生水患。冯带全军挖河、修路。南苑周围90里修了一道土围子，高一丈，底宽一丈，顶宽五尺，以防水患。军中骡马常借给百姓耕地，士兵们到农忙时也帮助百姓收割麦子、拉车等。

每到秋天，一定要作野外演习，有连对抗，营对抗。每到冬天一定要作急行军、强行军、战备行军、夜行军。一年四季不断有打靶。下雪后打雪仗。每到地冻时挖战沟。这一时期，官兵们都聚精会神，兢兢业业，一个个都是身体健康，精神饱满，士气高涨。

冯每年挑选一次伙夫、马夫、勤务兵来当正式兵。司书、司号也可以改行当兵。冯每月亲自点名。规定有逃兵情况的，12小时以内就要报到司令部，不许拉新兵顶空缺。每连每月逃三个兵的，连长记过；逃四个兵的，撤职留任；过五个逃兵的，撤职。

冯在南苑还规定了车轮讲话的方式，你旅到我旅，你团到我团，给官兵讲话。为的使全军官兵互相熟悉，作起战来便于指挥，互相支援。南苑的士兵对全军旅团长都有所了解，大家针对他们的特点，在背后编出了一些"外号"。张之江爱引《圣经》，大家呼之为"张圣经"；宋哲元说话之前先"哦"一声，呼之为"宋老哦"；鹿钟麟瘦长脸、两撇胡，呼之为"鹿角柴"；刘郁芬说话先"哈哈"一声，呼之"刘哈哈"；孙良诚为天津人，说话常带"嘛"字，呼之为"孙嘛嘛"；赵席聘红脸，上下尖，说话绵绵的，呼之为"赵地瓜"；韩复榘说话结结巴巴，呼之为"韩结巴"；门致中叫"门嘀咕"；石友三叫"石大牙"。诸如此类，官兵之间很亲热。

这个时期人数多了，出发时部分住帐篷，一部分住庙宇、住店，很少住民房。冯一再下令，宿营时于指定地点解大小便，不许随处便溺；吃饭时不许借老百姓的碗筷，也不许动老百姓的东西；早晨出发时捆好铺草，扫净院子，行军时决不许拉伕、牵牲口。

冯每次与士兵见面还有一套问答：

冯问：你们是什么人的军队？士兵答：老百姓的军队。

冯问：你们是干什么的？士兵答：保国卫民的。

冯问：你们吃的是什么人的？士兵答：老百姓的。

冯问：你们穿的是什么人的？士兵答：老百姓的。

冯问：你们的父母兄弟是什么人？士兵答：老百姓。

冯问：你们的亲戚朋友是什么人？士兵答：老百姓。

……

1925年年初，冯任西北边防督办，驻张家口，军队又有扩编。这时张之江任察哈尔督统，李鸣钟任绥远督统。鹿钟麟任第一师师长，刘郁芬任第二师师长，宋哲元任第十一师师长，郑金声任第三师师长，唐之道收编为二十师师长，刘彦全任第七旅旅长，石友三任第八旅旅长，张维玺任新编第一旅旅长，蒋鸿遇任第二旅旅长，石敬亭任第三旅旅长，郑大章任骑兵第一旅旅长，王镇怀任骑兵第二旅旅长，席掖民任骑兵第三旅旅长，冯治安任卫队旅旅长，炮兵旅旅长孙连仲，工兵团长赵汝贤。察东镇守使张树声，察西镇守使蒋鸿遇。

察绥两省，民贫地旷。冯想寓兵于农，开垦土地，栽树种粮。当时，冯深深感到，对于垦种事业，在军队中他周围的这一些人很不内行，也很不够用。他说：你是"丘八"，我也"丘八"，我们都是军人，对于农业、林业知识知晓得很不够，什么事都需要用人。因此，那一时期他从外地约请了一批知名人士，如山东的王鸿一、河北的杨木实，还有更有名的王瑚、李烈钧、黄郛等。这些人也都带了自己的几位随从来到了张家口，协助、策划关于农林种植及开发西北的事业。

那时，蒋鸿遇对冯建议说：自民国以来，中国有20个师20个混成旅，现在被消灭殆尽。督军、省长你来我往，如流水一般。唯张作霖、阎锡山有关可守，进可以攻、退可以守，以至于今。我们有南口可守，尚有立足之地。但是察绥两省，地瘠民贫，需要进驻陕甘。俗话说，狡兔有三窟，察绥算得一窟，有陕甘才算三窟。欲往陕甘，易如反掌。甘肃督军陆洪涛将衰兵惰，无能老朽。甘肃有四大镇，四小镇。四大镇：宁夏、西宁、平凉、天水，每镇都有一师多的人；四小镇：如肃州、河州等，都是一团人自卫，随声附和。宁夏、西宁皆是回族马氏世代镇守使，根深叶茂，人强马壮；平凉镇守使张兆钾、天水镇守使孔繁锦，皆是直系，为吴佩孚所用。我们进入甘肃，他们听则用之，不听则消灭之。然后图陕。北有南口、南有潼关，可以高枕无忧也。蒋鸿遇还说，兵力虽强，不如不战而胜。应该到北京，先请马福祥来，委他为高级顾问，敬为上宾。宁夏镇守使马鸿宾是他的侄子，旅长马鸿逵是他的儿子，西宁马骐、马麟与他也有关系。先借路宁夏，进入甘肃兰州，西宁马骐欢迎，陆洪涛自然不战而走。冯非常赞成，呼蒋鸿遇为"二萧何"，委蒋为西北军参谋长，带刘郁芬第二师入甘。

这个时期，吴佩孚在河南洛阳东山再起，联合张作霖，酝酿共同打冯玉祥。冯认为初得察绥，甫有立足之地，如若真打起来，将腹背受敌，可能丢掉察绥。冯为缩小目标，减轻敌对，遂将边防督办让给张之江接任。冯到苏联去了。

对军队的夜间训练

冯常说：军人要严肃沉着，闻变不乱，处夜不惊。军队所驻之地，万幕无烨，既不见火亮，又不闻声音；既不许狂呼，又不许急走。

冯带兵时，常亲自领导，每星期都有一次夜间教育。有时在夜间一两点钟进行紧急集合。官兵全副武装，既不许点灯，又不许说话，比赛谁快，谁整齐，谁肃静，谁人数多，在集合场检查，有预先派的参谋，军法官在各营监督，将其所见情况报告出来，评论某营最好，某营最差。有时是在夜间一两点钟，在最黑的天气，紧急集合后做夜行军。天亮以前走出40里路，回来也是40里，9时到家吃早饭。有时做夜间战斗攻击、防护等动作。有时做识别方向的演习，到大树林里摸树皮，树皮纹路粗厚的面是南，细薄的一面是向北。有时在晴天，官兵坐在地上认指北斗星，有时夜间集合检查后，叫士兵背诵自己枪的号码、刺刀号码、子弹上的号码，决不许错拿别人的东西。有时做夜间挖战壕比赛，某营最肃静，某营最快，既没灯火，又无伤人事故。1921年在北京南苑，一师三旅之众，于冰天冻地之下，在大操场夜间比赛挖战沟，不见一星之火，不闻一人说话之声。

冯还常常夜间亲自出来查夜，穿着士兵的大衣。1922年冯在陕西当督军时，白天对他的炊事员说：明天早晨给我蒸棒子面窝窝头吃。夜晚九、十点钟到了伙房里，又走到炊事员住室查夜。正好炊事员老沈在说闲话："督军真是贱骨头，放着包子馒头不吃，明天早晨又要吃棒子面窝窝头。"冯在门后听到后，不动声色地说："老沈，俺贱骨头当督军，你不贱骨头当伙夫头儿。"老沈发觉冯听见他们的话了，吓得目瞪口呆，一夜没睡好觉。天一亮，他就跑到冯面前，扑通跪下了。冯若无其事地打趣道："老沈，怎么拿小褂当大褂穿呢？"（意指跪下）老沈说："我错了，请督军处罚吧。"冯说："骂长官是有罪的，你是愿打还是愿受罚？"老沈问："打是多少，罚是怎么罚法？"冯说："愿打就是200军棍，受罚嘛，200个肉包子。"老沈也是保定人，是冯多年的老伙夫头。他接受了处罚。正午12点，包子做好送到大操场。那天冯正集合手枪队模范连比赛，每人赏了一个大包子。

有一天冯住西安新城里，夜晚到了模范连，第一班班长张先洲带着四个兵站岗去了，冯就找了个空位躺了下来。站岗回来的士兵也都睡下了。高清太说，明天不要再翻班长的书了，班长说了，谁再翻他的书就要打人啦。郭道培说，一班就发了四本《军人宝鉴》，连长要考，考不会也要打人。12个人轮着看班长的书，俗话说，偷书不算贼，偷看书，这算犯法吗？高清太说，你不知道咱们班长外号叫"小长虫"吗，他缠着谁就不轻啊，明天是我值日，最好算你值日。郭说我不敢。第二天，冯把连长张自忠叫了去，问他：你连上有个"小长虫"缠着人就不轻吗？张说不知道。冯把昨晚听到的话说了一遍。张自忠回到连里马上集合班长，把张先洲打了一顿军棍。

1922年，冯在河南开封当督军时，夜间查岗到学兵团大门口。按照规定，离站岗的30步以外就高呼站住，问口令，站岗的就做出预备放枪的姿势，答不上口令，谁也不能前走，走就开枪射击，如若忘了口令答不上，唯有站在30步外听候检查。冯进入二道岗时就告诉随从们说：这个口令我答。第二道岗照例高呼："站着！口令。"冯站在30步外，不敢前进，大声答道是"我"。站岗的一听是督军的声音，马上说："请进来。"冯走到前边问他：为什么不问我口令就让进来？岗兵答道，听见是督军的声音，就不再问口令了。冯说："好，你还会辨别声音哩。"第二天，冯集合学兵团的官长，对他们说：兵要认识官长的声音，官长也要认识士兵的声音；士兵要认识官长走路的脚步声，官长也要认识士兵走路的声音。连排长是亲兵官，一定要认识这些。不要拿这当作小事情，实际是要紧的事，对于平时战时都有用处。

冯有时到连里查夜，看到大通炕上有空位，就躺到当中睡一夜，早晨吹起床号才走，什么话都可以听到。有一次冯查夜到学兵团第四连薛嘉宾排长住室里，冯用手电筒一照，床下放着一双鞋，床上鼓鼓的被子真像一个人躺着睡觉。冯掀开被子一看，见被子下边是用一件棉袄衬起来的。冯再看床头上贴的官长回寓轮流表，薛排长是星期五回家，那一天是星期日。冯到第二天集合官长时说薛不守纪律，一旦有事，长官都走了，如何了得，重责五棍，以儆效尤。

1927年，冯在北京南苑时，晚9点钟吹熄灯号后，士兵多到厕所解手回来睡觉。冯早到了厕所旁边的一个小坑道里，听士兵们讲些什么。当时学兵团营长兼团附张自忠打人最厉害。他打人不用军棍，是用学劈刺的那个劈剑，这个东西中间是竹板，外边用牛皮筋绳子缠起来，打下去就脱一层皮，中间流血周围发青。这一天张自忠打了辎重连长熊胜德。有一个士兵在解手时说：熊连长没有一两个月起不来。营长的劈剑打人多厉害呀，一下去就掉一层皮。另一个说：比扒皮还厉害，连肉都带下来了。你没看见挨劈剑的人们吗，都是一个血坑子，每天到医院查看。第二天冯在南苑集合全军官长，冯说张自忠不会打人，士兵说他比"活扒皮"还厉害。对士兵要一打二吓唬，让他改了就算了，让他丢丢人就算了。带兵如父兄之带子弟，要恩威并用，不要光指着打。现在你无情地打他，上阵的时候他也会无情地打你。冯随之定了"八不打"的军规。

练兵的军歌

冯常说：练兵如堆沙，片刻不能松手，一松手就淌下来了。所以练兵要苦口婆心、耳提面命、谆谆告诫。平时详细讲解，临事要在当场，叫士兵记在心里，挂在嘴上，使士兵行走坐卧都要唱出来。这就可以使士兵有所遵循，少出事故。所以每一个行动都有歌，每一个歌都有一定的意义和要求。

新兵一入伍，就先学《新兵歌》：

有志新兵尔要谨记，当兵须知守本分，保护国家，爱惜百姓。兵与人民一体生，食民膏，食民脂，尔谨知民间困苦。重勤俭，重品行，不可忘保护商民。

军中每日两餐，餐前值日排长吹哨子，站队，唱《吃饭歌》：

盘中粒粒都是辛苦，民脂民膏来之不易，雨露滋长出自上帝，主恩所赐感谢靡既。

冯从苏联回来后，这一歌的后一句（"雨露滋长……感谢靡既"）改为"这些饮食人民供给，我们应该为民努力"。由于军歌的教育，士兵们吃饭时不肯浪费点滴，也不嫌饭菜不好。

练习铁杠子武器械操时要唱练习《体操歌》：

> 军人第一要习劳，身体必须日日操。吊背、转回、屈伸上，锻炼身体最为高。一操百操再再操，操来操去身体好。

冯说练铁杠子要长年如一日，把铁杠磨明，拿在手里软乎乎的，叫它怎样就怎样，才算真本事。

士兵练习打靶时要唱《打靶歌》：

> 枪在手，目睹敌人刻刻要注意；距离目标更注意，能否实射击？
> 将举枪，目标未定上、中、下，哪是瞄准点？
> 既见敌，枪已举起决定跪、卧、站，在众敌中，先决定瞄准哪一个人？

这一支歌共有五段。冯说：瞄不准决不放。要发枪，必须一枪打倒一个敌人，才算真有本事。

每日早晨起床要唱《起床歌》。值日排长吹哨子，点名，唱《起床歌》：

> 朝气上升月当空，鸡鸣起舞志长风，枕戈待旦拂晓出，战警醒，努力奋斗，精神踊跃，革命快成功了。

这支歌，冯从苏联回来后也有修改，修改后的歌词是：

黑夜过去天拂晓，朝日上升人起早，革命旗高飞扬，看青天白日满地红照耀。努力奋斗，精神踊跃，革命快成功了。

冯说：每日鸡鸣起舞，戴月披星，才算好男儿。不然的话，懒惰偷安，那是懒种，算不得好男儿。

每日晚间要唱国歌。1920年以前的国歌，说不清了。大约是：

中国雄立宇宙间，万万年，保卫人民终不偏。

四千余年转治安，保卫人民终不偏，万万年。

1920年后的国歌就是《卿云歌》：

卿云烂兮，纠缦缦兮，日月光华，旦复旦兮。

每次轮派营门口站岗时，排长带着要唱《站岗歌》：

我卫兵，护全军，守职务，振精神。枪支子弹，莫离身，更要时时谨慎十分。全军性命在一身，站岗时要小心。

士兵责任且尊，莫出入，任巡查，细柳营中拦汉文（汉文帝故事）。只知道将军有命重遵，全军保卫在一身，站岗时要小心。

问口令，辨清真，……一夜黑风豪雨有声，这时间最要仔细听音，莫教敌扑近身，站岗时要小心。

冯说：站岗的责任神圣不可侵犯，要认真执行。歌词要记在心里，挂在嘴上。

在野外实弹射击时，要唱《节省子弹歌》：

射击瞄准最为先，第一须节省子弹，一粒千金买不来，生死安危在一弹，瞄时不准万不发，发时必中一当千。枪不虚发好男子，千万千万莫等闲。

战时全凭子弹胜，虽有子弹输送难。多少能战之军队，因为乱放大败还。一弹须当性命看，保身保国保万全。枪不虚发好名誉，千万千万莫等闲。

冯说：枪是命，子弹是命根子。一粒子弹千金难买，不准虚发一粒。到秋天打野外时，要唱《利用地形歌》：

战斗时重射击，杀敌为第一。选择地形，遮蔽身体最忌是蚁集。留神小排指挥地域不可擅离。攻击之时，切莫占据难超之地，碍邻兵发枪，要注意。

还有《射击军纪歌》《战斗动作歌》，各五段。记不清了，只记得《射击军纪歌》的第一段是：

射击军纪重要，皆须确实施行。虽在敌火之下，务要坚韧沉着，力求发扬枪火效力，要振起，歼灭敌人，更要振起，歼灭敌人。

每到行军宿营，要唱《爱民歌》：

有民而后存国，养兵所以保民。兵民原属一体，理应相爱相亲。秋毫无犯，贤哉岳军，切戒滋扰、仗势凌人。

冯说：百姓是我们的主人，我们要不扰民、真爱民，不取百姓一草一木，要学岳武穆的军队，秋毫无犯，鸡犬不惊。

冯常说：带兵如父兄之带子弟，兵有了性命危险如何痛心！兵的父母把孩子交给咱，咱们怎么对得起兵的父母？怎么对得起自己的良心？怎么能对得起自己的职责？

还有《国耻歌》，在平时唱，在国耻纪念日唱。词句我记不完全，其中有句是：

> ……夺旅顺，夺大连、胶州、广州、海参崴，夺我大沽口，割据我台湾。不可忘，誓雪此耻！

《劝军人歌》，我也记不完全了，其中有：

> ……步法要精稳，炮兵标尺准为高，骑兵冲敌勇壮，卫兵辎重要坚牢。步精，马速，炮兵猛，兵力强，国威壮，真荣耀！一劝众军人，学在身，枪法皆练准，军威震外人；二劝急发忠烈心。走凯旋归日，箪食壶浆慰军……

以上是我所能记起来和记得不完全的一些军歌，其中难免有错误。总之，冯玉祥把军队生活的各方面都尽可能地编成了浅显易懂、言简意赅的军歌，让士兵们记在心里、挂在嘴上，对于指导和鼓舞士兵的行动，确实起到了很好的作用。

多管齐下，从严治军

常辑五 李 朋 整理

1924年冬，陆大四期同学熊斌约我到南苑担任西北军军官教导团教官，后又当教育长及西北军第二师参谋长。1925年5月，冯玉祥调我到张家口担任西北边防督办公署检查处长。兹将我亲见的一些关于冯玉祥的事迹写出来，以供参考。

石敬亭专程由绥远到南苑来打军棍

1924年秋，第二次直奉大战爆发，曹锟、吴佩孚派冯玉祥为第三军总司令，在热河抗击奉军。由于吴、冯间早有尖锐矛盾，冯于10月19日回师北京，推翻了曹、吴的统治，并把溥仪逐出故宫，西北军称之为"首都革命"。时熊斌任冯的参谋长兼南苑军官军士教导团团长，他让我去当教官。军官教导团的学员多是校官，军士教导团则是下级军官，最大的是尉官。我负责教授军官教导团的地形测量课目。

我一到教导团就感到有些特别。举例说，喝酒不成，抽烟不成，下饭馆不成，嫖赌更是严厉禁止……各种"不准"多得很。

一天，熊斌告诉我，接到电报，说石敬亭（时任第四混成旅旅长，归

140

绥远都统李鸣钟节制）要来教导团，不知有什么事。石敬亭外号"小诸葛"，是冯的大将之一，这次专程由绥远前来，必定有重要公干。

石敬亭来到教导团之后，马上集合全体官佐军士，包括所有教官都要站队。他突然从军士队中叫出三个人来，说他们某日晚间私出营门，一夜未归，违反军纪，奉命前来惩罚。这一来我们都发愣：连教导团团长都不知道，他远在绥远，怎么知道的呢？事后才知道，这三个学员偷偷出去找"暗门子"（暗娼），学员中有的是冯派来负有特殊任务的，随时将情况汇报，冯得到这个报告，才派石敬亭前来南苑处理此事的。

当宣布每人打400军棍的时候，全场肃静，有人担心这400军棍如何吃得消。西北军打军棍原来有一个特点，要一棍一棍数着打，一点也不能马虎，要是你不认真打，就叫别人反过来打你。我见到一般军队乃至衙门打人，都是"二三四、五六七八、一十"，数得很快，十下也不过打五六下。西北军可不成，"一、二、三、四、五、六、七、八、九、一十……"打一下数一下，还常常叫两个人互打，谁也不敢打轻，更不许卖人情。把这三个人直打得死去活来，疼得往花池子边滚，把砌的砖也撞倒了。打完就"革"，把三个人都开除，衣物立即扔出营门，石敬亭也就搭上车回去了。

我心里嘀咕，这比打贼还厉害，简直把人不当人，太残酷了！我问熊斌："教官要是犯了错，也要打屁股？……我可受不了，我不干啦。"熊说："你不要怕，不会打到你头上的。冯先生对教官很尊重，见了面总是称'先生'。他说过：'你们要是犯了错，我是不敢打你们的。'你放心好了。"

痰桶里有烟头　排长挨打

西北军第二师也驻南苑。某次冯玉祥到第二师视察，发现一个排长屋里痰桶内有个烟头，就问，这是哪里来的？排长说是来了一个朋友。冯问是什么时候来的？姓什么叫什么？接着吩咐卫兵室把来宾登记簿拿来查看，没有人来过；又问站岗的卫兵，也不知道。冯就火啦，他说："抽烟是个罪过，违犯了军纪，你就该说实话，承认错误。为啥还要说谎、拉扯朋友呢？"当即站队，把烟头给大家看，严肃重申，不许任何人抽烟，当场叫人痛打那个排长。连长、营长也受到责罚。

连长逛窑子挨了80军棍

我在西北督办公署当检查长时，有一个保定军校的同学胡文彬到张家口找我，他有一个学骑兵的兄弟想当官，托我介绍。我对胡说："西北军与别的队伍不一样，冯先生的军风军纪特严，烟酒嫖赌样样都不许犯，差一点就要严办，要是犯了错，可没有办法，一点人情也不能讲。"我问他兄弟能成吗？他答应说没有问题，一定叫他严守纪律。我又劝他当个教官，可是他定要上部队，说是受得了。我就把胡文彬的兄弟介绍到张之江部下当连长，张那时是察哈尔都统兼骑兵旅长。

不到三个月，胡文彬慌慌张张地跑来找我："二哥，你快救救吧！我那兄弟被抓到都统衙门去了。"据了解，他因去逛窑子，被张之江派人在窑子里给捆回去了。胡文彬要求不打也不干了。我说这是冯先生定的法律，不打哪成，不干也得打完以后再走人，千万不能先说不干，那更要多挨打。

我向张之江求情，张念其新到部队，少打点，只打了80军棍，打得皮破血流，在送院养好伤之后，才借辞退职。

谷良友喝酒受责

谷良友同冯玉祥原是在保定练军（绿营）一起当兵多年的老朋友、盟兄弟。谷到张家口找冯说："你当督办啦，给我个官做做吧！"他想当团长，冯劝他不要做官："西北军同老队伍不一样，严得厉害；你要是犯了法，我办不办？"并说，"我不是给你钱买了两顷地吗，在家种地吃饭不很好吗？"可是谷良友坚持要做官，冯就派他为步兵团团长，驻防绥远丰镇，省得在张家口碍手碍脚；同时告诫他不能与地面人私相授受，有人送礼，千万不要收，最忌贿赂；又警告他不能喝酒，不能赌钱，并叫他把西北军的条规好好看一看。谷良友表示："没有错，一定不犯。咱们盟兄弟，决不给你丢脸。"

谷良友这个人爱吹牛，说大话，老毛病改不了。1925年冬，为了决定对李景林（直隶督军）打不打的问题，冯由张家口到包头沿线视察军事力量。谷听说冯要西来，即在集宁大肆招摇说："咱同冯督办从小一块当兵，是把兄弟，亲如骨肉……"怎么长，怎么短，大包大揽，"什么事都有咱老谷"。对地方上大小官吏、土豪劣绅等发号施令，筹备盛大欢迎会。经过大家捧场，说地方上一切事"都要谷团长在督办面前美言几句"，谷更是飘飘然，得意忘形。于是地主、土豪们设宴先请他喝酒。冯的专车及时到达丰镇，谷抢先上车表示欢迎。冯见到他那醉醺醺的样子，很不高兴，冷冷地说："谷团长有什么事吗？有事就报告，没有事就下车。"谷良友为了让士绅们看看他同督办的关系如何密切，偏偏赖在那里不肯走。后来一同到车站候车室内，地方上的头面人物都前来欢迎，谷良友得意地坐在冯的对面。冯又给他台阶下，说："谷团长没有啥事，赶快看队伍去。"谷仍不知趣，不肯离开。冯实在忍不住了，便问："在座的（指部队官佐）有谁喝酒？"谷傻了眼，冯见没人承认，便命某处长挨个闻，这个人很圆滑，闻了几个人之后说："报告督办，我有点感冒，闻不出来。"冯又叫军法处长张吉庸去闻，闻到谷良友面前，便说谷团长有酒味。冯瞪着眼对谷说："咱早跟你说过没有？为什么硬要违犯军纪？"吩咐拿军棍来，就在候车室里打。谷比冯大，那时已有50多岁了，200军棍真打得够呛。

事后，冯通令全军上下，都要以谷良友为戒，无论亲疏远近，无论老年青年，无论干文干武的，犯了军纪都要严厉处罚，决不宽恕。

"醒炮"和"早点"

冯玉祥很有爱国思想。他在南苑大红门（军官军士教导团所在地）的墙壁上亲笔书有"亡国奴不如丧家犬""我们要发奋图强"等醒目的标语。

冯规定教导团在每天拂晓前放"醒炮"，周围二三十里的人都可听到。他说："外国人说咱们是睡狮，狮子睡着了还不如狗呢……"所以早上要放醒炮，把睡着的人都唤醒，这也是富有爱国教育意义的。

教导团三面都有营墙，在营墙外面挖一条深沟，像护城河似的。那里净是黄土，用挖沟的土筑成台阶，每天早起，队长带着学员在台阶上跑三圈，一上一下练膝盖和腿劲，军官教导团有六个队，军士教导团也有六个队，约有一千多人，这么多人在营墙外跑上跑下，形成波涛起伏的"人浪"，煞是壮观。

学员们把这种锻炼叫作"早点"，吃完"早点"，才回去洗脸漱口。一般下雨下雪天也不例外，逢大雨大雪下令后才停止，这时学员们就高兴地说："今天不吃'早点'啦。"

严格的夜间教育和演习

冯玉祥很注重夜间教育。他常说："咱们西北军武器是差一些，就要利用夜间的有利条件来反击敌人。"又说："打起仗来，谁告诉你什么时间？平时都得作战时准备，随时都要提高警惕，一有消息，马上就得拉出去干。"

冯曾派察哈尔都统张之江、绥远都统李鸣钟到南苑，向教导团学员讲夜间教育，不仅教导团教官、学员要搞大集合，凡驻南苑的师、旅官兵，都要集合到教导团来听讲。冯是基督教徒（张之江也是），先得静默三分钟，算是做祷告。夜间教育最要紧的是不许有火光、冒烟，决不准抽烟。

无论防御或进攻，都不能有声音。骑兵不许骑着马，只能拉着马走。夜间做防御工事，即使把手打断，也不许叫嚷。一句话，什么声音也不能有。夜间眼睛不成啦，就全凭两耳的听力。

夜间演习，一听到紧急号音，在十分钟内就得整队出发，教官事先也不知道。夜间急行军，纪律要求很严格。还演习辨别方向，纵然是阴天雨天，没有北极星可辨，也要利用树、庙等来识别南北西东。要求大步走，步子大身材就矮，以减少目标。有时还要演习夜间行军做饭，等等。所以西北军对夜战是有一套办法的，常利用夜间作战出奇制胜。

提倡武术和器械体操

冯玉祥为了增强士兵的体质，提高部队的战斗力，一向对器械体操很重视；他以"四到"来提醒官兵对器械体操的锻炼，四到即想到、去到、看到、做到。不能坐着当官，要身体力行。

曾有一个在参战军第二师师长马良那里当过机枪连长的王永安，同我很熟。他是沧州人，武术特别好，直皖战后参战军垮了，我把王永安介绍到西北军来。张之江看王的武功不错，就留着当副官。有一天，张之江要一个姓洪的武术教官（山东大个子）和王永安比赛摔跤，要我当评判。我想，要是把姓洪的摔倒，于张之江面上很不好看，他是都统衙门的武术教官，以后就没有威信了。但是把王永安摔倒也不好，他是我介绍去的。我宣布每次20分钟就停，三跤两胜者为胜。第一回合王永安把洪摔倒了，第二跤两人争开了，势均力敌，相摔不下，相持太久，已过20分钟，我就叫停，就算个平跤吧。因为要两次胜才算赢，现在是一胜一平，借此下台阶。表面上说是平跤，好给洪留点面子，实际他是输了。

冯玉祥对部队的器械体操要求严格。以单杠为例，基本动作就有悬垂、弹道、跨腿上、跨肘等七八项，最高要求是倒立打车轮。时常调集部队官长考验器械体操，并订有奖惩办法，从尉官（排长）到将官（旅、师长）都要参加，如果不及格，排长打军棍100下，连长打80下，营长打60下，团长打40下，旅长打20下，师长罚跪。在单杠旁就放着军棍，谁要不及格，就要当场出丑。有一次考验前，我的一个教导团的学生当连长，他对我说："老师，我的跨腿上差点劲，我在两条腿上绑上东西，准备挨打。"我立即制止他："这绝对不成，连穿呢裤绸裤都不成，更甭说绑东西了，发现了非把你腿打断不可。"

官小的考验的项目就多，官越大项目就越少，如连、营长考验四个项目，团长旅长就只有两个。这也是提倡大家都练，挨打的也多是下级军官，借以吓唬士兵，从未听说高级将领挨打受罚的。有些高级将领也确有功夫，如韩复榘、赵登禹都练得特别好，韩是打车轮、拿大顶的好手。

士兵的百字课

冯玉祥对士兵学文化也很注重，他常说："咱是当伙夫出身的，一个字也不识，等于睁眼瞎，这份罪是够受的啊！"他在西北边防督办公署编印有士兵百字课，每人一本，分《100字课》《200字课》和《400字课》。头年的新兵学《100字课》，二年兵学《200字课》，三年兵学《400字课》。认好了有奖，认不好打手心；有的兵站岗也在学认字，成了西北军的一种风气。冯对士兵们说："一个好秀才，肚子里不过1000字，你们当了三年兵，也算是半个秀才了。"又说："咱们西北军就是个大学堂，教你们认字念书，不仅要学会拿枪杆，还要学会拿笔杆，你们将来能文能武，比起咱当兵的时候可阔多了。"

百字课的内容，除了一般常识和当兵应注意的事项外，还有列强欺负、侵略中国的许多事实；冯也常对士兵讲，要奋发图强，以雪国耻，通过百字课来实施爱国教育。

冯在部队吃饭的故事

某次，冯玉祥到南苑教导团视察，南苑还驻有第二师等部队，他听到附近连上吹吃饭号，立即前往"吃饭"。连、排长见他去了，喊"立正"敬礼，冯忙制止他们不许动："弟兄们吃饭吧，咱也和你们一块吃，随随便便，不要拘束。"他也盛碗大米饭，草草吃点就走。

冯又赶到营部，同营长一块吃，同是大米饭，却和连部的不一样。他又到团部、旅部、师部去。大米饭都不一样。

饭后来一次大集合，全体官兵都要到，连教导团也得去。冯玉祥首先问大伙："你们都吃好啦？"接着说："人是铁，饭是钢，吃饭是个重要问题……咱们吃的，都是老百姓辛辛苦苦种的粮食，一星半点也不能浪费。"又说："你们打仗的时候，谁在前头？当一个攻击命令下达，首先是士兵打冲锋，排长在第一线士兵后头，连长又在排长后头，营长、团长更在后头，官越大离枪子越远。咱们打仗是这样摆，说起吃饭来，照打仗的摆法，好点的米应该给前头的人吃。可是现在却是离枪子越远的人，吃的米越好。"他问大伙："这样合理不合理？"士兵们高声回答："不合理。"他又问："官跟兵的肠子肚子是不是都一样？"大伙又说："都一样。"冯又转问军官们："咱们说良心话，应不应该这样？"军官们也说："不应该。"冯说："咱们当官的对不起弟兄们，我没有下过这样的命令：大官吃好米，小官吃次米，当兵的吃乱七八糟的坏米。"他又问："是谁发的米？"答是军需处。又转问师、旅长："你们怎么不下去看看？没有得到命令，你们要自个儿拿主意呀，以后决不许这样，来了好米坏米，大家得都吃。"士兵们很受感动，对冯推崇备至。

注意卫生　厕所干净

我在军官教导团当官不久，就升了教育长。熊斌说："你吃饭若下馆子也不行，找个人做饭不好吗？"于是就雇了一个人给我做饭。我先问他抽烟不，他说不会。有一次我由保定家里回来，见到小厨房里在冒烟，拉开门一看，这老头正偷着抽烟呢。我说："你老快走吧，冯先生知道了那还了得，不把你两腿打烂！"我也没敢汇报。

冯玉祥对卫生也很注意。无论办公处所、军事教育机关和营房，到处都是干干净净，连厕所也不例外。他规定有一套卫生制度，这也可说是西北军的优良传统。我刚当教育长，第一次到军官厕所解大便（以前我因在外面吃饭，住在朋友家里），厕所可谓一尘不染，也无臭味。它是利用倾斜坡度，使粪便立即流出槽外，淘粪的就在营墙外淘。厕所旮旯里有一堆沙土，有一把木锨，上面写着"粪前一锨土"，我照着做了。解完大便刚回来就有人"报告"，一个管杂务的找我来了，他问："教育长刚才大便来啦？"我纳闷：当时并没见到有人，他怎么知道呢？我问他"什么事"，他说："教育长还有一个工序没有做。"我有点发火："不是粪前一锨土吗，我已做了，还有什么工序？"他说："还有粪后一锨土。"我去看，原来木锨的背面确有"粪后一锨土"，这是我粗心大意了。

动员军官眷属剪发

冯玉祥在张家口动员军官眷属剪发，也是很有意思的。一天，冯打电话给我："常先生，你来吧。今天我传太太们到督署来开会……"我一到土儿沟，则见下自司务长、排长，上至师、旅长的太太们，凡是在张家口的差不多都到了，莺声燕语，济济一堂。冯说："今天有一件事同太太们商量商量……"接着就说到剪发（彼时一般太太都留长发，在头后绾一个髻）的事，意思要我协助。我感到事情很突然，而我对于同太太们打交道很发憷。冯见我发愣，就说："我来吧。"

这使我联想起几天前的一件事，可见冯为剪发早已做了思想动员。那一次，部队在张家口东南沙岭子北面做战术攻防演习，特别用汽车邀请军官太太们前往参观。及演习结束，军官们身上不是泥就是土，有的真像战场上那样狼狈，冯便借此机会对她们说："打仗就是拼命……你们想不到他们身上那么脏吧？当官的在前线拼命，太太们却在家里涂脂抹粉……这有点不相称吧？"有些太太很不满意，背地里说闲话："你只管官，怎么管起我们来呢？"

西北边防督办公署讲堂内坐了不少军官眷属，大约有百多人。冯说："头发本来是美观，可是现在咱们中国民穷财尽，百业萧条，天灾人祸相循，国事日非，咱们快要当亡国奴了，不是享太平、讲好看的时候，咱们西北军最穷，这是大家都知道的。太太们梳个头，本来没有什么，可是第一，每天梳头要消耗许多宝贵的光阴，第二，还要涂脂抹粉、擦油洒香水，很不经济，许多人要买苏州的胭脂杭州的粉，甚至有的还要买外国的化妆品，还要戴首饰，哪一样不花钱？要知道，咱们的钱都是老百姓的血汗换来的，多么不容易，如果太太们都讲朴素，不乱花钱，那当官的就安心啦，甭为家用发愁，那就好办啦。"又说："有的把头发扎得像云彩一样，花枝招展，这不成了摆的花瓶一样？说得不好听的话，那不成了'玩意儿'？"

冯同时申明："我是同太太们商量商量，不是下命令。回去同你们的'老爷''大老爷''大人'们合计合计，决不勉强（冯平时说司务长、排长是老爷，连长是大老爷，营长、团长以上的大官就是大人）。"

当场，冯夫人李德全就站出来说："就从我开头吧。"她自己又不能剪，冯说："我来代劳。"立时操起剪刀，把她的长发剪去了。当下就有十来个人表示要剪，她们以为是督办夫人亲自给剪的，也是一种光彩。

俭朴的生活作风

人们都知道冯玉祥是安徽人，其实他的出生和成长都在保定，他家在保定东城，那是回民聚居的区域。自他当伙夫直到当督办，他的装束仍和在保定当伙夫时一样，平时灰布短打，毛边布鞋，腰间用布带挽个疙瘩，很像保定卖羊肉的回民。他的子女也不许叫少爷小姐，而是叫大小子、大丫头，女的也穿短打。

无论在他的办公地方还是家里，设备都非常朴素、简单，都是粗木家具。吃的也很普通，常说他最爱吃棒子面窝窝头，这是顶好的食品。

张家口还设有一个小型的电影制片厂。为了宣传冯的俭朴生活，曾摄有一部小电影——《冯玉祥的家庭生活》。1925年，段祺瑞派其内弟、陆军总长吴光新到张家口公干。吴认为冯玉祥是伙夫出身，总有点瞧不起；冯则认为吴是段的小舅子，依靠亲戚关系，哪管什么总长不总长，也瞧不起他，在招待方面不免马虎一些。冯或许是故意气他，晚上请吴看电影，却放这一部自摄自演的家庭生活，我们也陪着看。开始时吴勉强忍耐着，当看到银幕上冯玉祥在一个茅草亭里看书，他的大小子和女儿（刘夫人养的）前来请爸爸吃饭……吴光新就起身去了，很不满意地自言自语："无聊透顶，我看你这一套！"人们说："吴大爷生气了。"冯知道后说："让他生气吧……"这次会见没有得到什么结果。

1925年秋，冯玉祥为筹划攻打李景林的军事，由张家口上包头去视察、会商。督署的大员们都到车站送行，铁路局本给他预备有头等车，另外也挂有运兵的铁闷子车。欢送的人到处找不着他，我奔铁闷子车上，他却坐在那里，由副官处预备新席铺在铁闷子车上。

放着头等车不坐，这究竟是为什么？有人说他是故意装蒜，冯却对我们说："这个车稳当，栽倒了也摔不着。"这却苦了随他同行的高级幕僚们，也只好受点委屈，跟他坐在一起。

冯玉祥的生活虽是那样俭仆，但对高级军官有时也给予特殊照顾。从包头归来，他发给每个将官貉子筒子大皮袄一件，给老太太一件狐皮的，太太则是滩羊皮。他的理由是，老太太养的儿子，对国家有"功"，应穿狐皮；太太还年轻，将来有她的儿子给她。发了不久，又来找我，让人把皮袄都拿出来，他一件一件翻看，原来衣角写有暗号，看有无调换舞弊的情况。

这已是攻打天津的前夕，冯借此激励士气。这次确实收到很好的效果，一举攻下天津，打垮李景林后，西北军实力获得空前大发展。冯玉祥拥有14个师（步兵12个师、骑兵2个师）、3个旅（卫队旅、两个炮兵旅）、5个团（交通团、教导团）等，成为了同奉系、直系鼎足而立的势力。

官兵一致，不忘初心

吴高明

给送礼者二十军棍

民国15年（1926年），冯玉祥将军从苏联回国后举行举世闻名的"五原誓师"（五原即当时绥远省的五原县，现属内蒙古自治区），接受国民革命。当时军中生活极苦，士兵面有饥色。冯玉祥与士兵同甘共苦，毫无特殊。

那时任五原县长的刘必达，见冯饮食甚差，有意讨好冯，特送来两只鸭子，美其名曰"犒劳"。冯将军见礼非但不收，反而当面斥责道："你只见我天天吃咸菜，而不知道士兵天天吃不饱饭。礼尚往来，你送我两只鸭子，我回敬你二十军棍。""看谁还敢来送礼！"

给帽子敬礼

冯玉祥提倡官兵穿着一致，不搞特殊化。上自总司令，下至伙、马夫，一律布帽、布衣、布鞋、布绑腿。西安练兵时，一天，他在街上看见他的副官吴启明（作者堂兄）戴着一顶官帽子（他是替一位亲友买的），冯抢先向这位副官行立正举手礼，弄得吴启明十分尴尬。冯立即解释说："你不用害怕，我不是给你敬礼，我是给官帽子敬礼的。"说罢扬长而去。这事一时传为军中美谈，并作为互相规劝的一个戒条。

宋哲元罚站

冯玉祥率兵从五原解西安之围后，励精图治，准备东征。这时扩军练兵，军纪正严。他规定：不论国民军直属机关还是所属连队，一律举行朝会（即每天早晨的集合），主要内容是跑步和做精神讲话。冯本人轮着参加各部队的朝会。一天早晨，他来到宋哲元部队的集合场所，发现宋（当时是旅长）还未到，就直接命令部队集合。他刚开始讲话宋就来了，惶恐地跑步向前敬礼。冯却不加理睬地只管讲他的话，让宋哲元一直站在那里，作为迟到的惩罚。当时的规矩：长官不还礼，部下不敢"稍息"，对将军们也不例外。

几支必唱的歌曲

在冯玉祥领导二次北伐战争及后来的反蒋护国运动期间，部队中有几支很流行的歌曲，起着鼓舞士气、增强斗志的积极作用。例如：

国民革命歌

打倒列强，打倒列强，锄军阀，锄军阀；
努力国民革命，努力国民革命，齐奋斗，齐奋斗！

吃饭歌

这些饮食，人民供给；我们应该，为民努力。

帝国主义，国民之敌；同心协力，灭此朝食。

注：这支歌以伙食团为单位，每餐饭必先集体唱完后，才能就餐。

起床歌

黑夜过去天破晓，朝日上升人起早，革命旗帜飞扬……

注：这支歌是以连队为单位的。每天早晨唱完后才开始盥洗活动。惜乎记忆不全。

背诵《中山语录》

冯玉祥崇拜孙中山先生，在群众集会场合，他多次提到《三民主义》《五权宪法》《建国方略》《建国大纲》这些名著。在他代兼河南省主席时期，组织力量编辑了一本两万来字的《中山语录》，作为开春各军事学校学员的必读之物，还不断举行背诵会。我参加过一次有各校代表参加的大型背诵会。背诵者要到台上应测，由主测人任选书中一段，先提念头一两句，然后由应测人接着背诵，根据熟练程度分别给奖。真的有人背得滚瓜烂熟（我的成绩差，只得了一套布帙的《中山全书》）。可见其对传播中山思想的重视程度。

官兵一致

冯玉祥为使官兵打成一片，很注意生活上的官兵一致。例如：

1. 官兵一律穿布衣，冬天一套棉军装、一件棉大衣，夏天两套单军服，衬衣是白色的。

2. 官兵一律不蓄长发。连队有理发兵，半月剃一次光头。

3. 官兵吃一样的伙食，都拿一块五角的补助。连队有士兵伙食委员会，民主管理，讲究吃饱吃好，月终还要分伙食尾子。

4. 集合、行军时官兵一律打绑腿，系鞋码，扣好风纪扣。

5. 外出官兵相遇，兵先行礼，官长必须还礼。同级相遇，互相敬礼。

重视军事体育

冯玉祥很重视官兵的体格锻炼。连队一般都备有木马、栏阻，跳高、跳远用的沙坑。士兵都要习练拳术、大刀、四路刺枪，特别是器械体操。单杠运动是必修课，即使只驻扎两三天，也要栽单杠。单杠列入晋级制度，是必考项目之一。上等兵升班长要会三套体操，即屈伸上、腰荡转回和倒立。班长升排长要会四套体操，即在上述三套基础上再加一套正把车轮。因此，官兵身体一般都很壮实。

《精神书》

《精神书》是冯玉祥专为初级军官和士兵编写的政治课本，装订成64开的袖珍本，人手一册，也是晋级考试的必测项目。该书文字精练，约五千言，内容有三民主义、爱国主义、军人职责、军人道德等。《精神书》与《中山语录》堪称姊妹作，是向部队进行精神训练的主要"食粮"。

《不忘》

1928—1929年，冯玉祥部队在二次北伐战争中消灭孙传芳、张宗昌、褚玉璞等北洋军阀残余后，进行缩编。当时冯兼任河南省主席，拥有陕、甘、宁、豫、鲁横向地盘。他在开封、洛阳分别成立了各级各类军事学校。在开封的有军官学校、军法学校、军械学校、军需学校、测量学校；在洛阳的有参谋学校、高级参谋学校、火车学校、汽车学校、炮兵学校等，主要收容第二集团军编余下来的青年军官及部分青年学生，从事专业培训。为了灌输爱国爱民思想，他特地编拟了几条问答式的口号，名曰《不忘》，发给各军事学校每天朝会时照念。领导人在台上问，部属在下面回答。有时冯玉祥在演武厅（大练兵场）召集各军事学校举行大朝会，亲自领读《不忘》，对学员的精神影响很大。

《不忘》的主要问答是：

问：你们是什么人的军队？

答：老百姓的军队。

问：你们吃的、穿的、住的都是老百姓供给的，你们忘了没有？

答：没有忘。

问：日本人欺负我们连狗都不如，连猪都不如，你们忘了没有？

答：不敢忘。

多方考察，审慎用人

仝菊圃

我是一个教育工作者。在1927年（民国16年）北伐军渡过长江、向北方进军的时候，我投笔从戎。先在国民革命军第三十一军（军长白宝山，副军长李明扬）九十一师（师长李奇峰）政治部（主任董汉槎）工作。龙潭战役后，三十一军三个师被蒋介石全部消灭，因而我又转到西北军第九方面军总指挥部（总指挥方振武）工作。方振武原驻湖北襄樊，后来移驻汉口附近花园。1928年1月，我因徐州教育界朋友一再相约，仍回徐州做教育工作。于是请准了假，乘车北上，转回徐州。

路过郑州时，遇着一位由开封来的客人说："冯总司令到开封后，军队纪律严明，政治气象一新。"因此，引起了我到开封参观的动机。这时冯玉祥是国民革命军（原称西北军）第二集团军总司令兼河南省政府主席。

到开封的第二天早上，正是星期一，我从河南省政府门前走过，恰巧遇见江恒源（向渔）先生。他乡遇故知，极为高兴（北伐军未到江苏时，江是江苏省教育厅长，那时我是师范校长）。江来河南不久，新任河南省教育厅长。经过叙谈，了解情况后，江劝我留在开封，他说："你愿在教育厅帮助我，当然欢迎；你如果对军事教育有兴趣，愿到'教育部'工作，我是可以介绍的……"我听到"教育部"三个字，就很奇怪地问道："怎么省里还有'教育部'呢？"江笑着说："这个'教育部'不是一般

157

的教育部，它是第二集团军总司令的'教育部'，专管军队教育，不管普通教育的'教育部'。"接着他又说："最近，冯总司令从江、浙、京、沪一带，聘来不少的教育界人士在这个部里工作。像教育专家陶行知先生、农业专家邹秉文先生、画家许士骐先生等。教育界名流凌冰（济东）、查良创（勉仲）两位先生，就是这个'教育部'的正副部长。我本人也兼任部里编审处长的职务……"

我经过短时期的考虑后说："还是到'教育部'做点军队教育工作吧。西北军的军风军纪很好，多学点军队优良作风，以便对青年进行教育……"因此，这就给了我见鼎鼎大名的冯玉祥的机会。

我到"教育部"里，大约有十天光景。一天晚上9点多钟的时候，查良创副部长对我说："冯先生视察回来了，他约定明早5点钟在省府接见你。"（那时不论军队或政府机关人员，都在4点钟起床）我当时愕然。查看我的神态很不自然，笑着说："你不愿意去见总司令吗？"我说："不是不愿意去见总司令，但是我怕见官，更没有见过大官，见了官没有话讲，去见冯总司令讲什么呢？"查说："冯先生约你去的，你一定要去。他虽然是一位大官，但他和平常人一个样子，一点官架子都没有，你一见就知道了。冯先生用人，一般说，中级以上的，他总是要先见见面，谈谈话，才能确定什么职务，发下任命状……"稍停，他又说："冯先生问你什么，你就说什么，不要有任何拘束，青年人要有勇气，说错了，又有什么关系呢？你要称他'冯先生'，不要称他'冯总司令'。因为他乐意人称他'先生'，不喜欢人称他'总司令'。明早我陪你去，但在冯先生接见你的时候，我就不进去了……"

第二天早上4点多钟的时候，还是满天星斗，北风呼呼地刮着，我和查副部长准时到达省府。随着引导人被领到一所陈设朴素的房内，刚刚坐下，就见从里间走出一位身材高大的人，穿着和士兵一样的灰色棉军服，头戴棉军帽，腰束皮带，腿绑布裹腿，脚穿布鞋。这时我想，这位一定是值班副官，出来招待的。不料引导人在旁就说："总司令来了！"我随声站起，冯已三脚两步走到我的面前了。他双手紧紧握住我的手，连声说道："仝先生您好，您好！"我应声说道："冯先生您好！"于是我们对面坐下。他开头就说："仝先生来多天了，我没有在家，昨天晚上才回来，很对不起！"接着他说："听查先生说，仝先生很愿意给我们帮忙，我们很欢迎。请问过去都在哪里做事？做些什么事情？"我答："我一直是在江苏省教书，都是教小学生和师范生的，其他工作没有做过，最近虽然也到军队中，但是时间太短了，根本没有做什么事情。"冯说："很好，很好，办教育是很好的。我们是粗人，我们是当大兵的。我们军队的生活是很苦的。当老师的人看不惯，更过不惯我们这种生活的。你来多天了，过不惯我们这里的生活吧？"说完哈哈大笑，两眼注视着我，似乎等待我的回答。我说："教育界同样是苦的，小学教员那就更苦了。我到这里感到生活很好，既有规律，又有朝气，我很高兴过这种朝气蓬勃的生活。只是我的学识浅陋，能力太差，怕的是在冯先生这里做不了什么事情，生活倒是没有问题的。"冯说："太客气了，我们军队里和一般生活不同，和教育界更不相同。比方说：我们时时刻刻准备行动，说开拔马上就开拔，说住下马上就住下；今天在这里，明天可能到那里；早上在东，晚上可能在西。军队有严格纪律，人人都要遵守，个个都要服从，谁也不能例外的。说到吃饭、穿衣和日常生活，那就太简单了。"我说："冯先生所说这几点，确乎是和教育界不一样的。但是，也只有时时准备行动、住地经常变动不一样外，其余关于严密纪律、生活简单、行动迅速等等，教育界也要那样才好，这是我们教育界应该学习改正的。"冯说："还有，不论哪一界，不管什么工作，都是有薪俸的，军队也有一定的饷额。但是，我们这里就不同了。军队中不管军官或士兵，只有饭吃，粗布衣穿，没有发饷的。省府部门从主席、厅长起，一直下去，职务虽然不同，每人每月同样补助20元生活费，'教育部'工作人员的待遇按省府工作人员待遇，每人每月有20元生活补助费，这一点就有不少的人到这里是过不惯的。"他说到这里停顿一下，注视着我。我说："关于这一点，我到开封第一天就听说了，我认为在革命时期，也是应该这样的。"冯说："噢！先生已听说了，请在这里各方面多了解一下，不对的地方，给我们提出来，我们去改正……"这时我就告辞了。他送我到门口，又伸出手来，紧紧地握住我的手说："过些时候再谈谈，请先生多多指教！"

这是我第一次会见冯玉祥，时间大约有十几分钟。所谈的内容，一半是他问我的种种情形，一半是他介绍军队的生活习惯，等等，也即是在了解我的情况，介绍军队的情况。

第一次会见后，大约隔了一个多月的时间，冯又第二次约见我。我仍然是准时到达，准时被接见。开始寒暄几句，冯说："生活过得惯吗？饭吃得来吗？看出我们的缺点不少吧？多给我们指教了！"我都作了简单的几句正面回答。他又问道："在这一个多月里，帮助我们做些什么事情？"我说："没有固定做一项工作，只做点临时性的工作。最近这些日子在报馆印刷部检查与整理（新组织的《中华日报》，每天出对开一大张，是一种普通的社会性日报，是'教育部'业务中的一个组成部分）。"冯说："检查什么？"我答："《中华日报》是早报，但自从出版以来，总是在午间，有时甚至到傍晚才能印出来，早报变成晚报了……"冯这时便插上说："这已成为晚报了，到底为什么呢？"我说："主要原因是排字工人和刻字工人不合作，闹意见；另外，校对人员的校对也不得法。现已逐渐改善，早上8点钟左右可以印出了。"冯于是连连说道："对的，对的。我们一定要把《中华日报》办好，不光是内容编排好，印刷也要好，天明大家都能看到才好，早报到晚上才能印出来，那不是大笑话了吗？请你还要继续帮助他们，一定要在天明印出来……"

这一次的谈话时间短，主要是冯问这问那。我的答话除了对《中华日报》有关问题说得稍为详细外，其余都是很简单的。这次约见的目的，主要是听听我的意见。

不到半个月的时间，又有第三次的约见。时间仍然是早上5点钟。经过两次会见，我深深感到冯平易近人，正如查良创副部长所说"一点官架子也没有"。因此，我的精神也就不那么紧张了。冯对我也不像前两次那样客客气气。他开口就说："仝先生，你想走也不能让你走了，你一定留在这里，给我们多帮帮忙。查先生说，你很能干，给我们做了不少的事情。《中华日报》的排印出版，你费了很大的力气，整顿得很好。你办教育很有经验，留在这里给我们教大兵吧！"说罢，哈哈大笑。我说："我很愿意留在冯先生这里，我喜欢过军队的纪律生活。不过，我是当小学教员出身的，对军事教育是个门外汉，什么也不懂得，以后好好地跟冯先生学习吧！"

冯这时很严肃地说："都是一家人，不必客气了。办教育是不容易的，教人难，教士兵更难。士兵大多数是不识字的，因为他们都是穷家的孩子长大的，穷家孩子饭都没得吃，哪还有钱上学呢？我这里的士兵，现在多多少少都认识几个字。我们利用每日三餐的饭前10分钟教他们认字，这和学校学生的学习是不同的。士兵虽然识字不多，书本知识很少，但是他们东奔西跑，南征北战，见识到的事情却是不少的。也就是说，他们的社会经验是不少的。教小孩子虽然不容易，但怎样讲他们就怎样听，因为孩子像一张白纸，社会的经验是没有的；当兵的可就不是这样了。所以对士兵们一定要讲得合情合理，合乎一切真实情况；否则，他们就不相信，认为你在说谎话。譬如说，假使有一个人说，他一枪打死了几个敌人的话，在孩子们听了，顶多也不过问上一句：'到底打死了几个？'也就相信了。但士兵一定要问：'打死几个敌人？用的什么枪？距离有多远？'"他说到这句话时，笑着说："我又犯了'三句话不离本行'的毛病了。"他接下去说："教大兵不能用新名词、新术语，一定要简单明白，说出口就听得懂，不加解释，没有曲折，愈通俗愈好，愈粗浅愈好。这样，才能引起他们学习的兴趣，愿意学，高兴学。有一次，几位大学生来见我，愿意给我们帮忙。我就请他们给士兵讲话，不料他们满口都是新名词、新术语，什么'积极呀''消极呀'，等等。他们讲完了，我和他们说，材料很好，意思也很好，可惜他们听不懂。什么是'积极'？什么是'消极'？我也不大明白，请你们用通俗的话讲。他们几个人你望望我，我望望你，他们自己还不能用通俗的话讲清楚，这些大老粗又怎么能懂呢？我想如果这样说：我们遇事要肯干，只向前，不退后，越干越起劲，愈干愈想干，干得好，干得快，用一句通俗的话说，就是'拼上了'，不就容易懂了吗？反过来说，凡是抱着'混的'就不好了。混一天少一天，混一会儿少一会儿，遇事总是得过且过，糊里糊涂地混过就完了，这是骗人家，也是骗自己，这就是甘心落在别人后头的，不也是比较容易懂了吗？"冯说到这里稍稍一停说："总之，我认为教育士兵一定要注意以下三点：第一，要了解士兵的生活；第二，要摸透士兵的心理；第三，要根据士兵的经验。能够掌握这几个特点，那就容易了……"

这次会见，所谈的时间比前两次都长，谈话的内容主要是教育士兵的方法。我回去后，当天上午就接到总司令部送来的委任状、胸章、臂章等等。从这天起，我就成为国民革命军第二集团军总司令部"教育部"的一员了。

在这两个月的时间内，冯玉祥三次约见我，谈话的时间虽然都不算长，而涉及的问题却很广泛。而且，每一次谈话都有每一次的中心。从形式上说，第一次以了解我的情况为主体，因为我没有军队的生活习惯，又是一个青年知识分子，因而就把军队的情况和特点加以介绍和说明；第二次约见距离第一次约见的时间有一个多月，这就是考验时期，谈话时，从各个问题上听取我的意见。这时候，看来他已决定留用并确定了工作。所以，很快又有第三次的约见，在见面时开口就肯定了，接着就谈工作方法，并且说得很详细。从这一系列的过程看，冯玉祥用人是慎重、严肃而认真的。为了一个像我这样极其普通的工作人员，竟三次接见面谈，从各方面去了解与考验，确非一般军人所能的。当决定留用之后，便立即完成任命手续。也正如他自己所说，"说干就干，说行就行"，动作迅速、敏捷，这也是他的特点之一。

恩威并施的带兵艺术

王式九　吴锡祺

　　冯玉祥的治军，在旧中国新、旧军阀中，有他独特的一套做法。他把自己同官佐士兵的关系看作是父兄子弟的关系，把自己这个军事集团看作是一个大家庭，对于自己的部下表现了极大的关心和体贴入微的照顾。

　　冯玉祥常说：练兵固然不容易，用兵更不容易，而带兵尤难。怎样才能把兵带好呢？最为重要的是能够带住他们的心，只有做到这一点，他们才能够同生死，共患难，否则，不管在训练方面有多么精，在战略战术上多么讲究，一遇到战争的考验，就会土崩瓦解而不可收拾。究竟用什么方法才能把兵心带住呢？他认为必须恩威并施，才能使官兵畏威怀德。也就是说，一方面要以威服人，另一方面，又要以恩感人。他就是以"家长"的身份把这两者结合起来加以运用的。

　　怎样才能做到"以威服人"呢？他认为最有效的办法之一是打军棍①。在1924年以前，在他的军队里打军棍的风气是很盛行的。挨打的对象多是中下级军官和士兵。旅长以上的军官很少挨打，只记得有宋哲元和张维玺两人挨过。1923年驻南苑时，军官初期定时集合上课，由四个旅长轮值带

---

　　① 军棍长约三尺，径一寸余，手握的一端是圆柱形，漆成黑色；打人的一端为三棱形，下面扁平，漆成红色，中间微曲，这就是当时的制式军棍。

班。有一次宋哲元值班，迟到了10分钟，立即遭到棍责。那时冯初由协和医院治疝气回来，躺在床上，他的住室离课堂不远，听说上课的军官均已到齐，而带班的未到，当即叫人看着时钟，宋迟误了10分钟才来，冯命人请军法处邓哲熙来，要打宋的军棍。邓到时见有几位高级军官在那里求情，冯不准，宋自己就趴下来挨了20棍。1925年，张维玺已任旅长，他的部队乘火车北开，经过南口以北的隧道，坐在篷车顶上的士兵被摔死了几名，冯将张维玺棍责20下以示惩戒。

冯带兵爱打军棍，只要是没有认真执行他的指示和命令的，就有被打的可能。如在南苑时，举行清洁卫生检查发奖大会，对于成绩最好的营，营长及连长都颁发了奖品，每连还发给20块钱吃肉。对于成绩最差的营，营长及连长每人打40军棍。执行时，先叫一个姓吴的副官打，打得较轻，冯把他推到一边；第二个叫孙团长打，打得稍稍重点，冯仍不满意；第三个叫郭团附打，打得也很轻，冯立即喝令郭跪下；第四个叫徐团附打，徐团附是日本士官学生，向来没打过人，打得更轻，结果冯喝令徐滚开；第五个叫参谋长石敬亭打，几棍子抡下去，就打得那个连长乱滚乱叫。最后冯说："军队里必须赏罚分明，才能有进步。我的几个弟弟犯了过错，我要管教管教他们，不料有人想在这里买好。石参谋长才是我的好帮手，做事认真负责。"

冯对军官打军棍，不仅是为整肃军纪，有时也是为了"得兵心"。有一次，冯在南苑操场检阅入营的新兵，询问新兵入营后的生活情况，有一个新兵说："昨晚还没有领到铺草，在地上睡的。"冯把新兵营营长曲受谦叫到跟前，问他："昨晚你睡在哪里？"曲说："睡在床上。"冯说："你为什么不睡在地上？招呼新兵，要像侍候你亲爹一样才行！"说罢，把曲受谦打了20军棍。这一方面是为了叫新兵看看，检阅使对待新兵是如何的关心；另一方面，也是为了惩一儆百。果然，从这以后，各级官长，特别是中下级军官，对新兵的照顾真是亲切备至，谁也不敢疏忽慢待了。

在冯看来，打军棍是一种爱护部下的表现，也可以说是一种提拔部下的考验。事实上，有不少人在挨了军棍之后不久，就升了官。记得有一个营长，因为娶小老婆而挨了打，不久就由营长升为团长。这样的例子是很多的。当时冯的部下广泛流传着这样的说法："打是喜，骂是爱，周瑜打黄盖，一个愿打，一个愿挨。"但是也有例外，军校出身的就经受不住这样的"考验"，这是因为，行伍出身的军官，绝大多数都是由冯一手培养和提拔起来的。他们一方面对冯有着深厚的感情，另一方面，他们对冯又有着依赖的关系，如果离开了冯，在别处则找不到出路。军校出身的青年将校就不同了，他们都有一定的军事学术知识，在哪里也能找到工作，合则留，不合则去，挨打是受不了的。冯也了解这种情况，所以他打军棍的对象都是行伍出身的人，军校出身的只是极个别的。记得有一次因发生火警而打了值日参谋张济40军棍。张是保定军校八期毕业的。在他被打之后，和他同期的同学郜超（后改名子举）、胡维屏（后改名伯翰）、刘光甫等几个人都不辞而别，跑到广东黄埔军校当教官去了。后来有的当了军长，有的当了总司令。在抗战时期，胡维屏（当时任重庆防空司令）在重庆见到冯玉祥，冯已经不认识他了。他笑着对冯说："我就是在南苑你打张济时，同他一起开小差的胡维屏。"说罢，彼此哈哈大笑。

冯根据多年的带兵经验，对部下的处罚也是看人行事，有个分寸的。当军校出身的官佐有了过错的时候，用打骂罚跪等处罚是很少很少的，尽管他在盛怒之下，也不得不竭力克制自己的感情，因此他常常发牢骚地说："家鸡打得团团转，野鸡不打满天飞。这些从学校出来的学生，是我们请来的'军师'，经不起打骂，不得不客气些。"

在清朝末叶的北洋陆军中，打军棍是一种常规的体罚之一。在执行的时候，被打的人还要"叫棍"，就是边挨打边喊："大人恩典。"辛亥革命以后，在冯的部队里就把"叫棍"取消了。只是在打完之后站起来向冯敬个礼，说声："谢谢旅长管教。"

这种打军棍的处罚方法，当然不仅仅是由冯一人使用，他的各级带兵官都是一致援用的，打军棍打得最狠的莫过于张自忠。他所使用的军棍不是上述的制式军棍，而是练习劈刺用的劈剑，这种劈剑是用牛皮筋绳子将竹板缠起来做成的，一劈剑抽打下去就会捋下一层皮。所以张自忠有个绰号叫作"张剥皮"。后来被冯知道了，集合官长讲话说："打军棍是一打二吓唬，叫挨打的人知过能改就算了。带兵要恩威并用，有如父兄之待子弟，单靠打是不行的。"

冯在打军棍方面，根据经验制定了"八不打"制度，以防止发生事故。"八不打"的内容是：①官长生气时不能打士兵；②士兵劳碌不许打；③新兵不许打；④初犯过错的不许打；⑤患病的不许打；⑥天气严寒、酷热时不许打；⑦哀愁落泪时不许打；⑧饱食和饥饿时不许打（大意如此）。后来又补充了几条，如老的少的不许打，无恩于他的不许打，等等。

这种打军棍的处罚制度，一直到1926年冯从苏联考察回国后，才通令予以废除。

其次，还有罚跪。罚跪这一种处罚方法，在西北军的前期，可以说是家常便饭。两三句话不对头，冯就喝令跪下。

冯任陕西督军时，住在西安城东北隅的旧皇城，因为这里早已成一片瓦砾场，就住在帐篷里。冯见操场打扫得不清洁，便把模范连连长张自忠和手枪队队长陈毓耀叫来申斥了一顿，随令二人面对面跪下。他们跪在那里，把值日排长传来带着队伍打扫操场，一直跪到打扫完毕，才叫他们站起。

在南苑时，旅长也有被罚跪的。有一位旅长，他的部队在大操场集合，他自己迟到，看到冯怒容满面，不等冯说话，自己就说："我来晚了，应该受罚。"说罢径自跪在地上。部下的官兵看到自己的旅长自动罚跪，也就跟着跪下，一跪跪了一大片。

罚跪这种处罚方法，偶尔为之，倒是能够起一些作用的。可是被罚跪的人次多起来，反而作用不大，有的人甚至对罚跪抱着满不在乎的态度。如有一次冯的副官长朱连璧在罚跪的时候，趁冯不在，喊传令员给他沏壶茶喝。传令员把茶壶茶盅放在他的面前，他就悠闲自在地品起茶来。冯转来看见他正在跪着喝茶，也有些忍不住要笑，便说："罚跪还能喝茶？"这位副官长说："谁家的法律也没有罚跪不准喝茶的条文啊！"一句话把冯逗乐了，连说："有你的，去吧！去吧！"朱和冯同时在一起当兵，是多年的老朋友，所以他敢和冯开玩笑。

冯这一套处罚的方法，当然是封建落后的方法。但是，在他的军队中因被处罚而开小差的比其他军队是少的。这是因为他的"以威服人"，只是带兵方法的一个方面，还有"以恩感人"的另一方面。两者结合起来加以运用，也就使得人们安之若素了。

冯经常以"带兵要得兵心"来教导各级军官。冯在这方面，可以说下了最大的功夫。所以他的军队与其他军队相比较，无论在军风军纪方面，还是战斗力方面，确实有他独到之处，这同他的"得兵心"的带兵方法是有着密切关系的。

怎样才能够做到得兵心呢？他的做法是先从"勤求兵隐"入手。他经常亲自到兵棚子里与士兵同吃同住，同他们谈生活、谈家常、谈志愿，问他们有什么困难，有什么需要，对他们的连排长有什么意见，都一一记在日记本上。有时在无意中听到他们一些私下的议论，他也默记下来。还经常派自己的亲信随从深入下层了解情况，部队里的中下级军官也经常把一些情况直接报告给冯，冯便根据这些情况，把存在的问题及时地加以解决。有些问题他总喜欢亲自去处理，例如：升了级的官长，都要亲自向冯谢委，冯即当面勉励一番。甚至一个班长升了排长，也要亲自向冯谢委（北京政变以后，部队扩大，驻地分散，这种情况就很少了）。当班长升排长向冯谢委时，冯常常亲自把一套新军装、一柄新指挥刀和一顶新金箍军帽给这位新排长穿戴披挂起来。

冯常常亲自到连里检查卫生，看看士兵的牙齿是否干净，指甲剪了没有，眼睛是否有沙眼，解开纽扣检查内衣是否清洁，脱掉鞋检查洗了脚没有，到伙房里看看伙食，到营房里看看内务，问他们吃得怎样，睡得怎样。总之，体贴入微，关心备至。

冯还经常亲自到医院里慰问伤病号，亲自为他们擦澡，有些伤病号为此感动得流泪。在战时，有的伤兵还未痊愈，就要求出院回到前线。有时遇到需要为伤兵输血的时候，他听说伤兵的血型同自己的血型相同，他马上把袖子挽起来抽自己的血液，用来挽救这个伤兵的生命。由于冯的以身倡导，他的部下也都效仿他的做法，所以他的军医院所需的血，是不需要从外边去买的。他有时还亲自为部下担任看护。如程希贤扔手榴弹炸掉了右手，在治疗时，冯亲往探视，并送些鲜花和食品。有一次李鸣钟受了冯的申斥，他在家装病不上操，冯知道他好使小性子，便亲去看他。李以被蒙头，呻吟不止，冯虽然料到他未必是真病，但也认真地抚摩他的头，看看他的脸色，问长问短，安慰他好好调治，安心静养。经冯这么一慰问，他的"病"也就霍然痊愈了。冯常说："带兵要如父兄对待子弟一样，要亲之近之，才能建立深厚的感情。"

他的部下绝大多数都是穷苦农民出身，因此他经常告诫部下不要乱花钱，特别是严禁烟酒嫖赌，要把薪饷节存下来养家，有余力的要置些田产。在军队中设有储蓄所，每月发饷之后，除了留一些必需的费用外，他要求官兵把钱储蓄起来，俟积有成数时，就代为寄回他们家中。

冯的原配刘夫人常常瞒着冯向军需处要钱，冯得知这种情况，常常起口角，甚至动手打过几次，夫妻之间因此失和。但是这位刘夫人仍然多次借口要钱，军需处又不敢不给。日积月累，她竟在北京城内外买了新房子20多所。刘夫人故去后，冯检查她的箱子，发现了这些房契，冯除了留下两所外，其余都分赠给他的军官。冯在南苑时，曾以很低的官价买了许多官地，也分赠给部下。有一次，团长以上军官还给分赠价值数百元的新旧书籍。冯任西北边防督办驻张家口时，曾一次买了春绸数百匹、羊皮袄数百件，分赠给团长以上军官的父母。1928年北伐时，师长以上的高级将领，每人赠给两箱高级日用品。

此外，为了部下儿女的教育问题，他曾经在十六混成旅时期办了几个官佐子弟学校（先称育德学校，后改称今是学校）。为了提高官佐家属的文化水平，还办过一个培德学校（后称求知学校）。

他的部下，家中不断有人来探望，冯必派专人招待他们，请他们吃饭，赠送他们一些应用的物品。他们看到自己子弟在部队过得很好，又长了出息，无不满意而去。

冯的司令部设有专管抚恤的单位，对阵亡或伤残官兵的抚恤金办得很认真，不管军饷多么困难，抚恤金是一文也不许拖欠的。如北伐时期，第二集团军总部内，于军政司下设有抚恤处，以武景唐为处长，傅德贵为副处长，专办抚恤，一次拨付专款20万元，自订抚恤条例，阵亡的将官一次恤金为6000元，校官由2000元到4500元不等，尉官由1200元到2200元不等，士兵由300元到900元不等。在政府未发抚恤金以前，先由本军垫付。发放办法，是先发半数，其余分年领发，这是其他军队所没有的。

　　冯在驻防地区置有公墓和烈士祠，每年清明节，冯必亲率官兵到公墓和烈士祠祭扫。

　　对阵亡军官查无子女时，曾为之立嗣，如连长李振芳阵亡无后，冯在北京孤儿院抱来一个五岁的孤儿，起名李正义，作为李振芳的儿子，先送香山慈幼院抚育成人，后又送育德中学，在中央陆军交辎学校毕业后，随冯工作很久。听说曹鸿勋也是为一个阵亡的曹营附立的后代。

　　除了上述的一些事实之外，冯还亲自介绍官长之间结成亲戚，提倡官长之间拜把结盟。尤其是他的招兵方法与众不同，他从来不采用设立招募处的办法，而是派军官回家乡去招募。这些招来的新兵，非亲即故，而且都是勤劳朴实的农民，"营混子"和"兵油子"是绝对不能入选的。

　　上面所述事实，仅仅就笔者所能记忆的述其梗概，当然不够全面，不够具体。但是对于冯的带兵术，已可窥其大略。

　　冯常常说："带兵之道，如鸡孵卵，如炉炼丹。"他确实做到了这一点。他在带兵练兵方面给人们的印象之一，是他以此为最大的乐事。不论他遇到什么困难问题，或有使他感到无法解脱的苦闷，当他看到自己的士兵的时候，立刻就变得活跃起来。他能够从早到晚不知疲倦地在操场里活动，经常给军队一口气讲三四小时的话不觉劳累，而且越讲越有劲。他那通俗易懂、穿插着有趣故事的讲话，紧紧地抓住了士兵的心。士兵在听讲的时候，都是全神贯注，毫无倦容。冯嗓音又极为洪亮，虽然那时候还没有扩音机，而在上万人的大操场上，能够使每个人都听得到，听得清。

　　他为什么在带兵练兵方面付出这么大的精力呢？一句话可以解答这个问题，他的军队就是他的生命。

　　正是由于他在"恩威并施"方面做得很认真、很有效，所以在绝大多

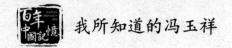

数官兵的心目中，冯既有着至高无上的权威，又是一位众人爱戴的尊长。周恩来总理曾说："先生善练兵，至今谈兵的人多推崇先生。"五原誓师后，又加以政治训练，西北军遂成为当时之雄。

第三章　辗转奔波　不忘忧国

在开封除旧布新

陈浴春

1922年，直系军阀曹锟、吴佩孚与奉系军阀张作霖、张作相等，为了争权夺利，发生了直奉战争。当时的河南省督军赵倜在1920年直皖战争时，曾勾结曹、吴打倒了皖系军阀段祺瑞。在1922年直奉战争中，他却倒向奉系军阀张作霖方面，向郑州出兵，抄直军的后路。吴佩孚急电陕西督军冯玉祥出兵潼关，向郑州推进援助。冯将军即向郑州挺进，与赵军激战两昼夜，终将赵军击退，冯乘胜前进，直逼开封，将赵倜赶走。曹、吴即请委冯玉祥担任河南省督军职务。

开封是河南的省会，在1922年以前经历了昏暗腐朽的官僚统治，整个开封乃至河南全省，都处于封建迷信的气氛之中，尤其经赵倜统治多年，政治黑暗，贪污腐化的风气更达到了极点。当时，我曾亲眼看过在阴历七月十五日城隍出巡的热闹景象（据传统旧习俗，阴历七月十五是"鬼节"，城隍爷要出巡去镇压小鬼），也曾看见过"贞节女"抱灵牌结婚的情景；又听说赵倜有位姨太太，是灵宝人，很得赵倜的宠爱，赵的手下都不敢称她为姨太太，而称呼她为"灵宝夫人"或"西屋太太"。当时开封警察局长车云竟呈送她一双绣花鞋，鞋底上绣上"车云敬呈"等字样以表巴结之意，当即传遍开封，视为笑柄。另一怪事是在开封西大街有座"救苦庙"，至于里面供奉的是什么神，已记不清楚了，该庙的住持借此蛊惑人心以敛钱财，香火甚盛。有许多的善男信女到庙里祈福增寿。有次赵倜的小儿生病，赵倜的僚属竟有许多人为了巴结上司，到该庙祈祷，愿意将自己的寿命减下几年，以转添到赵的儿子身上，结果他的儿子寿命增添了100多岁，还是无济于事，仍然一命呜呼。当时政局一片乌烟瘴气，人民过着苦难的生活。冯玉祥就是在这种情况下进入开封的。

冯玉祥一到开封，便将赵倜留守的城防司令鲍德全予以正法。鲍德全原是旗人，在赵倜部下任师长，曾任归德（即商丘）镇守使，他在郑州战役中助赵攻冯，冯军损失颇大。赵败退后，宝在开封以城防司令之名义维持城内秩序，企图博得商民的好感。但冯知道他反复无常，作恶多端，即将其镇压，以平民愤。当地百姓都知道冯将军执法甚严，推行政令无敢反抗者。自从冯来到以后，开封风气为之大变。

首先，他以身作则，提倡节约，作风简朴，自己穿的是粗布军衣、布鞋，吃的是一菜一汤，或者是大饼油条，虽然身为一省督军兼省长，与士兵生活毫无二致，真正能做到与士卒共甘苦。在北洋军阀统治之下，官僚政客、富豪阔人都过着享乐腐化的生活，看到冯这样朴素的生活，就认为他是不近人情的，是假装的。不过不管别人对他如何评论与讥讽，开封的风气确实改变了，这是实实在在的。当然上有好者，下必甚焉。当时一般旧官僚都讲排场比阔气，穿的是绫罗绸缎，吃的是山珍海味，冯这样一来，原来穿绸缎的改为穿布衣了。一时做来不及，就去买旧衣服穿，所以徐府街估衣店的旧衣成了紧俏货。那时，一般求官谋差的人要是去见冯督军，都穿戴简朴。有一次冯给那位求见的人来了一个立正敬礼，把那位吓得不知所措，冯说道："我不是向你敬礼的，而是向你的缎鞋敬礼的。"（当时穿皮鞋的很少，穿呢绒鞋的也不多，一般人都是穿着皂布鞋，只有一些阔人才穿缎鞋。）

其次，是在开封破除迷信。冯到开封即将救苦庙改成真正救苦救难的场所，将无家可归、生活困难的穷人都送到救苦庙，在庙里维持生活。旧时官吏以数千年来的封建迷信说教、以神道说教来蛊惑人民，使之易于统治，庙里住持则借此以敛财，冯将军为破除迷信，将庙里的神像泥胎统统拆除。他拆除的神像并不限于救苦庙，凡在开封庙宇里的神像，不管是城隍庙还是关帝庙，所有神像一律拆除。规模较大、历史悠久的相国寺大刹里的佛像也都被拆毁，其中有座八角琉璃殿，殿内周围塑有八百罗汉，殿中央竖有木雕千手千眼佛，是名家作品，艺术价值很高。当正拆毁其他神像时，有一位外国的传教牧师愿意出20万元（银圆）的高价将该佛买去，冯严词拒绝，将有艺术价值的文物保存下来。至于寺内的和尚们，也都给他们安置工作，从事劳动生产以自给。

那时开封城内还有一个土寨子，位于"龙亭"（据说是宋朝赵匡胤的宫殿）以北，俗称"襄城"，里面住的全是旗人（即满族八旗）。在清末，这些人都是皇亲贵族之类的特殊人物，只要一生下来，就有按月发给的银子（这是清朝政府的一种制度，以表示优待贵族的一种特别办法）。这等"贵族"，从来就不事生产，专门吃喝玩乐，游手好闲，年代久了，成为一无所能的懒人。民国成立以后，这些"贵族"的特别饷银津贴停发了，生活断了来源，日渐穷困，有的无法生活，堕落到去做些不正当营生。冯来到开封后便将土寨拆掉，把这些人都安置起来，办起小工厂，教他们从事劳动，自谋生活。这件事我认为他开创了劳动改造人的先例。

再次，冯在开封严禁嫖赌。开封为我国古都之一，多年来又是河南的省会，在腐败的反动势力影响下嫖赌之风很盛，如第四巷、会馆胡同，都是娼妓聚居之地。冯来后，便将鸨母及其以下的用人都安置工作，还将一些妓女配给那些从庙里赶出来的和尚结为伴侣。他禁赌的方法也是多样的，因此，能雷厉风行地从严禁绝。那时开封打麻将之风甚盛，尤其是所谓上流社会，冯即令从严抓赌。曾见到有四个赌徒被游街示众，令打牌的四人每人抬着桌子的一条腿，并让他们自己叫着"我打牌啦"，这样赌风在很短的时间内被禁绝了。

最后，是提倡妇女放足，男子剪发。我们曾看到街上贴着标语，"妇女要放足""男子要剪发"。现在要谈起这个问题，可能许多人不很理解，但是在以前的旧社会，这也是封建社会遗留下来的社会问题。男子留发辫，是清朝入关统治汉人推行的一种制度，他们强制推行这一制度的时候，是杀了许多人的，年代久了就形成一种习俗，人民也安于现状不愿意改了。民国成立已有十年，这陋习还依然存在，冯来到开封之后，即主张强制剪掉小辫，这是一件移俗的好事，是大快人心的。女子缠足是摧残妇女的，把好端端的脚缠成"三寸金莲"，使女子走起路来"步步生莲花"以供男子玩弄。这种残酷的恶俗也有上千年的历史了，民国以后虽然也有提倡放足以解除妇女痛苦的规定，但也只是说在口头上，很难改变多年来的陋习。冯一向执法从严，对于妇女放足，也是认真强制执行。凡是发现的，立即解放。有次在街上有位妇女打扮得花枝招展，小脚裹得只有三寸长，坐在人力车（那时开封的交通工具，也称为东洋车）上。冯立即叫人力车停住，要车上的妇女立即将自己的裹脚布解开。此后开封妇女缠足的风气被刹住了，这是他对妇女解放所做的一件大好事。

赵倜在河南多年，掌握军政大权，只知搜刮民财以供自己享乐，对教育事业极不关心。冯到开封，首先清理赵氏逆产作为教育经费，例如开封理事厅门前新建的赵公馆，就改为开封女中的校址。他热心办教育的事很多，最重要的一件是将河南的"契税"划拨为河南办教育的专款（契税即群众买卖房地产所缴的税），每年收入数百万元，从此教育经费有了保障，改变了以往教职员工因领不到工资而经常向政府"索薪"的现象。因为冯热心教育，为大家所深知，也有人借此投其所好从中敛财的。记得有一位牧师神父之类的人物，他知道冯信基督教，又热心教育，就向冯募捐，要办一所培德学校，冯即拨款捐助。后冯先生派余心清去调查，才知他办学是假敛财是真，冯便把他的学校取消了。

冯玉祥一向思想进步，锐意革新，一切为人民、爱国家的思想在当时军人中是很少见的，从上所述我所亲自见到他的高风亮节，也不过是他生活中的点滴，表现出他为人民谋福利做好事。而他素日救国救民的抱负也是从这些细微小事中表达出来的。

当时吴佩孚在战胜皖系军阀段祺瑞之后，以直鲁豫巡阅副使名义坐镇洛阳（那时曹锟任直鲁豫巡阅使，驻保定），飞扬跋扈，盛气凌人，其他各省的封疆大吏及一些军阀多向其效诚以示巴结。冯玉祥对这些卑鄙龌龊的行为是痛心疾首的。例如在直奉战争以前，吴在洛阳过五十大寿，各省的督军、省长，以及高级官吏，都趁此机会送厚礼以表示报效"吴大帅"，甚至清朝遗老、戊戌变法的头头康有为也亲自跑到洛阳为"吴大帅"祝寿，并写有"牧野鹰扬，百世功业才一半；洛阳虎视，八方风雨会中州"的寿联，极尽恭维之能事。其他官吏送的礼物，那就更不用说了。冯当时也算直系将领中的一员，他们之间素有来往，但并没有送礼物，只送一罐子白水，表示君子之交淡如水之意。

吴固非君子也，对此虽无表示，但不快之情景当在意中，这从他对冯的报复可见。那时冯将赵倜驱走以后，任河南督军，若论功行赏也是理所当然，而吴却在此时向冯每月索20万元（银圆）以作补助军费之需，冯决不在河南为吴搜刮民财，坚决拒绝，吴即怀恨在心，将冯调离河南，去担任陆军检阅使职务的空衔，以他的亲信师长张福来接任河南督军。

冯从1922年5月到任，10月即离去，为期不到半年，所以其他的革新措施也无从实现，继任的张福来乃昏庸无能之辈，河南人民又陷入其统治之下，惜哉！

在晓庄创办教育

陈德全[*]

　　冯玉祥与陶行知是同乡，陶的教育主张和教育理想，冯一直很为赞同。1927年3月，陶创办晓庄师范时，冯玉祥曾给予大力支持，慷慨捐赠3000元给晓庄办学。晓庄学校创办后，冯多次到晓庄参观访问。由于冯、蒋一度不和，冯对晓庄的关心以及与陶的友谊，曾引起蒋介石的疑惧，晓庄师范最终被封闭，这也是其中一个重要原因。当时国民党首都卫戍司令部在封闭晓庄师范的布告中所说之"勾结反动军阀"，以及通缉令中所说之"陶行知勾结叛逆"云云，皆指冯而言。

　　晓庄师范创办后，燕子矶、迈皋桥一带土匪猖獗，常出入农村，打家劫舍，搞得鸡犬不宁，百姓惶惶不可终日。1928年的一天，陶行知在燕子矶小学邀集一些乡村教师和地方开明士绅商讨兴办教育之事，忽然有人提出，镇上接到土匪恐吓信一封，要借3000元，随带香烟10条、花露水10瓶，三日之内务必送到，否则便如何如何。大家一听，都十分恐慌。陶先生鼓励大家，不要怕，要联合起来对付土匪。

　　会后，陶行知进城与冯玉祥谈起此事，提到农民自卫缺乏武器的问题。冯当下表示，枪械子弹由他负责筹集。陶大为振奋，回晓庄后即串联

---

　　* 本文由陈德全走访胡同炳、邵仲香及93岁的老农丁正富写成。

组织联村自卫团，冯不仅送来了枪械弹药，而且派了教官来帮助进行军事训练。

忽一日，陶行知在校园内捡到一封土匪给他的恐吓信，要他交300元，一文不能少，如期不交，将杀得晓庄鸡犬不留。陶十分镇静，加紧了对联村自卫团的军事训练，并在晓庄一带设防加岗，昼夜巡逻。此外，陶还与冯玉祥商定，在土匪限定的日期里，由冯派兵来协助，其中有两个是神枪手。结果土匪不敢蠢动，而且从此晓庄一带安定多了。

1929年初夏的一个上午，天气晴朗，冯玉祥来到晓庄师范参观。他穿着一身普通旧军装，头戴一顶草帽，步行而来，后面跟着两个护兵。乍一看，三个人竟分不出谁是士兵，谁是主帅。

晓庄农人听说有位大人物（当时冯是国民党政府的军政部长）要来，许多人都赶来看热闹。他们见到这位"大人物"这样朴素，都非常惊讶。由于天气闷热，冯用草帽挥动不止，有位老太太出于崇敬爱护之心，把自己遮太阳的芭蕉扇送到冯面前，对他说："用芭蕉扇吧！"只见冯很和善地接过扇子说："谢谢你的好意！我有草帽，可以抵扇子用，这芭蕉扇还是你自己用吧！"这位老太太过后逢人便说"大人物"实在是个很有礼貌的好人。

一会儿，晓庄师范学校校长陶行知宣布开会，请大家坐好。陶请这位"大人物"上台坐，却不称他为将军或部长之类的台衔，只称冯玉祥先生，冯却谦虚地说："这里很好！"就在台口一排凳子一角坐下。陶说了几句欢迎的话以后，请冯上台讲话。冯身材魁梧、气宇轩昂、声音洪亮，的确有大人物的气概，他讲道："这老百姓太苦了！别人打仗，害得老百姓逃难受苦，弄得大家有田不能种，生活困难，这都怪我们政府，不能把国家大事理好，让老百姓过舒服日子。听说此地还有土匪来扰害你们，写来恐吓信，除要钱而外，还要香烟、花露水。农村哪里来的花露水？真是欺人太甚！"又说："对付土匪就是要胆大。只要胆大，就能把皇帝拉下马，而今不是没有皇帝了么？是被胆大的人拉下来的。有人问我，'对付土匪，究竟用什么办法？'我告诉大家，办法很简单，只要大家能联合起来，准备和他们干。土匪虽然有枪，我们也有叉子、扁担，保证他们不敢来。他们说是要杀得你们鸡犬不留，那都是吓人的话，不要怕！"

冯讲毕，在前面的广场上视察了联村自卫团的阵容，他还表演了实地打枪的方法，讲解了利用地形与敌人作战的办法。

1928年，冯拿出2000元给陶，委托他在晓庄造几间房子。陶请建筑工程师朱葆初设计，房子式样和晓庄学校的校舍基本相同，都是草房大墙，共四五间，内有会议室、办公室、书房、卧室、厨房，离陶住的地方只有300米左右，这便是"冯村"。

有一段时间，冯偕夫人李德全每周六总要来冯村过周末。晚上他经常跟陶促膝长谈，对陶的事业表示了极大的关注。冯一到冯村，就换上粗布衣服，农人打扮，到农舍中去看看父老，问寒问暖，亲密无间。他说这是受陶的影响。

蒋介石听说冯玉祥与陶行知关系密切，而且晓庄有武装组织，十分疑惧。1929年8月的一天，蒋介石带着宋美龄到晓庄"参观"。蒋绕着晓庄学校察看后，在一座挂有"联村自卫团"招牌的土堡垒前，指挥随从进去查看，详细了解了里面的武器弹药。蒋介石知道这都是冯玉祥提供的，心里特别恼火。后来转到一座山坡下，听到有一处叫"冯村"，立即追问："冯村是什么意思？"陪同者回答："那草房是冯玉祥花钱建的，故叫冯村。"蒋介石"哼"了一声，便走了。这座"冯村"居然也成了晓庄师范的"罪证"，被查封了。

晓庄师范被封闭后，冯玉祥一直忿忿不平。他仍然关心着晓庄，经常到冯村去度周末。

1932年，余儿岗办起了儿童自动学校，当时陶行知在上海，写信来热情支持，并常带钱来。冯玉祥也经常到学校看望小朋友，鼓励他们办好学校，莫辜负陶先生的期望。

有一次，他在学校看见不少小学生头上生癞子，便问学生："你们吃什么水？"孩子们答："吃塘水。"塘水很不清洁，农家又缺乏消毒用具，这就难免会影响农人健康。他当场拉来学校校长胡同炳，捐款320元，

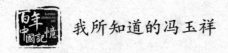

要胡同炳组织人打一口井。井很快打成了，有五丈深，解决了农民的吃水问题，冯先生并为井题了字："请别临渴掘井。"至今井还在，农人亲切地称它为"冯井"，以纪念冯玉祥。

还有一次，冯玉祥到小学参观时，碰到一名校董——老农唐凤荣，冯有感于他对陶行知教育事业的热情支持，特别写了一副对联赠送给他，对联曰："要收复咱们失地，别忘了还我河山。"当时正是1933年，日本侵占了东三省，这副对联表达了将军的雄心壮志，给人们以极大的鼓舞。

在河南大兴建设

安敦礼[*]

20世纪20年代初，河南群众都知道冯玉祥军队的纪律好。当他做旅长的时候，有一段时间驻扎在信阳一带，已经在民间有所传闻。他的军队不强占民宅，不住学校，不欺压老百姓。

五原誓师后，冯由陕西进军河南，曾任河南省政府主席。在省政府内，设有一个宣传处。因北伐战争，各级学校都停办了。那时我是师范的学生，还不到20岁，失学一年多。在学校尚未筹备恢复开学之前，我参加宣传处文艺股工作，因而有机会听冯玉祥讲课，知道他在河南的一些进步的为政措施。他在任内，经常到各个部门去视察，突如其来，事前不打招呼，只带一个随身卫兵。冯也到过宣传处文艺股，我和他单独见过面，也和他谈过话。经过回忆，我把他在河南任内有印象的一些事简述于下。

---

* 作者当时系省府宣传处职员。

教育经费独立

北伐革命以前，河南的教育经费很不稳定，尤其在军阀互争地盘的时候，更为困难。冯玉祥到河南后，省立各级学校已经停办一年多了，他当即着手解决这个问题。为了使教育经费有保障，他让教育经费独立，不受时局变动的影响。他把全省房地产买卖的契税收入，作为教育经费的专款，使教育经费独立。由省教育厅设立一个专管全省契税收入的机构——契税局。第一任局长是德高望重的林伯襄（新中国成立后，任河南人民政府教育厅副厅长）。全省的契税收入款，照各学校规定的预算，按时拨付，使教育事业正常进行。这种制度，使教师们的生活相当的安定，教育工作得以正常进行，大家深受其德。这种制度一直沿用到新中国成立前夕。

兴建城北体育场

开封龙亭北面，原有一座"里城"。它是用泥土垒起来的很低的土城墙，是清朝驻扎军队的营房。民国成立后，许多原居住在里城的满族人都迁到外城来住了。里城内原是一排排低矮的小平房，已经破烂不堪，住的没有几家人家了，景况十分荒凉。冯玉祥让他们仅有的几家迁到外城住，把土城拆除，利用这块荒地，兴建了一座体育场（那时叫运动场），使全省运动会和开封市运动会有个举行的地方，让体育运动有比赛的场所，让老百姓有锻炼身体的地方。这就是现在位于龙亭后面的体育场的前身。

兴建人民会场

在开封城内西北角，有一座庙宇叫"救苦庙"。这座庙宇的建筑虽不宏伟，但除相国寺外，还算一座颇具规模的庙宇建筑。冯玉祥视察了这座庙宇，他在一次省府干部大会上说，救苦庙，顾名思义，应当救济苦人。所以他把一些居无定处的穷苦人安置到救苦庙去住。在大革命以前，有些所谓的慈善家打算扩建这所庙宇，也不知捐了多少款，从东北运来大批木材，都是上等方木，堆放在庙门前一大片空地上。冯玉祥利用这些好木料，请来一位工程师设计，准备建造一座人民会场，地址选定在相国寺西边。这座建筑是三层楼，可容10万多人在场内集会。在当时算是一座巨大的建筑物了。新中国成立后，尚使用许多年，后经拆建，成为现在的人民影剧院。

塑铸孙中山铜像

开封龙亭，旧时无人管理，只住有几个道士看管。冯玉祥把它改为公园。他请来一位法国留学的园艺家郭厚庵设计，并在门前建了一座小型的水泥纪念塔（不久就被拆除了），在龙亭院内竖立了一座孙中山铜像。原定名为中山公园。拆除了大殿中的一座神像，把道士视为珍宝的龙墩保留下来，免费任人参观。孙中山铜像至今仍竖立原处，为全国为数不多的几座孙中山铜像之一。

建立美术陈列馆

开封相国寺是一座历史悠久的古建筑群，内有一座八角琉璃亭，造型别致，别具一格。冯玉祥为破除迷信，下令把亭内周围泥塑的各样罗汉全都打掉，仅保留了亭中央的大型木雕千手千眼佛。经过整修，成为圆形的长廊。冯玉祥把它作为"美术陈列馆"。他曾请来一位安徽画家许士骐，为孙中山画一幅大型油画全身像，也为他画一幅全身像，陈列在入口处。其余则是陈列开封市各校美术教员的作品，还有省外画家的作品，如进步青年胡爕的作品，还有一幅近代知名画家潘天寿的水墨荷花等。开幕后，群众任意入内参观，不收门票。有新作品送来，就随时陈列。当时，我也有习作参展，还经常到那里去观摩。利用这一古址做画廊，既合适又别致。据我所知，开办美术陈列馆，也是首创的。新中国成立后，八角琉璃亭经过两次翻修，把亭基抬高了一米多，规模更大，更壮观了。

建立革命烈士纪念塔

在开封南门外通向火车站的地方，在辛亥革命十一烈士墓旁，建造了一座相当高的革命烈士纪念塔。后因马路加宽，周围的房子拆掉一些，把这座塔留在马路中央，至今已经50多年了，塔基用青石彻成，塔顶高入云霄，仍然相当坚固。这也是冯玉祥缅怀先烈的纪念物。

修建鼓楼钟亭

古代的晨钟暮鼓已不适用了。开封钟楼早已拆去，只有一座鼓楼位居市中央。冯玉祥到开封后，为了让市民都具有时间观念，他利用这座高大的古建筑，在楼顶上开了个洞，修建起一座四面钟亭。夜晚通上电，白天黑夜都可看到时间。可惜，这座古建筑物已被战火烧掉了。

建立民族博物馆

1928年夏，冯玉祥决定在开封市建立一座民族博物馆，遂组织人力开始筹备。馆址设在现开封市博物馆，内容是介绍世界各民族的生活。当时，我也参加了这项工作，专职绘制各民族生活的大幅布画。后因所掌握的资料不足，一部分雕塑无人能做，良好愿望没有得到很好的实现。

冯玉祥到河南后，在行政方面也除旧革新。他要求省府各机关干部一律穿短装。夏季各发一套白斜纹布的中山装，冬季发蓝布棉衣、棉帽和棉大衣各一件。伙食由公家供给，饭食质量相当高。无论职位高低，每月一律发给维持费20元，这是一种半供给制的制度。严禁干部到馆子大吃大喝，严禁贪污受贿。干部都是兢兢业业地工作，没迟到和早退的现象。同时他很注意干部的身体锻炼和学习，以及文娱活动等。省府各机关干部，每天早5时半起床，在省府门前广场集合，跑步半小时，并调来军乐队伴奏。冯玉祥有时也参加，并带领大家一起做操。随后到礼堂（那时叫"中山俱乐部"）集体学习一小时。先学三民主义，继学《建国大纲》。由宣传处长李光恒宣读讲解。李是天津人，博学多识，很有口才，思想进步。他有一次和我们私下谈话，谈到思想问题时，他说，别人说我是共产党，其实我不是党员。不过共产党所提出的口号，我全都赞成。冯玉祥领导下的干部，是没官架子的，县长、厅长都和大家吃同样的饭。冯玉祥也以身作则，生活朴素，穿一身粗布灰军装、布鞋、布袜，与他的士兵同甘苦。

冯玉祥很注意培训干部，还吸收妇女参加各项工作。他在开封创办一所"训政学院"，专门训练县级各机关干部。公开招考学员，分行政、财务、公安等项。经过半年到一年的学习，分配到各县工作，内中就招收一定数量的女学员。余心清担任院长。

冯玉祥担任河南省政府主席后，除设宣传处外，又成立了"放足处"。他吸收一批女青年参加该处工作，宣传妇女放足和幼女不缠脚的道理，以增强妇女的体质，革除千百年来对妇女的束缚旧习。幼女仍缠脚，家长是要受罚的。在他领导下的一些地位较高的干部，如有违者，就加重处罚。这是他对解放妇女的革新工作之一。

他常教育干部说，一饮一酌，当思来之不易。他经常领导受训的学员在开饭前齐念："这些饮食是人民供给，我们如不给人民做好事，连猪狗都不如。"现在看起来，虽然有点形式主义，但说明他心中装着人民，也以此来教育干部。

冯玉祥破除迷信，不烧香敬神，把开封城内大部分寺庙拨给教育厅，安排做中、小学的校址。如文庙、宋公祠等闲散庙宇，都开办成学校。他提倡用阳历，阴历年元旦、阴历除夕不准燃放爆竹，既节约了火药，又避免引起火灾。

他还反对干部特殊化。省政府的干部和勤杂人员的伙食是免费供应，伙食办得很好。有个干部误了开饭时间，非叫伙房给他炸樱桃丸子不可——其实有人误了开饭时间，伙房是会送来一份相当好的饭菜的。可这位干部异想天开，点名要做特殊的菜，被冯玉祥知道后，在大会上进行了批评。虽没有指名道姓，但也向大家敲了一次警钟。

冯玉祥的求知欲很强，经常向有专长的人求教。在开封时，他请来一位穿长袍的老头儿，住在他的办公大厅内。据说他请的是曾做过江苏省省长的王瑚，是教他古文的先生。后来，他到南京，曾请经济学专家马寅初做老师，教他经济学。有一次，他在省府干部大会上，既通俗又形象地说："当我还是小孩子的时候，在街上淘气，用浮土挖个坑，撒上一泡尿水，再用浮土盖上，行路人不留心，就踏上一脚尿泥。我冯玉祥现在还玩那玩意儿吗？"以此来说明他的思想是随时代的前进而变化的，这也是针对有人说他"投机"而说的。

冯玉祥在开封期间，叫他的卫兵拉着一辆人力车做模特儿，创作了一幅漫画。画面上是一个苦力车夫，拉着一个头戴圆筒高帽的洋鬼子，手持文明棍，打着车夫要其快跑。并在画上题了一首诗："一人坐车一人拉，同是人类有牛马；这种压迫真痛苦，唯望仁者来救他。"那时军阀混战，各有一个帝国主义国家做后台，来维护他们瓜分中国的利益。冯玉祥不买账，具有强烈的反帝思想。因此，他反蒋失败后，不住外国租界地，住在泰山，和当地农民同甘苦。

在北伐尚未结束时，他和奉系军队作战，俘虏了一批白俄雇佣兵，押到开封，在省政府大门外示众，任群众来看看这些白俄雇佣兵的狼狈相，长了中国人的志气，灭了帝国主义分子的威风。

一次，有个印度人来开封，这个人反对英帝国主义，有要求印度独立的进步思想，他曾对省府的全体干部和部分军队讲话，一位姓唐的政工人员做翻译，大意是印度是英国的殖民地，受英帝国主义的压迫，中国和印度应当联合起来，共同反对帝国主义。

冯玉祥所率军队的士兵，大部分是农民，大多为文盲。他很注意教士兵学文化，编了一些简易浅近的小册子让士兵们学习。既识字，又从中学习一些浅显的知识。让士兵讲卫生，如在开封时，每隔一段时间，包几家澡堂，让士兵排队洗澡。要求士兵不要同用一个洗脸盆洗脸。两人一组，一人向桶内舀水，往另一人毛巾上倒水，避免传染沙眼病。

冯玉祥常以问答式的方法和士兵们对话。如：

问：你们是从哪里来的？

答：从农村来的。

问：你家里是干什么的？

答：家里是种地的。

问：你原来是干什么的？

答：种地的。

问：你以后不当兵去干什么？

答：回家种地。

内中寓意，你本身就是农村的老百姓，就不应该压迫老百姓和骚扰老百姓。他就是这样经常教育他的士兵不要忘本。

后来他隐居泰山，衣着和当地农民一样。他还请来一位画家赵望云，画若干幅农民生活的图画，他亲自题诗，刻在石头上。他是不忘农民大众的。

后来，我曾到太行山一带作旅行写生，路过河南省的百泉，发现在山

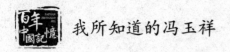

坡下有一座"冯泉亭"。原来是纪念冯玉祥的。有一次冯玉祥到百泉疗养，住了一个时期。那时泉水清可见底，群众都来这里担水吃。距离稍远的群众担水不方便，冯玉祥便令人在百泉的西北角凿出几口泉水，便利了那一片的居民用水。群众感激他的恩德，就在泉的北面山坡下建造了一座亭子，竖立一块石碑在亭中，碑阳刻上"冯泉亭"三个大字，碑阴是叙述其事。总之，冯玉祥在河南做了许多好事，群众是十分爱戴他的。

游胶东视察海防

李丕茂

在中国地图上，山东像一只卧着饮水的骆驼，而胶东便是那伸向浩瀚的黄海和渤海之间的骆驼头。

胶东气候宜人，物产丰富，战略地位重要。它与朝鲜半岛犄角对峙，与辽东半岛遥遥相望，是据守勃海、黄海之要津。1934年5月，著名的爱国将领冯玉祥先生按捺不住忧愤交加的心火，曾游历胶东，视察海防，接触民众，并激昂陈词，鼓动抗战，留下了许多耐人寻味的逸事趣闻和诗词墨宝，至今仍在胶东大地广泛传颂。

"说一句痛心的话"

1934年5月15日黎明，冯玉祥由泰山五贤祠起程，乘火车而达潍县（今潍坊市）。途中，当随行记者问他此行目的时，他慢悠悠地说："我这次到胶东去游览，并不是单去看看风景，可以借此去看看民间情形，并到海边换一换空气。再说一句痛心的话，以现在中国的情况，今年能到蓬莱阁、烟台去看看，不知明年又是何等情形。"

"九一八"事变后，冯以民族大义为重，力主抗日。1932年10月，他与共产党合作，开展抗日活动。1933年5月，他就任察哈尔民众抗日同盟军总司令职，主张联合各党各派各军，动员全国一切力量，一致武装抗日，收复失地，并进行了震惊中外的察哈尔抗战。但蒋介石置民族利益于不顾，明目张胆地勾结日本侵略者，向同盟军步步施加压力。冯恐引起内战，使日军坐收渔人之利，于8月4日愤然自卸同盟军总司令职，重返泰山。他每天唯以读书习字为事，似与世隔绝，实满腔愤慨和不平，仍时时刻刻牵挂着抗日大计。当记者与他谈及形势时，他干脆地说："中国今后命运的决定，只在几个字上，就是能抗战，就能存在；不抗战，就会被日本灭亡。"又说："最怕的是我们办政治外交的人，与日本合在一起，那就非亡国不可……"

5月16日，冯在潍县参观了华丰染织公司。5月17日晨乘汽车开始了他的胶东之行。

像个老百姓

冯玉祥乘坐的是一辆破旧的蓝皮轿车。17日上午天阴将雨，冯带着几个随员及一小队卫兵来到了掖县。掖县县长刘国斌陪他视察了其特别关心的掖县中学。掖中的前身是省立九中，辛亥革命时期，教师赵金漳在这里发展同盟会，发动过莱州举义；"九一八"后，这里多次兴起学生爱国运动。冯不想在此久留，与校长高象久简单交谈后，由学生自习室南端夹道进入学校大操场，向整队欢迎他的学生们缓缓走去。冯身材魁梧健壮，山东农民打扮，头戴白布包边的苇草六角大草帽，身着蓝土布衣裤，腰间扎着白土布带子，脚穿打了补丁的圆布鞋，边走边与左右陪同人交谈。他的卫兵和随从人员，也都穿得很朴素。那一天，一向衣冠楚楚的县长刘国斌也换上了补丁鞋（知冯要来，早有准备）。在大操场的西北端，冯给掖中的师生讲了话，内容是全国人民要团结抗战，不要打内战消耗国力。掖中是有光荣传统的学校，国难当头，同学们要好好学习，将来为国家效力。

讲完话后，在操场与师生合影。冯席地而坐，师生簇拥在他的左右前后。

冯给掖中学生的印象十分新奇。冯是西北军的首脑，参加过国民革命军北伐，是著名的抗日同盟军总司令，不料却如此质朴和平易近人，像个山东的老百姓。这给掖中的学生留下了深刻的记忆。

合影后，冯即乘车向黄县驰奔而去。当途经招、黄界河时，他发现一座建筑宏伟的庙宇"镇河寺"和其对面高矗的辛亥革命烈士纪念碑，便下车瞻仰，并以崇敬的心情仔细地拜读了碑文。于下午1时许到了黄县。

盘子虽少意义重大

冯下车后，与前来迎接的黄县县长范慕庐、教育局长徐叔明、他的旧属周绍南等一一握手，十分热情。

当冯与徐叔明握手时，范县长从中介绍说："这是辛亥先烈徐镜心的后裔。"冯略加思考，立刻想起了镇河寺的烈士碑，又一次亲切地与其握手，并表示愿寻机深谈。

在与其旧属周绍南等人见面时，部属们叫以"总司令"称谓。冯风趣地说："不要这样称呼了，人家都做大官去了，不跟我走了，我还当谁的总司令呢？你们叫我冯先生吧，叫老冯也中！"

冯下榻在丁家花园。这里楼台亭阁，怪石碧水，十分幽静。这天，范县长派人特备珍筵招待，忙得不可开交。冯知道后，极力谢绝："我们历来不赴酒席的，老百姓的血汗不堪入口。你当父母官的，要尽东道主之谊，请改为大饼、白菜粉条炖肉。"范县长无奈，只得照办。便餐后，冯约徐叔明翌日8时来丁家花园畅谈。

次日，徐遵约拜晤。冯待人形同亲友。谈话间，他亲切地垂询徐的先叔徐镜心参加辛亥革命和反对袁世凯帝制而被迫害以及家庭状况，勉励徐"继承烈士遗志，为革命奋斗到底"，并当场挥毫书一横幅："承前启后，继往开来。"又送了一首现场写的诗给徐：

前方正抗战，蒋汪竟投降。

平素空谈话，离奇又狂妄。

岳飞是军阀，秦桧是忠良。

有人对我说，此话出于汪。

此为何哲学，有奶便是娘。

冯的这首诗，徐叔明视为珍宝，存于徐家旧居中，可惜十年动乱中遗失了。

在黄县，冯应邀参加中学生运动会开幕式。当徐叔明陪冯步入会场时，县立中学校长赵踵先前来迎接。徐介绍赵是同盟会员，参加过辛亥革命时，冯忙向赵伸出双手，以示钦佩。然后，冯对徐和赵说："我讲话，不用你们事先介绍。"开幕式开始后，冯发表了朴实无华而激情洋溢的讲话。他说："我就是那个倒戈的冯玉祥。为什么倒戈呢？因为军阀割据，称王称霸，百姓不得安宁，国家不得统一。听说你们开运动会，特借这个机会同大家见见面。"又说："你们青年人，是国家未来的栋梁，国家兴亡完全仰赖在你们身上，所以求学时代，不但要读好书，还要把身体锻炼好。"说着，冯打开了由其随员抱来的一个大纸包，但见是一摞土瓷大盘子。冯大声说："这是我对大会的献礼。这盘子价值虽少，但意义重大。优胜者可以获得此奖。希望你们将来把国家治理得如磐石之安！"顿时，全场掌声雷动，经久不息。

冯走下讲台，来到足球场地，一脚将球踢开，激烈的足球赛开始了。

"只觉有张厚脸皮"

冯游胶东的消息，为其好友李烈钧获悉。李遂由上海赶来。5月19日，他们一行来到了蓬莱阁。

蓬莱阁坐落在蓬莱城以北临海陡起的丹崖山上。它始建于宋朝嘉祐年间，后经历代整修，形成一古建筑群，主要有吕祖殿、三清殿、蓬莱阁、天后宫、弥陀寺等六个建筑单体。每个建筑单体又为许多别具风格的楼、殿、亭、阁所簇拥。这里，楹联碑文琳琅满目，名人字画比比皆是，至于海市仙景，则更为过往游人看不尽、看不够。

冯玉祥和李烈钧来到蓬莱后，拒绝了地方的接待，下榻在蓬莱阁。李将军住在阁上，冯特意选了避风亭。阁上道士听说冯要住避风亭，忙为其洒扫，却被冯的卫队夺去了笤帚，说："这不行，打扰百姓，当官的要骂我们的。"

在蓬莱，冯最关心的不是这仙那景，而是拜谒明代抗倭名将戚武毅（继光）祠。戚继光，字元敬，号南塘，今蓬莱县人。"封侯非我意，但愿海波平"是他的两句明志诗。他毕生转战南北，戎马倥偬，为保国安民立下了丰功伟绩。冯游蓬莱阁，因心有所寄，"颇具时事感想"，故对戚继光的爱国精神更为钦佩。当天下午，冯步行蓬莱城，瞻仰戚继光祠堂。归来后，县长将一幅戚继光画像照片呈上，冯甚为高兴，遂为戚祠写了一副对联：

先哲捍宗邦，民族光荣垂万世。

后生驱劲敌，愚忱惨淡继前贤。

写毕，嘱县长代为刻制，悬于戚祠。对联取走后，冯兴犹未尽，又慷慨执笔，写了《题戚武毅公》诗一首。在颂扬戚氏功德后，指出了"九一八，失三省，转年热河又退兵"的现实，抒发了"如今思武毅，只觉我们有张厚脸皮"的感慨！

在小住蓬莱阁的几天里，冯的爱国热情像火山一样爆发出来。他会见一些军政人员和旧友，谈今道古，并登上天后宫的戏台，对青年学生发表演讲，疾呼"战则存，不战则亡"！有一天，冯在避风亭接见德国人、陆军大学教官兼炮兵总顾问司培曼，探讨抗日事。李烈钧也在场。谈话间，李十分激动地对冯说："……一般人这样热烈地亲切地仰望着您……无论如何，总须想个救国的办法才对呀！……"冯听了李这番充满爱国激情的话，"呵呵"一笑了之。李见冯似乎不为所动，便唤来笔墨，写下了敦促冯再度出山抗日的对联：

攻错若石，同具丹心扶社稷，

江山如画，全凭赤手挽乾坤。

李写就，即向冯示意补额。冯凝思片刻，拾起一支巨笔，蘸足阁上粉刷用的红土汁，挥笔写下四个雄健、质朴、刚劲的大字：

碧海丹心

拒收礼品

5月22日上午，冯一行到达烟台，住在原烟台海军学校。

烟台海军学校坐落在烟台东炮台东侧的山坡上。该校创立于1903年，毕业学生18届800余人，为当时北方著名的一所海军学校。1927年因故并入福州马尾海军学校。因数年没用，这里一片荒凉败落的景象。冯环顾四周，指着失修的校舍对随行人员说："甲午战争后，中国人大声疾呼'海军救国'，一股海军狂风靡一时。可是到现在，中国的海军在哪里？连海军学校也成了中国历史上的一个空名词了。"他一边走，一边说："一·二八战役的时候，中国的军舰一炮不放，眼睁睁地看着敌人在吴淞口外横行，暗中却认贼作父。当国人群起而攻之时，其竟厚颜无耻地宣布，是因船身腐朽，如开炮船身就要破裂云云。这就是中国所谓操练海军的结果。"

当天上午，冯到附近金沟寨村一个小茶馆里和几个农民、商贩亲切地交谈起来，近中午才若有所思地返回学校。他进校门时发现门口堆积着一些食品，马上感到事有来由，便到会客室查问。原来，当时请客、送礼已成全国普遍的风气，门口的那些食品，便是烟台商会送给冯的。冯查明了原由，郑重表示："商会的盛意，十二万分的感谢；但送来的东西，实在不敢领收。"商会同人看到冯态度坚决，言辞诚恳，万分钦佩，只得把礼品原封不动地抬了回去。

事后，冯对大家说："目前中国社会处处充满了变相的馈送，直接间接养成贪污之风，造成全国上下贿赂公行，卖官鬻爵，贪赃枉法，行贿者狐假虎威，遭殃的是老百姓。至于地方人士供给过往军政官吏，更没有理由。第一，每一文钱都是老百姓的血汗，决不能随便用去；第二，军政官吏自有薪俸，地方上没有必要格外招待馈赠。"在场的人无不为冯的一片冰心所感动。

次日上午，冯登上了烟台东山。他眺望大海，只见烟云缥缈，茫茫一片；他俯瞰港湾，但见美国军舰自由游弋，耀武扬威。他思绪万千，发出了"不平的世界不平的天"的呐喊。他抚摩着早已毁坏的古炮，痛心地久久不肯离去，夜晚也辗转难眠，思绪万千。他点燃暗淡的灯，写下了《游烟台》的白话诗：

……
东山炮台炮全毁，
西山炮位早坏了。
……
大好要塞不设备，
敌若来时只有跑。
试看政府枢要
还不是不抵抗当道？！

"吃饭穿衣量家当"

5月24日。威海卫。

冯玉祥和李烈钧在行政专员公署小憩。

行政专员公署在商埠区中央山坡上，其前身为英国驻威海长官旧址。走进行政公署，冯觉得这里过于富丽堂皇。地上铺的是那么厚的地毯，站在上头，有种软绵绵的感觉；微微绿的沙发，浮着一层薄薄的绒儿，坐在上面好像喝了迷魂汤。他们在这里坐了半个钟头，便外出参观环翠楼。

路上，冯说："吃饭穿衣量家当，官吏室中陈设，至少要与人民生产力相当……三百多平方里的土地，数日之间被人家夺去，咱们眼巴巴看着没办法；老百姓生活不能维持生理上的最低限度需要，咱们睁着眼看着同胞钻入鬼门关。而官吏之公衙，竟如此讲究，如此阔绰，这算什么官吏？这算什么政府？……"他还语重心长地说："千万不要忘记：主人吃的是草根树皮，穿的是千孔百结，住的是茅舍草窝啊！"

> 室内富丽辉煌，
>
> 官僚们视如平常。
>
> 民众住在土窑里，
>
> 还要增税纳粮。
>
> 官吏室内真堂皇，
>
> 老百姓不敢说一句心伤。

这便是冯先生当时写下的纪实诗《阔官衙》。

在环翠楼，冯玉祥、李烈钧等瞻仰了清代爱国将领丁汝昌、邓世昌的遗像，回顾交谈了丁、邓在中日甲午战争中的壮举，同时抨击了慈禧的骄奢淫逸和清政府的腐败无能。当时，正值英国海军在刘公岛打靶，隆隆的炮声，震得环翠楼沙沙作响，成群结队的飞机在天空中来往飞翔。帝国主义辱我中华的行为，猛烈地刺着每个人的心。冯很沉痛地说："死的已经死了，活着的更当如何？死的还得在这里出丑，九泉之下，想也不能瞑目！活着的除非是爱活着，不然，怎么还能两个肩托着个头！……"言毕，拟就一联，挥毫而成，悬于丁、邓两先烈前：

劲节励冰霜，对万顷碧涛，凭此丹心垂世教；
悲山河破碎，望中原戎马，警将热泪拜乡贤。

傍晚，冯一行返烟台。

"谁说国货没有洋货好！"

5月25日，冯玉祥在青年会的露天体育场向数千名群众发表讲话，并向青年会题赠"碎骨粉身都不怕，只留清白在人间"一联，轰动了全城。

5月26日，冯又应邀在芝罘中学向全埠学生讲话。这天一大早，通往芝罘中学的路上呈现出一派热烈欢腾的景象。全市40余所中小学师生争先恐后、络绎不绝地前往。9点多，冯登上了主席台，全场爆发出排山倒海般的掌声。

冯说："……去年的今天，是兄弟在察哈尔抗日的一天……结果看来，日本人不是那么可怕的。只要坚持抵抗下去，一定有希望的。"接着，他慷慨激昂地历数抗日同盟军特别是共产党员吉鸿昌所部在察北抗战中可歌可泣的英勇战绩，同时抨击了南京政府的不抵抗政策。他用讽刺的口吻说："我的朋友蒋委员长，自己不抵抗，甘心做卖国贼倒也罢了，竟然连别人抗日救国也不允许。"他勉励青年学生："学习戚继光，学习丁汝昌、邓世昌，将来担负起救国的责任。"极大地激发了青年学生的爱国热忱。

在以后的几天里，冯参观了烟台的一些工厂，并宴请了各界代表。在参观烟台永康钟表公司时，他仔细地观看了工人的生产过程和各车间的产

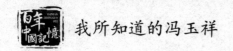

品，对民族工业的发展感到无比自豪。他谢绝了厂方的馈赠，用倍价自购了座钟四架，并赞永康钟表曰：

> ……
> 不论钟，不论表，
> 大家都觉得外国物件好。
> 到烟台，看钟厂，
> 永康出品总得挽入超。
> 装置既辉煌，机件又灵巧，
> 谁说国货没有洋货好！

5月29日，冯结束历时半月的胶东之游，又回到了泰山。

爱国将领冯玉祥东游胶东距今已很遥远，但冯先生的爱国主义精神及其清白廉洁、关心人民疾苦的美德却永远铭刻在胶东人民的心里。

游临汝考察国防

毛汝军　贾广兴　整理

1937年，是日本帝国主义入侵我国东北、制造"九一八"事变的第六个年头。迫于全国人民抗日呼声的压力，蒋介石也煞有介事地颁布了《兵役法》，实行征兵，通令查编民间武装，修筑国防工事，似在加紧抗日准备。

那时，我在河南临汝县任县长。7月的一天，郏县县长给我来电话说："冯玉祥副委员长明日一早从郏县出发，去你县视察国防工事。"我立即通知本县各机关职员、保安队官兵和抗日工作训练团全体学员，务必于明日上午8时以前到县城东关迎候。

第二天上午8时半，一辆小汽车和一辆卡车在临汝东关停下。冯玉祥下车后与我握手。我自报姓名、职务，他也向我介绍了随行的军政部两位职员和他的秘书、《中央日报》记者各一人。他遂即沿着欢迎队伍巡视一周，并多次举手向群众致意。

巡视毕，我请他上车到县政府休息。他说："我们边走边谈也好。"在步行中，我告诉他："利用暑假，我把全县的中学、师范学生集中起来办了抗日工作训练团，内分为宣传、军事、侦察、医护四个班，采用边上课边实习的办法。今天冯副委员长来视察，这个机会是很难得的。请副委员长给他们讲讲话吧。"

他说："很好。我们不必再去县政府休息了，现在就去讲话吧。"我立即派人跑步通知抗日工作训练团。等我们到达时，全体学生已集齐。

我先介绍了几句，就请冯玉祥走上讲台。他说："天下兴亡，匹夫有责。日本帝国主义疯狂侵略中国，妄图吞并中国，是可忍，孰不可忍。我国四万万同胞，只要人人奋起，个个向前，就一定能够把日本鬼子赶出国境。你们这些优秀青年，正在茁壮成长，是国家的坚强后备力量，你们必须学会一套克敌制胜的本领，随时准备报效国家。"接着，他又介绍了全国各个战场的作战情况，分析了国共合作、团结抗日的大好形势，学生们都听得津津有味。

冯玉祥一共讲了45分钟，我让人作了详细记录，印发全县工作人员学习。

冯玉祥讲话后，稍事休息，就与随从人员到各处视察国防工事。我向他汇报道，临汝县的国防工事是根据军事委员会和军政部颁发的设计图纸，在县城周围和公路两边修建的。每区各调500名民工，共计4000人，划分地段同时施工。每人每天发五斤备荒积谷，十天发放一次。冯玉祥听后高兴地说："你这样做，我很赞赏。每个民工每天发给五斤积谷作为工资，既不增加民众负担，又能激起民众干劲。这种办法很好，可以推广。"另外，我还告诉他："为了尽量避免多占耕地，这些国防工事表面看来排列不够整齐，但实用效力不会降低。"他点头同意。

后来，冯玉祥又问到地方民间武器的调查登记和编制问题。我说：这事开始时困难颇多，主要是老百姓顾虑重重，一怕报出武器为政府没收；二怕报出武器被用来充实国库；三怕报出武器后被编入抗日部队调离家乡。为了解除民众顾虑，我县聘请素孚众望的士绅为查编委员，由他们带头报出所有私存武器，又拟定了查编条例广为宣传，提出了"人不离枪，枪不离乡"的口号。老百姓看到士绅做了表率，终于解除了顾虑，查编工作顺利完成。全县按地区分为11个支队，合计长枪11000多支，手枪500多支。支队下设中队、分队，选择民众信得过的人担任队长。

冯玉祥视察结束后，当天下午5点乘车去洛阳。临行时，我和县政府各机关首长为他送行。他握住我的手说："我这次在湖北、河南视察了好多地方，各方面工作使我都比较满意的就是临汝。你们的最大优点是能够时刻把国家和民众放在心上。你能干、肯干，会动脑子，遇事能想出办法。希望你们继续努力，为打败日本鬼子多做贡献。"说罢同送行者一一握手告别。

冯玉祥视察临汝不过一天时间，给临汝各级干部留下深刻印象。国民党统治时期，每一个中央委员外出视察或旅游，总是在很早以前就通知当地做好迎接的准备。比如：蒋介石游嵩山，一个月前就通知我这个当时的登封县长，到洛阳与专员、司令们商谈迎接事宜，为了使蒋介石的汽车能够开过山去，调集五千民工，夜以继日，费时一个多月，耗资数万元，才修通了轩辕关的"十八盘"公路。蒋介石到的那天，除沿途有一个师的兵力布防外，随身还带着一个宪兵团。单是各种食品和装备，就装满了11辆大卡车。冯玉祥当时是国民政府中仅次于蒋介石的人物，可是，他来视察，我事先完全不知道，只是来的前一天才接到通知，县里没作任何准备。冯玉祥来时，只带大小汽车各一辆，随行四人。卡车上装的是日常必需的行装和衣被。视察国防工事，完全步行。中午在县政府用餐，只让准备了五六样荤素菜。这在当时，跟接待一个普通职员差不多。这在中国历史上实不多见。

在重庆针砭时弊

王赞亭

　　1940年，冯玉祥将军住在重庆巴县中学，当时任军事委员会副委员长，与何应钦是死对头。何系军政部部长兼军事委员会参谋长，日本留学生，有崇日怕日亲日的思想，对抗日持消极观望的态度。冯则主张积极、坚决抗日；何在纪念周会上公开讲，日本每月能制造多少架飞机、多少尊大炮、坦克车及各种炮弹等数目，我们既不能造飞机，又不能造大炮，与日本对比相差太远。冯说，日军打到我们家门口来了，要灭我们的种族，岂能袖手旁观坐以待毙，甘心做亡国奴？只要我们四万万同胞同心同力，地不分南北，人不分男女，一致抗日，精神胜于物质，人力胜于枪炮，来一个日本人，我们用四个人对付他，前后左右一齐下手，日本人有一支自动步枪，我们用四支五响步枪对付他，谁胜谁败，谁敢确定。如若等到我们会造飞机大炮时再抗日，那就晚了。二人争论不休，冯对何寸步不让，非常不客气。

　　冯每日在军事委员会办公，事事认真，引起蒋的亲信全体攻击，他们想办法先拥护蒋后排挤冯，理由是："现在抗日期间，军事统一，党政统一，需要一人领导，不能有二人领导。"拥蒋为总裁。军事委员会只设一个委员长，取消副委员长，改委冯为军事委员会的委员及训练总监，令冯担任训练全国军队的职务。冯就职后到贵州、湖南等地检查督促队伍，不料遭到蒋部的一致反对，不与冯见面，训练任务执行不下去。冯回到重庆对蒋述说实情，因而取消了冯的训练总监职务，冯只余军事委员会的委员及中央委员两个职务了。他每星期到军事委员会一次，事情也就少了。但是每月还领500元的薪水，蒋介石每月还给3000元的补助费，因冯带着秘书、随从30多人，来往客人很多，每月开支仍是不够，冯还带一个手枪团500多人，团长葛效先，每月薪饷由军政部发给。

郭沫若先生也住巴县中学内，来拜访冯，出示名片。我们都知道这是一位大名鼎鼎的文学家，就赶快送上去，冯一看名片就穿上制服，很客气地接见他，谈得津津有味。临走下楼送到门外。

有一次，监察院院长于右任来拜访冯，冯不客气地对他说，你住的那院里有孔祥熙的私人仓库，藏满了汽车轮胎及交通器材，为什么不叫他拿出来支援抗战呢？从云南运来一批大烟土，还往外运出大批黄金，为什么你不弹劾他？于答，蒋介石都知道，我们弹劾他也无用。冯一笑了之。

有一次孙科来拜访，冯对孙很诙谐地说，请在我这里吃便饭换换口味吧？冯本来每星期吃一次棒子面窝窝头，掺一点白面做出来，硬硬的，甜丝丝的，很好吃。今天冯故意请孙吃这窝窝头，看孙的样子很难下咽。

有时何应钦和陈诚也来拜访，冯对他们非常严肃，谈话很少。还有少数蒋的亲信将领拜访冯，说是来请教，实际上是想看冯是个什么样的人物。冯叫随从拿出中国制的纸烟和普通的茶叶招待他们。对何、陈等人，冯都是在楼下会客室接见、谈话。

八路军驻京办事处周恩来来拜访，冯总是在楼上自己的办公室里会谈，临走时总是下楼送至门外。

军令部部长徐永昌来拜访冯，总是以长官部下的态度对冯。

军训部部长白崇禧拜访冯，总是以捧场的态度对冯。如冯与何应钦辩论后，白一定来访，说冯讲得太对了，大家都有这样的感想，但都不肯说出来，你老真正为国为民，直言不讳，大快人心。这些话说得冯哈哈大笑。

政治部部长张治中拜访时，对冯实话实说。都是安徽巢县的老乡，张以前辈看待冯，感情很融洽。张治中火烧长沙，人人不原谅，冯说：张治中火烧长沙是奉命令的。除冯以外，别人没有说这话的。

七八月间，何应钦在军政部纪念周会上讲话，说中国抗战越抗越强。在抗战初期，军队只有100万人，汽车800辆。现在有军队300万人，3000辆汽车。有山西阎锡山的十几个师，四川的十几个师，广西的十几个师，云南龙云的几个师，还有张学良的部队，等等，都表示听从中央指挥调动。现在西南公路上宋子文增添了1000多辆汽车，西北公路孔祥熙增添了1000多辆汽车。虽然是孔、宋增添的，但都能听从中央调配等。9月间，何又在军事委员会上做同样的报告。冯就质问何："我看是越抗越弱。从东北三省逐步退却，还准备退守西康，幸而四川有山水之险、巫山三峡之阻。若是平川大道，日本早到了重庆，我们能算越抗越强吗？对于汽车运输来讲，我们从美国运来的飞机大炮枪弹，在越南缅甸某处仓库里存着，按数量算起来够抗日三年用的，临退却时，没有运出一点来，都叫日本人得去，这3000多辆汽车到哪里去了？这算越抗越强吗？"问得何应钦目瞪口呆，无以应答。

孔祥熙是冯在南苑练兵时很早就相识了。在重庆时，孔除年节时拜访冯外，平常日子不多晤谈，见面时孔常尊敬待之，实则敬而远之。

1942年召开中央委员会议时，阎锡山不到重庆，委托冯玉祥全权代表。冯派人到广西桂林请老友李烈钧务必出席这次会议。李带病到重庆，住在冯的办公室里，每日由冯供应一切。冯对李说，这次大会，有许多问题需待解决，到现在蒋委员长对抗日还不认真，就以在重庆的军官家属来说吧，军长、师长、旅长、团长的儿子兄弟亲戚朋友不出来当兵抗日；就拿普通官员来说，专员、县长、科长、绅士、财主的儿子兄弟亲朋也不出来当兵抗日；真正抗日的是谁呢？都是穷小子及后方的八路军，在前方抗日的，称为杂牌军队，如东北军、西北军、广西军、云南军、四川军等等。没有娘的孩子，谁打光杆了，就让谁闲着。蒋"亲生的儿子"都在后方训练、补充、休养。胡宗南在陕西有二十几个师，还没出潼关向日本放一枪一弹呢，怎能把日本打出去呢？既然能把日本打出去，恐怕以后还有乱子闹哩。李烈钧躺在床上光哼，不加讨论。李还带着护士、儿子、女儿等待候他。跟随冯的左右都说，请来吃客，帮不了腔。

开会的头一天，冯当场揭发中央候补委员肖振瀛。冯说，蒋委员长左拿汉奸，右拿汉奸，现在汉奸就在你面前，为何不拿呢？蒋问，哪一个？冯说肖振瀛勾结日本压迫宋哲元，叫宋当汉奸，宋不干，肖就在宋内部挑拨离间，叫冯治安、张自忠反对宋哲元，肖自知不能再在宋部当官，就拿宋哲元的势力威胁中央，并给他个人要官做，当了中央候补委员，这就是两面的汉奸！为何不拿呢？肖在后头坐不住了，站起来灰溜溜地走出去，到孔祥熙公馆里住了20多天没有出门，后经孔祥熙、何应钦讲情也就没事了。

隔了两天，吴稚晖在大会上攻击冯玉祥是共产党的外围，是共产党的代言人，说于右任、孙科是左派。于、孙不答。冯大怒说，国难当头，关系民族生死存亡，八路军在敌人后方抗战，既无枪炮弹药的补充，又无飞机坦克协助，常年困苦抗战拉住敌人的后腿，事实俱在，我们中央部队，哪一个能撑得住呢？我们说几句公道话，就算是共产党的外围，替共产党说话吗？现在大敌当前，应当秉公说话，有好说好，有坏说坏，该处罚的处罚，该奖励的奖励。冯回来时，我见他的嘴唇都气紫了。

第二天下午于右任来晤，劝冯不必生气，并说吴向来说话随便，自以为清高。冯就说，于，你这么长的胡须，不管事了，监察院不弹劾别人，别人就要弹劾到你头上来了。

第三天孙科来会冯说，吴老头终日无事，想起谁来就训谁，给他缠起来没有头，口里说，笔下变，谁去缠他？所以我也不理他。冯说他是随从总理的老革命，怎不给蒋委员长缠缠呢？拿抗日的现实给蒋缠缠，才算是革命的老英雄。孙说，他要有这样的思想，就不是现在的吴稚晖了。

1943年，鹿钟麟当河北省主席，回重庆时，冯问鹿，为什么回来啦？鹿答，日军的"扫荡"，八路军的摩擦。冯说，八路军能在敌后常年抗战，你为什么不投八路军一同抗战哩？鹿说，我没有这样的胆量。

鹿钟麟回重庆后，有几亿款子报销不了。因何应钦说没有单据无法报销，鹿作了难，又找到冯玉祥。冯亲自找蒋介石说，鹿钟麟在河北省被日本人赶得把鞋都跑掉了，哪里还顾得拿着单据跑呢？鹿也是个穷小子，怎能赔得起这许多款？蒋于是写了条子准予报销。

鹿到重庆后，何应钦一再托鹿向冯解释，以求得互相谅解。鹿对冯说明此意，冯说，我对何没有私人意见，但是遇见国家大事，何说得对，我当然承认对；何说得不对，我能说他对吗？我冯玉祥不是那样的人。请鹿转达给何。

此后军事委员会要开重要会议，何很为难，若不通知冯，怕他责问；通知他参加呢，又怕冯当场揭发找碴，令人难堪，因此在开会以前，预先主使某大学校长邀请冯去讲话，约定了日期时间。冯答应了，何这才下通知开军事委员会会议。冯接到通知一看，与赴大学讲话的时间相同，但是在一个星期以前就答应了去大学的讲话不能失约，只好不参加军事委员会的会议，到大学去了。这样，正合何的意图，以免会上争论。

这年9月，冯的生日到了，冯怕人知道，早晨就坐汽车去乡间避寿。上午在一个小学校里休息，到晚上才回重庆特园二号。是日中午，各部部长及院长们都来给他祝寿，蒋介石也来了，冯不在家。鹿钟麟出面招待，还备了两桌酒席待客。冯回来后看到桌上放些红缎子皮的大本子及祝寿的诗词，鹿接着汇报当天的经过。冯听了大火，就说，这是我家里的事，为什么要你操心、给我装脸面呢？我冯玉祥一辈子没过生日也活这么长，你今天这样干还想叫我保你再当省主席吗？把鹿训得面红耳赤。第三天，鹿仍然到冯那里去，并不介意。

年底，何应钦在军事委员会上汇报说，后方重于前方，后方有计划有准备，使前方得到了适当的补充，才能打胜仗。今年由师管区、团管区、补训处征集了100万壮丁，补充前方部队，增加了抗战力量。冯说前方重于后方，如前方节节退却，由东北三省退到四川，失去人力、物力的条件，丢掉粮弹的仓库，使后方手忙脚乱，打乱了计划，失去了补给；后方应以前方为重，前方需要什么，给它什么，前方可以充足，后方可以接济，就如前方士兵，泥里来水里去发一身单军衣，如罗底之薄的稀布，一经摩擦就破，露着大腿出来，后方各部队军官们，穿着哔叽的军装，漂白的手套，高腰马靴，金戒指，金丝眼镜，金表链子，头上擦的油可滑倒蝇子；脸上擦着雪花膏，身上洒着香水。前方士兵有啥吃啥，有高粱吃高粱，有棒子吃棒子；后方吃啥有啥，想吃山珍海味有猴头燕窝，想吃鸡鸭鱼肉有煎炒烹炸；前方流血流汗，后方吃得顺嘴流油；前方努力抗战，后方努力打牌；前方艰苦奋斗，后方花天酒地；前方如地狱，后方赛天堂；前方的官兵人人都愿意到后方来，后方官兵人人都不愿意到前方去，怎么能打胜仗呢？是否应该颠倒过来？就今年征集壮丁来说，其数不小，费力也不少，但起的作用很坏，由乡间征来的壮丁，又红又胖；来了不过三月，又黑又瘦，一变而为瘦丁，由瘦丁变为病丁，由病丁变为死丁。老百姓把孩子送到军队里如同送到阎王殿去一样，人人寒心，现在重庆市的新兵就有这种现象。何应钦当时不能辩驳，蒋介石面带着不高兴，冯也很不高兴地回来了。

蒋回家后气势汹汹地对他的儿子蒋经国说，冯说话太刺激人了。蒋经国说，冯既然说重庆市里有这样的现象，可以去看看。蒋介石本来不大爱出门到下层去，因与冯斗气，第二天果然出去察看。陕西街有一团新兵，蒋到院子里一看，房檐下、石台上，躺着十几个病兵，面朝里，腚朝外，脱下半截裤子来，顺着腚沟拉稀屎。蒋进房里头，看楼下无人住，楼上有人住，但没有梯子可上，就叫人安上梯子，上去一看，百十个新兵都躺在稻草上，面黄肌瘦，一个大马桶放在房角，拉屎拉尿都在这里。蒋下楼又到对门那一连去看，房檐下、墙角里躺着十几个病兵，有的哼哼，有的快死了，不会动了。蒋进房一看，也是楼下无人，楼上有人，没有楼梯，安梯上去，看到100多名新兵面如黄土，骨瘦如柴，也是一个大马桶放在房角，不准下楼，恐怕他们逃跑。没等去看第三连，蒋就发火了，马上令兵役署署长程泽润前来。程接到电话，即刻坐汽车到陕西街见蒋。程穿着黄呢军服，衣帽整齐，又白又胖，40多岁。蒋开口就骂他，为何把兵役搞得这么糟？将文明杖照程打下去，当时文明杖就折为两段。程说，我是陆军中将，委员长不能打，若是我有罪，你枪毙我吧。蒋大怒说，拉出去枪毙。这时军政部部长何应钦坐着汽车赶来求情，把程暂时押起来了。

过了一个星期，蒋冯见面的时候，蒋表示兵役办得很坏，并说，焕章大哥，你练兵有经验，请你搞搞吧！冯答，我搞不了。蒋又说，这个问题需要解决。冯说，我介绍三个人吧，第一个鹿钟麟，第二个于学忠，第三个石敬亭，随你选哪一个。蒋就选定了鹿钟麟。冯说，鹿在何应钦的指挥下，恐怕搞不通吧？蒋说，可直属军事委员会设立兵役部。

有一次蒋对冯说，大哥，请你到我那里住几天，仔细商讨抗日计划如何进行。二人商议按一个星期的时间详谈。冯问几时去，蒋答回去准备好了房子，明后天吧。冯说，听你的电话吧。冯把应带的行李准备好，在家候着，不出远门。等了一个多星期，未来电话，冯着急了，自己打电话直接问蒋。蒋说，还没接到电话吗？请你这就来吧。冯带着行李到蒋那里，住了三天就要走。蒋再三挽留，希望多住几天，还不到一星期呢！冯见蒋听不进去，多说无用，便爽直地说，你这里是光明世界，外面一片黑暗，如再多说些，得罪别人，就怕我回不去了，留些话以后再谈吧。

1944年，冯在四川各县为抗日募捐，很受群众欢迎，有大批捐款，也有小批捐款，有的当场脱下皮袄大衣捐上，也有摘下金戒指捐上的。最后到成都也颇受群众欢迎，甚至连成都飞机场的美国人也来参观。

冯拟由成都到西安，由西安到兰州，由兰州到宁夏马鸿逵那里，脱离四川重庆就自由了。马鸿逵也是冯的旧部，冯预先派人告知他要到那里去住。马极表欢迎，并说韩复榘能保护冯先生，不怕落嫌疑，我马鸿逵就不能保护冯先生吗？但是冯到成都后，蒋介石早有准备，怕冯再跑了。因为1929年冯在南京当军政部长时，第一次不辞而别，跑回河南，在1930年闹了个蒋冯阎中原大战。1931年，冯第二次从南京不辞而别，跑到山东泰安普照寺，至1932年到察哈尔张家口组织了抗日同盟军，口号是"外抗强日、内除军阀"，一再通电骂"蒋不抗日，还不准别人抗日"，叫蒋很伤脑筋。

这一次，冯又想不辞而别跑到宁夏，蒋介石不仅在成都早有安排，不允许冯再往北走，并且用电话请冯快来，重庆有要事相商。冯说我是有名无实的职务，如有喜忧大事，当之傧相而已，有何大事相商？但也只得失望地回重庆了。

附记：

我叫王丕襄，字赞亭，在张家口抗日同盟军任第一军第一师副师长兼旅长时，联名通电骂蒋介石不抗日，并不许别人抗日，蒋派特务想杀害我，故更名王赞亭。我是冯玉祥当十六混成旅旅长时模范连的学兵，毕业后升副目、正目、司务长、排长、连长、营附、营长、团附、团长、旅长、副师长及两次随从，共20余年。冯在南苑时，我当过一次随从。蒋冯阎中原大战，冯失败后，我在山西汾阳县峪道河柳林社及山东泰安普照寺、张家口土儿沟，做冯的随从，又在四川重庆做了一段时间的随从。因我军衔低，知道的不全面又不具体，并且冯在重庆来往的人非常复杂，经过时间也久，使人难以记忆。以上所述，不仅有遗漏之处，即便是时间，也难免有差错，敬请各位指正。

在威远发起献金

黄崇哲

　　1944年元月，我从威远县政府军事科办完"裁科并团"的结束移交工作①，走上新的岗位不久②，冯玉祥将军为了抗日救亡，在全国发起节约献金救国运动，经富顺自贡来到威远，下榻在威远煤矿驻威办事处，住了四天。冯来威远，计划在县里发动节约献金救国运动之前，召开一个慰劳抚属大会和主祭阵亡将士大会，并在县建立忠烈祠，把阵亡将士的"神主牌"送入忠烈祠供奉，以表彰忠烈，鼓舞抗日士气。由于我曾在威远县政府军事科分管抗战兵员征补和将士阵亡优抚工作，县长黄达夫就派我查清档案，协同县优待委员会工作，并把本县前后出征新兵和阵亡将士人数告诉他③，同时，指派我在两个大会上当司仪。因此，我有幸和冯接近。

---

　　①　1943年6月，奉国民党中央政府命令：各省、市、县政府军事科裁并当地"国民兵团"，以便统一兵员征补训练工作。但以后在抗战胜利国共分裂打内战时期，各市、县政府的军事科又恢复设立。

　　②　军事科裁并后，前任县长周子强即调我到县警察局任行政科长，抗战胜利后我请长假离职。

　　③　威远在抗日战争开始时征兵，从成立兵役股起至裁并军事科止，前后共出征壮丁9800多人，正式接到国民政府军事委员会核发的阵亡将士抚恤令的有200多人。

冯将军和蔼可亲，平易近人，身着朴素的布大衣，每日早晚常到西门城墙边眺望远山（大小老君）近水（清溪河），也对我们做些必要的询问。当时，我听说冯的事迹：出身贫寒，年仅12岁就投身军旅，曾亲自策划滦州起义，响应辛亥革命，推翻清政府，后又在北京驱逐逊帝溥仪出故宫；五原誓师，他把自己的部队改为国民军，邀请孙中山先生北上主持国家大计；等等，内心本已对冯非常钦佩，及至得以听其言，观其行，就更对他肃然起敬。

在献金大会召开前，威远县商会会长颜怀西说："冯玉祥装模作样，无论他说什么，我是不献金的。"大会进行中，冯将军声似洪钟，满怀深厚的爱国热情，斩钉截铁地说："天下兴亡，匹夫有责，强敌入侵，我前方将士浴血抗战，我们后方的老百姓岂能无动于衷，不献金救国呢？如果有人丧心病狂，不有钱出钱、有力出力，那他就不属于炎黄子孙，就不属于有出息的中国老百姓。"颜怀西在亲耳听到冯将军两个钟头以上、感人肺腑的讲话后，感动地站起来说："我代表全县商户拥护献金，争取多献金。"结果，我县献金2000多万元法币、布军鞋10000双。可见冯将军的至诚能够教育顽固分子，更能激励广大人民群众的爱国热忱。

我县忠烈祠选建在武庙后殿，曾请冯将军在黄纸上写下"忠烈祠"三个大字，然后贴在殿前横匾上。油漆"神立牌位"写上阵亡将士姓名，大会后由群众整队将牌位送到后殿，安放于壁前周围的特砌砖台上。

大会在县城西门外的大操场举行，到会一万多人，将所有阵亡将士神主牌先放置在三个柏树枝扎的亭子里，军乐队、民乐队、学生队、县级各机关团体都参加了奉送牌位典礼。队伍经过大街时，家家户户燃香点烛，摆设香案，鸣放鞭炮。牌位进入忠烈祠后，冯又在祭台前主祭如仪。

在大会上，阵亡空军将士袁芳炳的五弟袁芳勋致辞说："我的哥哥在抗战中阵亡了，父亲听说将军亲自来主祭，并送阵亡将士进入忠烈祠，因有病不能来，特叫我来代表并致谢意。我们袁家有两千多户人，全族人都感到无上光荣，我们这一乡、这一县都感到特别光荣。"

散会后，县优待委员会主任委员黄达夫县长、秘书钟韶春还遵照冯将军之嘱，分头率领工作人员和学生队给每一位阵亡烈士家属送去米、肉、棉花、蔬菜和一些用品。

这次亲见冯将军仪容、作风并亲聆讲话，我深深认识到冯是一个走过曲折道路、忠于人民的坚定爱国者。

冯将军在威远的爱国事迹是他的历史上不可磨灭的值得称颂的一页，特录之以志不忘。

在江津募捐抗日

姜维翰

  1944年春，冯玉祥由重庆乘专轮到江津县，发动各界节约献金救国。随行人员中有李德全夫人及冯纪法、谷自成（谷良民的儿子，光华大学毕业，随冯工作）等。因当时我在贵州毕节川滇公路局工作，离江津两三日可到。待我乘车到泸州换船赶到江津时，献金活动已届尾声，正赶上在酒精厂给冯送行，吃晚饭时得见一面。他乡遇故，倍感亲切。冯还是穿着他冬天的半截子蓝布大棉袄，腰中扎着一条布腰带，吃饭时脱了棉袄穿着毛衣。饭后只问了我一些生活工作情况，因室内都是西北军老部下，他接着说，我现在不自由啊！您看我虽用专轮出发，船上穿军服的是卫队，穿便服的是特务，名义上是保护我的，其实都是监视我的；前些日子我到成都献金没住几天，蒋打电话给张群叫我快回去，这几天来江津群众捐献情况很热烈，可是特务又在暗中搞破坏，如县高中女学生倡议每人每月捐布鞋一双，全县女生响应，不几天捐献了几千双鞋。特务们说士兵穿惯草鞋，布鞋没人穿，只有老冯从前带的北方兵才穿，这不是造谣破坏吗？又如一些流亡的大专学生不仅把自己所有的东西甚至穿的毛衣都捐献了，为动员商会捐献，学生大都下了跪，《大公报》写文章以《我们都跪下了》为题宣传，特务们竟造谣说："这是老冯想的办法来促使学生压制商会，最好你们商会不要献金，看老冯有什么办法。"冯接着说：尽管这样，中国人民还是爱国的多，搞破坏的是别有用心的，大家不都是看到、听说献金报告后，许多妇女跑回家把多年珍藏的金戒指取来换钢戒指吗（冯先生在成都兵工厂做了很多钢铁戒，指面刻字"献金救国"，戒内刻有"冯玉祥赠"字样）？有一位老太太送来用布包好缝好的金戒指，尚没拆开就献出来了，这是多么可歌可泣的爱国行动啊！最后冯说："这是我们几个人在屋里说的心里话，别处可不能乱讲，到处是特务横行。"冯次日即离江津去合江，冯夫人先两天就返重庆了，只是在谷家住了几天。临行时谷夫人还送给冯夫人蓝底白花旧式粗布一块以作纪念。据谷说，冯来时，江津县长及各界人士和他们都到码头去欢迎，下船后他住在东门外江津县电力公司。次日在江津东门外体育场召开的节约献金救国群众大会上，冯做了两小时以上的讲演，在该县住了七天，共发动捐献现金1300多万元。

谷还说到一段故事，即冯下船后，走到路上突然来了一位老年妇女，拦住冯跪下大哭喊冤，冯马上将她扶起，问其何事。老妇说我只有一个儿子，数月前被军队抓去当兵，至今杳无音信，我孤寡一人实在活不下去了，快把我儿子放回来吧！冯听了就说："老大娘你别难过，抓你独子去当兵是不对，可是当兵不是坏事，你看我从十几岁就自愿跑出去当兵，现在当上副委员长了，将来你儿子抗日救国，也可以当上将军，不很光荣吗？"说着就拉着老大娘的手又说："现在你眼前没有儿子，我就是你的儿子，好吗？有什么困难随时找我这个儿子！"三言两语说得老妇破涕为笑。冯又嘱随人为老大娘做了适当安排，围观者莫不动容。谷说冯要求到昆明去发动献金，蒋介石不批准，怕他去鼓动民主爱国运动，影响了他的独裁卖国。

第四章　长者情怀　永葆本色

冯玉祥的日常生活

吴锡祺　王式九

冯玉祥在他一生中相当长的一段时期内，对于曾国藩是极为崇拜的。他不但在治军方面受了曾的很大影响（曾经把蔡松坡编的《曾胡治兵语录》作为治军的金科玉律，并将这本书定为部属的必修读物），而且在思想作风乃至生活作风方面也表现了对曾的敬仰和效法。曾国藩曾以转移社会风气自命，在他一篇题为《原才》的论著中，认为只要由少数有地位的人以身作则地为天下倡，就可使社会风气得到转移。冯对这个说法极为心折（有人持宣纸求冯写一条幅，冯即摘录《原才》一文赠之）。又由于他总想在社会上留一个好名声，因此，除了在其他方面的表现，也想在转移社会风气方面由自己做出个榜样。在今天，要想把这位曾经叱咤风云的历史人物的全貌描画出来，除了将他的重要活动记录下来之外，对于他的日常生活也有加以叙述的必要，虽然这些看来似乎是十分琐屑的小事，但是由这些小事也能表现出他的性格和作风。

冯玉祥的日常生活，在衣食住行各方面，往往表现得很特殊，引起了不少人的议论，有人说他是"矫揉造作，不近人情"；有的说他是"立异为高，沽名钓誉"；并且有人说他"外边穿的是粗布衣服，里边套的是狐狸皮袄；请客时吃的是粗茶淡饭，在家里净喝鸡汤，故意装相"。很多人都认为冯玉祥这个人太假，莫测高深。但是也有一些人，特别是跟冯在一起很久的人，常常替他辩解，认为他的生活确实是艰苦朴素，并且说："你说他假，他几十年如一日，假到底也就是真。"众说纷纭，在这里不想再作评论，只是写出他的一些事迹以供参考。

先说他的穿衣。他在这个问题上，也有一个发展变化的过程。在他当中、下级军官时，和其他人一样；到当旅长的时候，也穿过长袍马褂，还制过一件貂翎眼的皮大衣，在当时是相当名贵的。到当了师长之后，才处处表示不与世俗同流合污。一年四季，经常是灰布军装、青年鞋（有时穿皮鞋或马靴），打裹腿，和士兵的装束一样。他的部队里禁穿毛呢军装，但团长以上的军官却都有大礼服，以备参加庆典时穿用。1918年驻兵常德时，曾下令官佐不准穿长袍、马褂（主要是怕他们穿了便衣出去吃喝嫖赌），所属文官及出外办事的军官一律穿灰布武装便服，但有的人还是偷偷地穿便衣。在当时，其他部队的高级军官和手头富裕的中下级军官都讲究穿呢制军装，出营时均换便衣，相形之下，冯的军队就显着很特别，有些人因此不愿到冯那里工作。

冯玉祥最反对华丽的衣着，被他看到时，当场予以难堪。军需李隆九穿了一双缎鞋，被冯遇见，冯马上给这位军官敬了礼，吓得他不知如何是好。冯说："你不要误会，我不是给你敬礼，是给你那双鞋敬礼。"这件事顿时传为笑谈。有一次冯住在北京香山饭店，发现室外衣架上有一顶漂亮草帽，马上问是谁的。他的儿子洪国说："是我的。"冯说："呵！好混账的草帽！"像这一类的事很多。外边的人去见冯，常常是换一套比较朴素的服装再去见他。如冯在陕西时，省长刘镇华的生活本来很腐化，但为了与冯打交道，特意制了一套布料武装便服；冯在南苑时，当过外交总长的王正廷为了去见冯，也制了一件布大衫，因而有人讥笑他要钻冯玉祥的门子。

1925年冯到张家口任西北边防督办，由于兼管军民两家，和社会上的接触便多起来。除了察看军队，不常穿军装，平时总是灰布武装便服，上行下效，他的部属当然就"成"了一片灰。有一次他请地方绅商吃饭，谈到地方商业情况，有位商会会长说："自从贵军到后，我们这里就糟了。"

冯惊奇地问："这是怎么回事呢？"会长说："张家口这个地方是内外蒙的通商口岸，进口大宗是皮毛，出口大宗是绸缎，这里的商业贸易原本是很繁荣的；可是自从贵军来后，因为禁穿绸缎，市面已日渐萧条，地方税收也受到了很大的影响。"冯当即解释说："我并未禁止穿绸缎呀，只是怕我们的青年军官学浮华，不要他们穿绸缎。至于老人们，还是可以穿的呀。"冯为消除这一误会，开完会就派人买了100多匹春绸、几十件老羊皮袄，分赠全军上校以上官佐的父母，以示提倡。从这以后，官佐家属也渐渐有穿绸缎的了。

1926年冯出国赴苏联时，破例穿起了西装。半年以后，由苏联回到绥远的五原。那时西北军在南口和晋北打了败仗，弄得丢盔撂甲，衣帽不全。他要亲自出马去抓他的军队，由苏联穿回来的西装当然要放一放，找来几套质料比较好的衣服全不中意，最后看中了一套士兵穿过的旧军装，便穿在身上。因他身量大，上身仅到腰际，怕风吹，外面扎上一套布腰带，那个样子很难看，他却说："好极了！"坐上汽车便驰往包头召集部队讲话。入甘援陕时，到处布匹缺乏，部队的服装无法补充。在西安拟先补充一批军帽，但又买不到铁丝做上圈，最后只好做成一种软胎的军帽。总部队员认为帽子的样式难看不愿戴，冯却以身作则地戴起一顶，大家才慢慢戴起来，不过外人看着还是不顺眼。夏天每人发一顶草帽，作战时为减小目标，罩上一层绿油布，人皆称之为"绿帽子军队"。从此官兵全一律穿士兵服装。冯在南京任行政院副院长和军政部长时，也是穿这样的服装，曾经引起那些高官大人的反感。

中原大战失败后，冯经过一段山居的生活，便改穿粗布短衣，近似农民装束。"九一八"事变后，他赴南京出席国民党的四届一中全会时，就穿着这套衣服。当时参加会议的人，有的穿中山服，有的穿长袍马褂，有的穿西装，唯有冯的装束最为特别，成了大家的谈资。随冯来的人便劝他说："您这次来京，是为了团结合作，共赴国难，人家规定的制式礼服是长袍马褂，而您偏要穿一身小打扮，在这点小事上都不能迁就，还怎能谈得上团结合作呢？"冯当时未置可否，有人去找他的好友李烈钧，由李出面送给冯一套长袍马褂的布料，冯在接受时说："就依着你们办吧。"马上找来缝工量尺寸，冯说："不用量，就照着张秘书（秘书张锋伯也是个大个子）的身量做吧。"第二天做成请他试穿，还未打开，看一看就说："棉袍太长了。"缝工说："您还没有试一试，怎么就知道太长呢？"冯说："我说太长，就请您给改一下吧。"缝工问："减多少？"冯说："长一尺。"说完他就走开了，弄得缝工莫名其妙。还是冯的随从说："请你不要为难，就给截去一尺吧。"这就是他在南京所穿的那件式样奇特的礼服。事后冯对人说："中国有四万万人，如果每人穿长袍都短一尺的话，就可以省下很多布匹，为什么非要那一尺不可呢？"

冯为了穿他所穿的衣服，还有过这类的趣事：他在山西绛州住的时候，喜欢穿当地出产的土布；以后迁居汾阳至道河，曾不止一次地派专人乘长途汽车去绛州购买土布。还有一次是在南京，因为找不到他要穿的那件特制的内衣而大发脾气，副官处只好派专人到开封去取。

其次，冯在吃的方面，也俭朴。他在南苑当陆军检阅使的时候，他的小厨房每月限制支用菜钱12元，冯亲自查账，不许超支。但吃的太差了他的夫人又不高兴，而且来往的客人很多，12块钱一个月绝对不够，管伙食的人很为难，只好由军需处暗中补贴，还不能叫冯知道。

1923年5月7日，冯为纪念国耻，照例举行"攻打日本"的军事演习，邀请北京政府许多官员参观。中午在演习场地野餐，每人分给几个印有"勿忘国耻"四字的窝窝头，一块咸萝卜，一碗凉开水。冯对来宾说："今天是国耻纪念日，我们在这一天不动烟火，全吃冷食，表示卧薪尝胆的意思，对不起各位，改天我再请客。"有的人勉强吃一个，说些奉承的话；有的人只吃一两口，饿一天肚子回去，大骂冯玉祥捉弄人；而他自己却能吃两三个，而且吃得是那样津津有味。冯在张家口请部属会餐，吃的是小米饭，有位道尹邓长耀当场赋诗，有"大家同吃小米饭，总司令说分外香"之句，冯对邓诗很欣赏，很高兴。

1926年9月，在绥远五原誓师参加北伐的时候，因为那里很荒凉，大军过境之后，生活更苦，每天只能吃到两顿粗糙的小米饭，没有蔬菜和肉类，因此五原县长刘必达给冯送去两只肥鸭，冯却打了他20军棍，还骂他不设法给军队筹办给养，专会奉承上级。

不久，到了西安，因为解围不久，军队给养更为困难，总司令部人员都吃大锅饭，每人半碗菜汤，称之为革命饭。参谋长秘书长和各处长每日在冯那里集体办公，回来之后，饭菜已冷，有次秘书长何其华骂街："就是养个牛，也得把它喂好呀！"传达员向冯汇报，冯说："听说大家办公回去赶不上吃饭时间，以后办完公就在我这里吃吧。"冯吃的也是大锅菜，可是油水多一点，也很热，大家吃起来很满意，将饭菜一抢而光，弄得冯常常吃不饱。后来，由军医处长提议，另起锅灶，专为各处长热饭菜，才解决了问题。

冯最不高兴彼此应酬请客，更反对下馆子吃酒席。有次赵守钰（刚到西北军工作不久）请总司令部处长以上人员吃饭，事为冯知，他计算好时间请赵谈话，故意把话题拉长，不放赵走。客人们在饭馆等了很久，因为主人不到，这顿饭竟没有吃成。所以后来谁也不敢请客。

1929年冯在南京，别人请客，不是这个饭店，就是那个酒家，行政院长谭延闿在家请客，饭菜尤为考究。当时南京的客人们都认为北伐完成之后，革命已经成功，大家应该享受享受了。所以当时南京的官员们在吃的方面都十分讲排场。冯常为此骂大街，说是官僚旧样。有次他在三牌楼办事处请客，吃的是大锅菜。他对客人说："没有什么好吃的，我来给大家盛上。"结果是被请的人不但不领情，反而说："哪里是请客，简直是教训人。"

1932年冯赴洛阳，路过开封时，河南省主席刘峙请冯吃饭。有个菜是纸包鸡，别人都是把纸去掉，而冯却连纸一齐吃，惹得人好笑。饭后刘镇华说，冯是故意装相，他不信冯没有吃过纸包鸡（其实冯可能真是没吃过，因为他很少下馆子）。

最后，是冯的住和行的问题。他在住的方面，常常提倡"茅茨土阶，蓬户瓮牖"，反对住高楼大厦。他的属下摸清了他的脾气，不论他到哪里，都不能为他预备富丽堂皇的住所，总是找一处比较简朴整洁的房子作为他办公和居住的所在。他在西安的时候，因为不愿把总司令部设在原来的督军署（清朝的行宫，是宫殿式的建筑），另在城东北隅建造了一片房子，叫作"红城"（以后通称为"新城"），冯的总部就在里面。

至于行的方面，他一贯反对乘坐人力车，认为是把人当牛马使唤，是最不讲人道的；但他没有考虑到这是一个社会问题，在当时的情况下，如果大家都不坐人力车，广大的以拉车为生的人就会没饭吃，而且当时还没有能够代替人力车的交通工具，所以他的主张是无法实现的。在他的军队里，只做到了穿军装的不坐人力车（但也有一个例外，他从上海请来一位名医胡兰生，因腿部有毛病，特许乘坐人力车，在他车上插有一面小旗子作为特许的证明）。可是大家也有意见：冯老总有汽车乘坐，当然不存在坐不坐人力车的问题；只是苦了一般中级以下的官佐，跑起路来费时又费力。

在1927年至1930年这段时期内，冯往来各地，都有成列的专车供他使用，但他从不乘坐头、二等车和所谓花车，而是把这些舒适美观的车厢让给他的高级幕僚和作为招待来宾之用，自己总是乘用一节木篷货车。1927年夏北伐军在郑州会师后，武汉政府的谭延闿、汪精卫等到了郑州，冯随后也从潼关来会，谭延闿等在冯的专车到达前，即齐集车站迎候。专车到站时，前来欢迎的人们都走向头等车厢迎冯下车，但他们找不到冯的影子，正在纳闷之际，冯却从后面的木篷货车里走出来说："我在这里。"有一次他在南京出门拜会政府的要人，本来有专为他预备的小座车，但他却不用，而是坐在一部卡车的前面。

这些不寻常的举动常常引起人们的议论。有的人说，他这样做的动机，是为了改变奢侈浮华的社会风气，希冀别人效法他的做法。但是，在那时，他的转移风气的主观愿望并没有实现。只有极少数人因为受了他的影响，在不同程度上保持了俭朴的生活作风；而有些人则是当面装作艰苦朴素的样子，而背着冯的时候，吃穿享用都很阔绰。比如他的运输司令部官佐许襄云在郑州结婚（冯当时在南京），不但铺张得场面很大，花钱很多，更为突出的是，他竟然敢派出一列专车开往北京迎接新妇。冯失败下野之后，他的很多将领以为这下子可以不再受冯老总的约束了，于是在他们中间泛滥着形形色色的腐化生活。冯对于这种情况虽然知之甚悉，但也徒叹奈何了。

读书记

吴锡祺

    冯玉祥的一生，求知欲很强，刻苦读书，这是他一个突出的特点。冯幼年失学，从入伍当兵起才开始读书。在那个时候，能不受旧军队的恶劣环境影响，手不释卷地努力求学，实在不是一件易事。由于他的读书不是在学校里，而是在工作当中，不知道就想学，学了就想用，对思想的变迁起着直接的影响，从而支配着他的行动。现在把我所接触到有关冯读书的一些事记述出来，以供研究冯思想变迁情况者参考。

    我于1927年从日本士官学校毕业后，即到冯的陆军检阅使署任参谋。他们一师三旅人，均集中地驻在北京、南苑和通州一带，两年中没有什么调动。那是西北军大练兵的一个时期，除了健全军事教育的各种设施外，还大力提倡业余读书活动。他自己读，也叫士兵读，更督促官佐们读。每个单位均组织有读书会，不时加以考查，不努力的，时遭冯的斥责，有的人为了应付冯的考查，将规定读的书胡乱圈点一番，冯一看圈点过了，认为是读过；也有人读到不耐烦时把书本一丢，说声"不给你读了"！认为读书是给冯读的，笑话百出。

    冯时常对我们讲述他幼年失学，不认字等于睁眼瞎，十分苦恼。那时旧军队里官兵识字的很少，谁要想识几个字，全骂你是官迷，不但把书本抢走，还说："想当官儿不在这个，还要祖上有德。"进而百般讥笑。

他还谈到应该读什么书，说他初读只知开卷有益，不知该看什么书，竟看《封神演义》《施公案》《彭公案》一类的小说，后来渐渐知道看这种书对自己没有好处，听说《三国演义》是好书，他就迷上了"三国"，看过几遍，所以提起"三国"上的事，他最熟悉。后来，朋友们劝他多读正书。他在看纲鉴、列国之类书时，感觉很为难，请教于老友邓长耀，邓教他读古文，获益不少。他喜欢看文字浅近的少年丛书、中外名人事略等书。他常对官兵们讲这类故事，说，"英雄本无种，男儿当自强"，"军人要有大将风度，这种修养，要在书本里求"，"饭可以不吃，书不可不读"，"士三日不读书，语言无味，面目可憎"。这是他常用以勉励人的几句话。

在当检阅使以前，他一般就学于军中的秘书、书记，秀才、教书匠出身、有相当文化的人，仍感觉不够，乃到南苑专门请了几位老师：一位是王瑚，字铁珊，前清翰林，当过江苏省长；一位是陈明，字主钦，是陈参谋长琢如的父亲，还留着小辫子，专攻理学的；另外还有一位姓张，记不起名字了；还有沙明远等，替他讲经书和子书、史书等，如《论语》《书经》《易经》《群书志要》等。他入了门，就介绍给营附以上军官们。我选修了《孙子兵法》《易经》两种，《孙子兵法》由王铁珊主讲，《易经》由陈主钦主讲，每周一次。冯还买过许多旧书分赠给高级军官，所以很多人的书架上均陈列着线装书，有的是冯送的，有的是自己买的，有的是摆样子，也有的让书记官替他讲，上行下效，相习成风。我们的读书会由石敬亭领导，他分赠过我一套《资治通鉴》。所以，西北军的将领们尽管文化水平不高，但无论到哪里，对于有旧功名的读书人，一般是很尊敬的。

宋哲元在冀察政权时期，命财政部印刷局印了许多《四书类解》，分赠部属朋友，一度恢复保定莲池书院，提倡就学；闻丞烈翻印过几万部《李二西全集》，分送知友。这不能说不是受冯的一定影响。王瑚随冯最久，冯到张家口，保荐他任包宁铁路督办，铁路未修，还是为冯讲学。五原誓师到入甘援陕，王均与冯同吃同住，直到冯在张家口抗日时，十几年始终在冯身边，与他半师半友。冯在《我的生活》中写道："铁珊尤能言语有则，潜移默化之间，予我和全体官兵以极好的熏陶。""我以为新

223

文化尚未普及以前，中国经书、《易经》最为主要，是中国哲学的一部大著，王、陈、张三位先生各讲过一篇《易经》，驻南苑期间，《易经》共讲四遍。"

大家均认为，对冯一生影响最深的人有两位，一位是王瑚，一位是李烈钧。李始终以反共而拉冯拥蒋，如1927年北伐中冯的拥蒋反共，就是李派彭程万去西安说服冯的。1936年冯在泰山听了李的劝告，才力排众议，赴南京去团结抗日。至于王瑚，则是以旧封建意识来影响冯的进步。如北伐时在西安，妇女协会曾提出"反对贤妻良母"的口号，而王瑚竟抓住这一点对冯说，我不懂这是什么意思。冯于是到处讲，我不懂为什么必须做恶妻坏母才是革命。到后来，冯也明白了他在读书中所发生的毛病。《我的生活》中有这么一段："但读书不可迷信，尤不可拘泥，可惜我那时读它，不免过于崇信，以致待人处事都受其影响，如《易经·谦卦》中三翻四覆说的一个谦字，使我总以为消极退让是人生最大美德，因而对政治不能处以积极态度，其实这并不是书的不对，而是我自己的错误，我以为对人处事，固尚谦让，但对国事，对政治，却必须有一种当仁不让、积极负责的精神。"这是他针对在北京政变后，将政变成果拱手让段（祺瑞），在北伐完成，蒋以华北给阎（锡山），而他未予力争的一种追悔。

冯在西北军瓦解以前的十几年当中，旧书读得比较多，新书读得太少。1925年以后才涉猎到孙中山先生的《三民主义》《建国大纲》《建国方略》诸书，对于革命理论了解得太少，正如五原誓师宣言中所说："我对于革命，只有笼统的观念，没有明确的主张。革命的主义，革命的方法，在从前都没有考察，所以只一两点改革式的革命，而没有彻底的做法……就革命观点上说，过去，若说是个中国革命者，是一个中山主义者，我都不配，至于马克思主义、列宁主义与世界革命的话，更说不上了。"冯在北伐中到达西安，处在国共分裂的时候，一遇到党务纠纷，他每每提到"我是个初上跳板的国民党党员"，不知如何处理，囿于阶级本质，终至迷失了革命方向，执着于团结对敌，否认消极势力的存在，竟至认敌为友，与新军阀蒋介石合流。在西北军瓦解以后，他才逐渐认识到自己的错误，开始研究社会科学，请人讲授进步书籍，这对冯晚年的思想转变产生一定的影响。

关于冯在汾阳，在泰山，在南京，以至于在重庆读书的情况，已另有人写过，我不多谈，这里只想讲一点。1930年西北军瓦解后，冯的一些下属均闲居在天津无所事事，冯指示大家组织读书，我和张吉墉、傅正舜、李炘、陈继尧等，在陈继尧家组织了个读书会，冯给我们介绍了几位老师，其中有革命投机分子陶希圣，替我们讲经济、历史；鹿钟麟、石敬亭、孙良诚等在天津谦牲银号，也请了一位老师（姓名记不清了）讲《资治通鉴》。听说冯在泰山，除了请人讲进步书籍外，还有位范明枢老先生讲《春秋》《左传》。冯曾出版有《左传札记》一书。那时，冯的读书依然是新旧都有，这也影响着人的思想。

现在我回忆有关冯读书的几个例子，以说明冯读书的一些情况。

1928年春，蒋、冯联合进行二次北伐的时候，我从日本回来路过南京，薛笃弼对我说："总司令（指冯玉祥）叫我替他买了几万本《新土耳其》，急着要，请你带回去。"我答应了，待把书送来，一看几大包，我只身一人感觉很为难，恰巧驻京办事处的人说："我们有个车皮，挂在你这列客车上，可装在那个车上，免得你自己带。"我说好极了，并不知道这个车皮是挂赴郑州的。我到开封下车见冯，汇报工作后，冯问我，薛部长让你带来的书呢？我说在车上，待派人去取，不料车皮已挂赴郑州去了。冯的总司令部在郑州，连忙向郑州打电话，请派人立即将书送回。这时，第一、第二集团军正分路北进，冯命我赴道口组织前方指挥所。两三天后，冯也到了新乡。我接到传令员刘纯德的电话，问："总司令问你给他带来的书呢？"我说："在开封时已与郑州吴参谋打通电话，叫他马上把书送往开封，怎么还没有见到呢？请你问问吴参谋吧！"谁知冯即在电话旁边，刘回答我说："总司令说，书他不要了，全送给你了。"我还诙谐地说："我要不了那么多，只要一本就行了。"刘说："总司令说，你要不了可以卖呀！"我知道冯在生气，对刘说："我负责问郑州，明天一定把书送到。"挂上电话，直忙了一夜才把问题搞清，在郑州派人把书送到开封时，冯的专车已由开封开走，所以未收到。几天之后，冯给我带来一本，他在书皮内页写道："我急着要这本书，请你从南京带回来，不知你把它带到哪里去了。你又忙着去前方，我一直找不到，怎么不着急呢？现在送给你一本，从头到尾看一遍，就知道此书的重要了。"这本书是写凯末尔复兴新土耳其的功绩，冯看中了，买了几万本，要分赠各高级将领读的。通过这件事，可以说明冯在当时所崇拜的人物和他的思想情况。

另一件是1928年冬冯、蒋破裂的前两三个月，冯在南京，总参谋长石敬亭赴山东（山东省主席孙良诚，未到任前由石代），我以参谋长的名义留在开封，负责处理第二集团军总司令的事务，突然接到冯的电报，命令在郑州为蒋介石竖立铜像。这个电报是给我和河南代主席邓哲熙的，于是我们共同研究，一方面感到给活人立铜像很新鲜，我们还没见过，另一方面想到中国这些年来，许多头面人物常常是今天你兄我弟地亲亲热热，保不齐明天就会你匪我贼地干起来；盖棺尚不能论定，人活着就立铜像是否合适，颇多踌躇。可是冯的脾气我们都晓得，你不着手办，明天就会有电来追问，谁也担不起，只有筹划着派人赴平、津或上海，找这种技术工程人员。

恰好石敬亭由山东回来了，于是问他怎么办。他直截了当地说："立起来容易，将来怎么样推倒呢？"我说："搁起来不办，行吗？"石对我说："你去南京，对总司令说说，暂缓一缓。"我说："准碰个大钉子，我不去说。"石说："你就说这是我们大家的意见，立铜像需要派人赴平、津或上海去找人，一下子办不成，为了使全军信仰蒋总司令，可先印发一批相片，铸铜像等找妥人再说。"我不好不去，便硬着头皮到了南京，照原话对冯一讲，他哈哈大笑，接着说："你回去对石参谋长和邓厅长说，吃喝嫖赌赵匡胤，黄袍一加身，就是大宋几百年的太平天下，人民百姓都受其益，我看蒋总司令是当前中国的一个人物，你告诉石大先生和邓等，别在那里用一吊钱压在大杠上（名词，意即赌博押宝），想三想四啦！"我一看不行，不敢再说别的。出来之后，我去找秘书长魏书秀，问他是怎么回事，他说："还不是读书读来的吗！总司令有一天读英文百科全书，读到外国有人为一个活着的人立铜像，在落成的那天，邀请本人参加揭幕典礼，他老先生感到很新鲜，就要照样来一套。给谁立像呢？当然想到蒋介石，马上便叫我给你们打电报。老先生一高兴，真是没有准口，我也不赞成，哪敢扫他的兴呢！你和他谈得怎么样？"我说："还不是未说通。"我回开封向石等汇报了经过，石说："过几天再说吧！"没想到后来冯并未来电追问这桩事。不久，冯、蒋果然翻了脸。次年春冯就回到河南，布置全军西撤，真干起来。这件事也说明冯是那么好冲动，幸亏铜像没有立。

　　再就是1929年秋，冯在山西被阎软禁在晋祠，我应鹿钟麟的电召由陕西赴南京，过太原去看他，正赶上他在上课，也留我一同听课。老师是李泰兰，讲的什么书记不清了。讲完之后，比古喻今地谈论一番，读书人也借题发挥，表示自己的政见，引得冯又大骂蒋介石不止。我听着不顺劲，一言未发。出来之后，我对冯驻太原办事处长陈继淹说："我看老先生这种读书法，越读毛病越大，不如不读好。"我所以发牢骚，是因为不同意读书人这种讲法，这种讲法更加深了冯的主观和冲动。那时西北军西撤以后，衣食无着，人心惶惶，正设法和蒋介石靠近，一方面骗取一点接济，一方面联蒋对阎，好使阎无法居冯为奇货，以解救冯的被困，希望冯暂时忍气吞声，别犯急躁，但讲书人不仅未制止冯，反而煽风点火，使冯急躁得更厉害。陈继淹说："他老先生一生如此，现在更不听旁人的话了，时常发脾气。"我到南京，鹿钟麟已就军政部长，叫我任总务厅长。和蒋的关系拉得很近，允接济100万元，棉衣、白面装了几列车，星夜而运，未想到款还未领齐，领运的东西也未过郑州，冯又受了阎的欺骗。虽然发动了护党救国军以讨蒋，而阎并未出兵，这一来打断了与蒋的联系，不但加重了西北军的贫困和内部的不睦，而冯更失掉一次获得自由的机会。这件事虽然与冯的读书关系不大，但从冯的读书与应用中可见一斑了。

在冯玉祥将军身边

孙冠贤

四根杆子

四根杆子是个地名，是南京的一条小街。但是，我们提到的四根杆子，指的是那条街上的一座小楼。

1928年北伐胜利以后，冯玉祥由国民革命军第二集团军总司令调任行政院副院长兼军政部长。原第二集团军总司令部仍在开封，由参谋长秦德纯负责留守。冯想到我们西北陆军干部学校的200多位同学，从张家口转移宁夏，五原誓师以后又随先生转战陕西、河南，未能完成学业，就叫我们都到总司令部报到，送我们到北京陆军大学深造。到得早的，赶上陆大考期，到北京去了。宋聿修就是其中之一；到得晚的，错过陆大考期，就到南京集中，我是其中之一。到南京以后，我们就住在四根杆子。

四根杆子住的是豫、陕、甘赈济委员会，主任委员是刘治周。我们在那里住席棚，打地铺。冯看见了，就对刘治周说："你们就几个人，另外找地方。这里给他们住好了。"从此以后我们就在四根杆子住下。每天由外交部秘书唐玉如等来给我们教英文，准备到英国去留学。这时我们没有工作，只是学习，生活又好，真是悠闲自得。可就是不能乱跑。因为冯不定什么时候来，也许一大早，也许是半夜。

228

　　有一天，忽然听到一个坏消息，说是有几个同学从北京考陆大回来，一到南京就被军政部关起来，还一天不给吃饭。我们急了，就去问副官长许祥云。他也不知道是怎么回事。

　　原来事情是这样：冯有个规定，在他的部队担任警卫的京汉铁路北段，客车后边挂有军人专用车厢，不准军人和老百姓坐一起。这几位在北京考陆大落选的同学坐在民用客车上，被执法队发现了。执法队批评他们，他们不买账，因而引起争执，几乎打起来。执法队向执法处控告了他们。执法处处长徐伟烈是一个执法严峻的人，他立即报告了秦德纯。秦德纯不便做主，就报告冯。所以这几个人一到南京，就被关了起来。

　　我们听说情况以后，就托许祥云去说情。许祥云带我们去见曹浩森。曹浩森原是第二集团军的参谋长，当时是军政部次长。他也不了解原因，就去向冯请示。两天没有回信，第三天夜里，开来一辆大卡车，把我们全部接到军政部去。冯对我们说："科举时代，举子入考场只带两件东西：一块干饼一条绳。饿了吃口干饼喝口水。出来以后，中了不说，如果不中，一条绳子上吊自杀，哪还有脸见人。你们可好，落了榜还找人发火，不压压你们的气焰行吗？"说完就叫我们回去，并叫那些同学也跟我们一起住到四根杆子。因为他们来晚了，跟我们一起学英文赶不上进度，就改学德文、法文。后来，我们去英国，他们就去德国、法国。如张文勇上德国去了，陈先政上法国去了。

　　为了送我们出国留学，冯不但叫外交部长王正廷为我们找教师学外文，还在励志社和我们一起吃西餐，教我们吃西餐的规矩，如餐具怎样摆、宾主怎样坐等。冯还特别嘱咐我们说："吃西餐有定量，不像我们在家吃馒头，一顿好几个。面包一次两三片，多了人家会笑话的。"所以我们到英国后吃饭不敢多吃。总是吃不饱，只好饭后自己买点心吃。

从严治军一例

传令队是最接近冯的人，而冯对他们的要求也最严。冯对他们说："我对人有三种态度：对路人，我只说他好，不说他坏；对友人，有了缺点，就对他进行劝告；对自己人，有了缺点，犯了错误，就要严加管教。为什么别人的孩子有了错你不管，自己的孩子有了错就要训斥，甚至打骂呢？就是这个道理。"

第八师师长韩占元（后改名瞻园）勇敢善战，打起仗来总在第一线，从来不打败仗。但是骄横抗上，谁也指挥不动，只听冯调遣。有一次不知犯了什么错，从师长降到上尉副官，还得和传令队住在一起接受看管。可是，改正错误以后，立即出任军长，参加战争。我想，这样从严治军、赏罚分明的精神，其他将帅有吗？

泰山修路

冯夫人有个弟弟叫李连海，也常常随侍先生左右。因为他总是嘻嘻哈哈，冯说他"二马蛋子"。他和我很要好，谈起话来总是"哥们儿哥们儿"的。有一次他要下山洗澡，约我同去。他骑冯才买来的三枪牌自行车，我骑自己的普通自行车。我说不行，他却一定要拉我去。我只好跟他去了。下山时，他骑得飞快，我也得飞快地跟着。

从我们驻地普照寺到三笑处，路稍平些，还比较好走。一过三笑处就不行了。高高低低曲曲弯弯，石头又多。碰上大石头，就得绕道而行。他在前边飞，我在后边赶。碰上一块大石头要拐弯的时候，我的车子一歪，撞在了石头上，小腿碰伤了，鲜血直流。我赶快撕下一块衬衣把伤口包起来。他们把我送回家，并在冯面前给我请了假。因为不让冯知道是不行的，他随时有事就会找我。

过两天我回到山上，冯问我好了没有，我说好多了。冯说："这都是因为没有一条好路，咱们修路吧。这是一件利己利人利大众的事。凡是利己利人利大众的事，我们都要干。"

按照冯的计划，路修两条。一条从小五庄起，经范先生的"山庄"（几间草房，人们叫它"山庄"）到泰安车站。这一条路要三米宽，可以走下一辆人力车。另一条从三笑处到泰安北关马路。这是一条小路，一米宽就行了。劳动力主要是手枪营，另外雇一个石匠。一个石匠忙不过来，冯就叫魏凤楼（当时的手枪营营长）挑两个士兵学石匠。后来这两个士兵就真正成了我们那里的石匠。

几个月以后，路修好了。冯对我说："你看，如果早把路修好，你也不会碰伤了。"又对魏凤楼说："你们练兵也有操场了。每天早上跑跑步，跑多了，路也踩实了。"大家异口同声地说："还是先生想得周到。"泰山的老百姓反映就更多了，不论是割山草的、抬山轿的、担担子上山下山的，没有不说冯好的。修路起了许多石头，又开出了许多耕地，农民也高兴得到处传颂。

去北上高

北上高在我们驻地的东边，离五贤祠有近十公里的路程。那里是泰山武训小学最东边的一个分校，有六间房子，分两个班，学生也比较多，因山路崎岖难走，人们很少到那里去。有一天，冯要去看看，大家说抬山轿不好走，不必去了。冯说："抬轿难走，我就步行去。"我不放心，就和传令队队长刘纯德研究，不叫冯知道，叫张三（张三是冯最信任的一个抬山轿的）跟去。抬轿钱我们暗中给他。

去之前，冯叫传令队的庞绍绪买了十斤熟牛肉、十斤煎饼和一些咸菜。又把牛肉分成30包，每包里面加一片咸菜。他叫买这些东西是给谁吃的，我们也不便过问。因为我们知道，冯做事无论大小都有他的用意，我们是想不到的。

走了一段路，冯叫我们去请范明枢先生。范住在元宝街。我和一个传事兵一块去，一会儿就到了。范问冯中午饭怎么吃，我们说带的有煎饼。范说："那好，我也吃煎饼。"因为煎饼是放几天不会坏的，所以家家都有。他拿了些煎饼带着，又叫我们先走去照顾冯，自己就坐着冯特别为他置备的前边拉后边推的人力车也跟了上来。

我们一到北上高，那里的老师学生都列队欢迎。冯问是谁走漏了风声。范笑了笑，原来他比我们路熟，早已先我们而到了。

冯一到北上高，就和那里的师生谈论学校的情况，接着又找高老太太谈话。这高老太太家是北上高人口最多的一家，她在大门口给我们搬两张床，我们就坐在那里休息。冯和她谈了很多话，她很受感动，说："我们祖祖辈辈也没有一个人上过学。你老先生（泰山居民都称冯为'老先生'）真好。你来了，我们的孩子就有学上了。"又说了许多冯办的好事。该吃午饭了，高老太太请我们到她家吃饭，我们说，我们带有煎饼，她就回去了。

北上高有些近村来的穷学生吃不起饭，学校每月发给两元煎饼费，中午吃煎饼，学校供给开水，他们就不回去了。我们也要了一点开水，大家开水泡煎饼就着牛肉、咸菜吃起来。冯也是大口大口地吃。农村用的白瓷碗，他吃两大碗。我想："有些人说先生的朴素生活是假装的，那么请他们吃吃这煎饼试试看。"

30包牛肉，我们一人一包是吃不完的。剩下20来份给谁吃呢？原来，这里离家远、中午不回去的学生还有20来个，冯就叫我们把剩余的牛肉、咸菜、煎饼分给他们吃。孩子们难得吃到这样好的牛肉，都高兴得不知说什么好了。这时我们才明白冯这样安排的用意。

回去时，张三抬山轿给冯坐。冯不坐，并问是谁叫张三来的。我们说是张三自己来的，并说："人家老远跟来了，不要辜负人家一片诚心。"冯这才坐上回去。

请大家吃西瓜

德州西瓜大而甜，吃了叫人口爽心清。1935年夏天，韩复榘派人给冯送一些德州西瓜到泰山五贤祠。冯喊三个站岗的卫兵也来吃，并问他们好吃不好吃。大家齐声叫好，并说从来没有吃过这样好的西瓜。冯说："叫你们营附（那时魏凤楼是手枪营营长，我是营附）来，叫他到德州买西瓜，多买一些，大家都尝尝。"我问冯买多少，冯说："买一车厢。"又叫我到济南去找闻承烈（济南市长）。我到济南给闻承烈一说，闻说："这不难。德州还驻我们一个团，团长是高兰田，你去找他好了。"我到德州找到了高团长。他很高兴地带我到车站去看那些集中起来的西瓜。大堆的西瓜按成熟程度分成几等。有的是现下就吃的；有的是可以放几天的。能放三天或五天都有区别。由于瓜的个头大小都差不多，所以买时，论个不论斤。高团长替我们要了一个载重25吨的木闷子车皮。一车皮可以装1000个，我们买了五六百斤。

西瓜买回来以后，冯叫运到烈士祠，请泰山武训小学的全体师生和手枪营的全体官兵都来吃。学生是三个人一个，士兵是五个人一个。热心办学的张三和附近村庄的老人们也都各有一份。还给关帝庙住的干部们送去了。冯和夫人以及他们的几个孩子也都来了，范明枢、张雪门等几位老先生也来了。一时间烈士祠热闹喧天，人人兴高采烈，大家异口同声地说："冯先生处处都想到我们。"

张佩荣卖地

张佩荣，泰安县人。冯玉祥当十六混成旅旅长时，他是十四混成旅旅长。张宗昌当山东督军时，他当过曹州镇守使，又调兖州镇守使。他当曹州镇守使时，我正在六中（曹州中学）念书，人们都称他为张军门。军门衙门常常唱堂戏。由于一位老师的引进，我也常去看戏。我看见张佩荣坐在大厅里，一面看戏，一面品茶；有人打扇，有人递毛巾，派头大极了。出来进去还穿长袍马褂，坐八人抬的绿帷大轿，俨然一个大官僚。

张佩荣的财产很多。济南有他的房子，泰安西关也有他的两处大宅院。土地就不知有多少了。这时他在泰安闲住。有一次他到五贤祠去见冯，冯午睡未醒，他就在普照寺我们手枪营营部里坐等。闲谈起来，他听说我是六中学生，就说六中办得怎样好，培养出多少人才，又说他多次去过六中，等等。我们谈到冯办学的事，谈到泰山我们小学买地的事，这就引起了他的注意。

原来冯给武训小学买地，都是孬地给的好地价钱，所以老百姓一听说学校买地，都争着给。张佩荣听到这情况，就非常热情而又急切地对我说：“扇子崖下边有我一块地，地块又大又平，离小王庄又近（小王庄办有武训小学的分校），卖给学校吧！”我说：“回头给先生说说吧！”

张佩荣见冯时谈了许多话，可是没敢提卖地的事。他走后，我把他的意思给冯说了。冯说：“这个老财迷，又想发财。送给咱可以一文钱也不记。你去给他说，他要是肯捐赠，我们给他抬匾挂锦旗，也算他给泰山老百姓做点好事。”

后来我到济南去见张佩荣，他见到我，招待非常热情。我对他转达了冯的意思，他说：“再研究，再研究。”这件事就算搁住了。

泰安中学校长

泰安中学校长高寅（字其宾）不知为什么被学生轰了出来，跑到县政府。冯知道了就说：“老师是学生最尊敬的人，学生不尊敬，想必不是好老师。你看范明枢先生，他对学生好，学生就尊敬他。”

谈到高寅是六中（曹州中学）毕业、北师大毕业；他的后任李映元也是六中毕业、北大毕业，冯就说：“人家都说何思源（教育厅长）用人有个条件，即六中、北大、哥伦比亚，看来一点不错。"我说："一个北师大毕业，一个北大毕业，当个中学校长还不够格吗？"冯说："那么多的北大、北师大毕业生当不上中学校长，为什么偏偏他们能当上呢？"我想了想，冯的话还是有道理的。

其实这根子还在王宏一。王宏一曾任山东提学使、山东省参议会议长，是六中的老校长。他办学是十分严格的，常说："就是省宾，也跟私立一样，校长就当一切家。"学生上课，迟到两次就得受处分。所以六中在山东最有名，出的人才也最多。王宏一在北京办一个南华学院，专门为六中毕业生报考大学准备生活条件。这就很自然地形成了山东教育界的一个派系。

"委员长"和"蒋先生"

1936年，冯玉祥任职军事委员会副委员长以后，经常到南京汤山步兵学校和炮兵学校讲话。在讲话中，每次提到"委员长"时，三个字一出口，"唰"的一声全体学员马上立正，就是陪坐的军官们也站得笔挺。即便在课堂上，也要立即放下书本、文具，挺直地坐着，两眼注视前方，像木雕泥塑一样。

冯对这种情况最看不惯。在归途的汽车上，他对我们说："人家喊我老冯，我觉得十分亲切。咱们在泰山提到蒋介石时，不也是老蒋长老蒋短的，多么爽快。在这里竟有这么啰唆！"从那以后，他给学员讲话，提到蒋介石，再也不说"委员长"了。只说"蒋先生"如何如何，避免许多麻烦。

第一密友李烈钧

抗日战争开始时，刘汝明送给冯玉祥两匹好马。冯说："我们是得练习练习骑马，将来打日寇，少不得要在山里和他周旋，光靠坐汽车指挥战斗是不行的。"他叫人在陵园他的公馆的东侧搭了三间芦席棚，专门派两个人在那里喂马，又叫西华门办事处的杨国体来练马。杨国体跟冯多年，当过骑兵团长，练马是很内行的。冯常常来这里试骑。李烈钧住得离我们近，冯也请他试骑。李烈钧年纪大了，没有骑，但他却多次陪冯到马棚去，边走边谈。

南京黄浦路有个励志社，是国民党军政官员的俱乐部，各项文体活动的设备都有。有一天，国府主席林森约冯到励志社打台球，冯不去。林森打电话给冯说："协和（李烈钧）、文白（张治中）都在这里，你总可以来了吧？"冯才去了。

这些事都使我联想到冯和协和先生的亲密友谊。回忆过去在张家口时，李烈钧一去，冯就叫他住在图书馆他自己住的那座房子里，而那里从来是不给别人住的。在泰山时，李一去，冯就叫他住在风景最幽雅的王母池，并派一连卫队保护他。李的长公子赣朋因作风问题父子不和；赣朋跑到泰山，经冯教育，恢复了父子关系。蒋介石请冯到南京去，冯不去；李到泰山斡旋，冯还是去了。冯在南京陵园住，经常和李同车出入，一路上无话不谈。那时汽油短缺，冯一听说李没汽油了，就立即派人送去。在庐山时，冯每事都找李商量，甚至上山下山也要征求李的意见，他们为什么这样亲密呢？到现在我还是不明白。

避居峪道河

王赞亭　李少奋　整理

1930年春，冯阎反蒋战争在河南开始，秋末冯阎失败，冯退居山西绛州，后到汾阳洞庙内。蒋介石乘胜陈兵河南陕州灵宝一带，迫逼冯阎下野，阎锡山由太原飞往日本在中国的租借地——大连避难。当时有人劝冯找一安全地暂住，最好也到外国租界。冯说："我是中国人，我不住外国租界，给我私人保险，这是耻辱。"劝者又说："那就通电下野，以免蒋介石进攻山西。""我不下野，你下野吧！"又被冯拒绝，劝者没趣而退。

冯感绛州距黄河太近，蒋介石的特务来往甚多。1931年春，冯即率战后所余部队北来汾阳，冯本人住距汾阳县城30余里的峪道河山沟中。山沟有小道一条，直通陕北，冯派其部下王国深带两人查明小道交通情况，知可走单行人及骡驮子，但夹道树枝挂脸，难以乘马通过。冯遂命李振宇手枪团驻峪道河周围、刘田炮兵团驻峪道河、李中兴教导团驻汾阳城内，冯又在峪道河以800元购得小院一处，杨柳环绕，春夏之交随风飘舞，因此命名为柳林社。

冯每日黎明即起，泉水漱洗，攀登山顶，仰天高呼。声音洪亮，双目炯炯，宛如饿虎觅食，旋又俯首长呼，似有无限郁闷之气舒发未尽。

一日，冯夫人李德全劝冯说："先生这样牢骚苦闷，于精神身体有损无益，你看过去大军阀张作霖、吴佩孚、孙传芳、卢子嘉等，轰轰烈烈，不几年寂焉无闻，与草木同腐；先生半生忙碌，无片刻闲暇，现在有了时间，可以读书写字，把愿意做的事愿意说的话写在纸上，可流传后世，比玩枪杆子好得多。"冯本好读书，听后颇受感动，即派人到陕北请来高清亚等，为其讲解马克思列宁主义的革命理论，同时又派人到北平请来几位大学教授，为其讲学。冯从此朝夕学习，不稍倦怠。

一日，冯说："峪道河沟这么多树，都是别人所栽，我们乘凉，我们也应当种些树，让别人乘凉啊！"于是冯率领随从十数人，亲自动手，在山坡路旁栽添了杨柳。冯又说："我爱吃水果，果树全是别人栽的；我们也当栽些果树，结了水果，让别人吃。"于是派人到烟台等地，买来苹果、桃、梨等树苗，率人亲自动手栽种。继又买地两亩，自己种菜；买羊30只、猪4头喂养。大有在峪道河安家落户的样子。

一日中午，冯坐在河边石头上看水。

冯问我："你看水在干什么？"

我答："水在哗啦哗啦地响呵！"

"你不用脑筋。"冯说，"水在喊冤枉呢！你听，冤枉，冤枉，我会发电，我会浇田，你不用我，我喊冤枉。"

我心想："英雄无用武之地，水在替你喊冤枉吧？"似触目伤感，冯先生想来不能在峪道河长住了。

避居在峪道河山沟里的冯先生是未忘情于军事政治活动的。1931年夏，冯派其外甥（忘其姓名）持冯密函前往甘肃兰州，策动刘郁芬的留守司令雷中田扣起甘肃省政府主席马鸿宾，自任主席，出动所部（约一师之众）反蒋；派我到陕西汉中，策动张维玺的留守司令王致远进军甘肃天水，响应雷中田。在我和冯的外甥出发前，冯问我："此次出发，越秦岭入汉中，步行千里，沿途情形艰难，事情又很重要，你对这事怎样想法？"我毫不迟疑地回答："好比上一次前线。"这当然意味着必须胜利，冯的外甥也做同样的表示。但因王致远胆小未能及时行动，以致雷中田失败逃亡。与此同时，冯还策动石友三倒张（张学良）反蒋，由河北大名直取北平；策动吉鸿昌由河南信阳进军郑州；策动商震出兵山西，共同应援石军。但当石友三进到保定时，商震却出娘子关，截断石军后路，吉鸿昌军亦未开到郑州，石友三只好率残部投往山东韩复榘处，冯这一次反蒋军事活动又告失败。

1931年年终，我因离家多年，向冯先生请准20天假回故乡菏泽过年，当时冯先生送给40元的路费，我按期回峪道河销假。

一见面，冯先生问我："二位老人家都好？"

"都好，谢先生挂心。"我很感动地回答。冯要我坐下来，我一向对他有些拘束，不敢坐也不敢不坐地坐下来。

冯问："多年没回家，这次亲朋都见面了吧？"

"见过了。"我答。

冯又问："他们对我的舆论如何？"

我说："都说冯先生练兵好，不扰民，真爱民。"

"也有说不好的吗？"冯继问。

"没有。"我说。

冯有些慨叹地说："我今住在山沟里，如瞎如聋，就你们十几个人跟着我，你们再不把真情实话告诉我，我就真瞎真聋了。"

我当时很受感动，忘掉顾忌，说："老百姓都说好，政界、教育界也有说不好的。"

"说什么不好？"冯插一句问。

我说："他们说冯玉祥太假。人生在世，谁不爱吃爱穿，偏偏冯玉祥不然，不是吃不起，穿不起，硬要吃粗穿粗，装模作样，不近人情。"

冯说："你怎样回答他们的？"

我说："冯先生很自然，不是假。"

"不是这样回答法。"冯说，"我冯玉祥穿的三面新（里、表、棉）的棉裤棉袄，又结实，又暖和，中国人织的，中国人穿，中国四万万同胞中有多少人能跟我一样穿这样三面新的棉裤棉袄？恐怕冬天穿不上棉裤棉袄的人，还不知有多少呢！我吃的白面馍头、大饼、苞谷窝窝头、白菜豆腐，喝的面条汤、小米稀饭，星期日还要吃大肉煮白菜，我这样的生活，中国四万万同胞有多少人能得到呢？我冯玉祥假到底，至死不变，是真是假呢？"

冯先生的这些话，历史已做了证明。

不久，冯派我到北京给王瑚先生送信，本来往返只需四天，我为贪看京剧，一星期才返回。冯见面即问："信送到了吗？""已送到。"我答，"王老先生问先生好，他本人身体也很好。"冯有点不高兴地问："为啥一星期才回来？"我说："菏泽老乡、亲友留我住两天谈谈，因此晚了一些。""他们对我有什么舆论？"冯马上面转笑容了。我说："他们多是学界及政界人士，都说冯先生军纪严明，秋毫无犯，吃苦耐劳，勤俭朴实。"

"不能都说好吧，也有说不好的吧？"冯有点怀疑地问。

"你就说我的短处吧，多说也不要紧，尽量地说，叫我痛快痛快。"冯接着说。

我虽自当学兵起就跟着冯先生，但直至做了官，对他始终有些惧怕。这时只得说："也有说不好的，他们说冯玉祥是倒戈将军，四次逼宫三次倒戈。我当时想这些都是事实，岔开话题，没作回答。"冯说这不对，应当这样回答："北京城里，这边是总统，那边是皇帝，三六九日朝贺，一撞钟，满城听见响。满街坐马车的大官，头戴顶子胸挂朝珠。一个国家，一位皇帝，一位总统，这是什么体制的国家？因此，我才逼宣统出宫。

"黎元洪坐总统多年，只知纳福尊荣，对于各省军阀年年混战、夜夜对敌，一句公道话不敢说，一点正义感没有；对于人民生死不顾，甘愿坐在北京当木偶，这不该逼他吗？

"曹锟贿选总统，不问国是，每晚招妓到总统府，花天酒地。对于代表国家尊严的国旗，都没人负责管理。一日各国驻北京使馆电话问总统府，你们国家哪位死了，今日下半旗？总统府才知国旗掉下半杆来。这样的总统有失国体，是否应该逼他？

"段祺瑞与日本订立卖国条约，丧权辱国，应否逼他？

"张作霖兵所到之处杀鸡宰牛，十室九空，祸国殃民；吴佩孚惨杀武汉工人，反对革命；蒋介石勾结帝国主义，排除异己，东北三省大好河山拱手让与日军，吏污官贪，背叛革命，是否应当倒他们的戈？

"今后如有这样的总统和军阀，我冯玉祥仍然逼宫倒戈，直至逼出一位真心救国救民的人来，我就不逼宫倒戈了。"

1932年下半年，蒋介石在全国人民一致抗日的呼声压力下，借口休养，下野回奉化暂避。冯蛰居山沟，感到政治苦闷，军事苦闷，久静思动，乃到南京号召蒋与全国人民一致抗日，这出乎蒋集团意料。蒋介石在其同僚的"敦请"下，赶快回到南京。冯见蒋无诚意抗日，无法相处，便只身坐铁闷子车到泰安普照寺住下来。

将军送我去读书

杨荷亭[*]

大约是在1932年五六月间的一个星期天，我正走在回校的登云街大道上（登泰山必由之路），忽然，静静的街上传来喊声，我立刻躲到路旁的一个门楼下观看，心中想着不知又是什么大人物上山来游览。不一会儿就看到几辆滑竿路过我的面前，我仔细看，啊！坐在第二辆滑竿上的人，不正是我崇敬的冯玉祥将军吗（我见过他的画像）！与此同时，从路旁的人群中传来了一阵欢呼声："冯总司令！冯总司令！"只见冯向他们招手致意。我用力睁大双眼，死盯住走远了的第二辆滑竿，直到连影子也望不见了。这时街上行人如旧，有的在互相谈论着冯的到来，我却呆呆地倚在门楼的墙壁上，心潮翻滚，思绪万千。

几天来我只觉得坐卧不安，决心上山求见并求助冯将军。但临到头上反而疑虑重重，有些胆怯了，思想斗争十分激烈。最后还是下定了决心，鼓足了勇气上泰山去见冯将军。

经过打听，知道冯就住在泰山上的普照寺内。寺院坐落在泰山腰偏西的一个风景区，远离这登山的大道。据说寺内禁游，四周戒备甚严，游人不得走近寺院，更谈不上进到寺内。我不由得联想到经常有大人物到斗母

---

[*] 作者当时系泰安贞德中学学生。

242

宫（尼姑庵）游览的戒备情况，那真是内静外戒，威风凛凛，杀气腾腾，谁敢走近？想到这些我的心凉了半截，觉得希望渺茫，但我再仔细地考虑了一下，坚决要上，普照寺的地形我还熟悉，便决定充当挖野菜的女孩，沿着后山的小道前进，遇到人就蹲下，没有情况就疾步前进。我在一个星期日的上午，写好一封求见信藏在内衣，从小道朝着寺院后侧慢慢走近，忽然看到山下的各条小道都有行人来往，并不像传说的那样森严可怕，我这才舒了一口气，胆子也大多了。急急忙忙走向寺院的后墙，刚走到拐角，两位哨兵就发现了我，其中的一位迎了上来，问："你哪里过来的？"我见他们的态度并不凶狠，又都没有背着枪支，胆子也大了，就很有礼貌地照实告诉他们："是从后山沟抄小道溜过来的，我要求见冯总司令。"哨兵面无表情地朝着我上下打量，然后淡淡地回答说："冯总司令不在家，外出访客去啦……"我不相信他的话，立刻很严肃地说："不在家没有关系，我就坐在这里等，如果他从外面回来我就求见，如果他从家里出来，我就要告你们撒谎。"那位哨兵朝着另一位哨兵递了个眼色说："你进去看看总司令是否回来啦。"然后又皱皱眉头问我："你有名片吗？"我急忙从内衣里掏出了早就准备好的那封求见信递给他，说："请你把这封信带上去。"他接过信后，反复地看了看，又捏了捏，就递给了那位哨兵，并温和地指给我一块大石板，让我坐下等。我怀着一颗忐忑不安的心在等待，不时朝寺院的大门里探望。

不一会儿的工夫，那位哨兵叫来了一位穿便衣的通讯员，指着我对他说："就是这个小姑娘。"并转身对我说："你跟着他进去吧。"当我转身向两位哨兵表示谢意时，正巧碰上他俩含笑的目光。

我跟着他一直走进内院东厢的一个大房间，冯夫人正坐在那里看我的信，看见我进来，上下把我打量了一番，就让我坐在她对面的一个杌子上，通讯员给我倒了一杯开水后离开了。这个房间就是冯的寝室，房里的摆设十分简单，墙上挂着很多字画，好似临时挂在那里看的，不知是他要送别人，还是别人送给他。有两张我们山东式的大木床，床上叠放着被枕。在几张大方桌上面，堆满了书籍和纸张，此外就再也看不到什么醒目的东西了。冯夫人对我表示歉意说："冯先生在那边同客人谈话，不能接见你，让我来代替他接见……"在我们谈话刚开始的时候，我感到很拘束，把早就准备好的话忘得干干净净，低着头坐在那里，她问什么我就回答什么，只觉得脸上火辣辣地直冒汗。就这样问答式的对话继续了一会儿，还是她逐渐设法才把气氛活跃起来。逐渐地我们越谈越热乎、越自然，她望着我，我也望着她谈，就这样我越来越大胆、越随便，竟然忘记了自己是身在何处。在我们谈话的中间，不时地传来冯先生同客人们在西厢房高谈阔论的声音，甚至是激昂陈词。冯夫人有时侧身倾听他们在讲些什么，我听不清也听不懂。就这样我们谈了很长的时间，最后冯夫人对我说："你先回去吧，我同冯先生研究一下再答复你。"就这样结束了我们第一次的谈话。

大约过了十多天的时间，突然校办公室叫我去。当我走进办公室时，看到几位重要的领导都坐在那里，同时都用一种不寻常的目光望着我走进去，女校长首先开口问话："你认识冯总司令吗？你同冯总司令是什么关系？"我被这突然的问话吃了一惊，一时不知应该如何回答才好，略微迟疑了一会儿才慢吞吞地说："不认识，什么关系也没有。"她立刻从桌上拿起了一封早已被他们打开的信交给我说："冯总司令叫你这个星期日上午10时到他那里去一趟。"接着就是一阵好奇的追问。

到了星期日，我按照约定的时间上了山。上次见到的两位哨兵见到我，让通讯员领我去见冯夫人。见冯夫人正在整理东西，我忙走过去帮忙。冯夫人歉意地说："真不巧，冯先生又来客人啦，我俩边干活边谈话吧。"态度和蔼，自然融洽，好似在自己家中。中午时刻，通讯员进来通知她去吃饭，我便主动告辞，她很诚恳地留我一起吃午饭，我只好跟她走进了饭堂。

吃饭的桌子是用三条长桌拼起来的，两边放着些长条凳和杌子，那天的主食是油饼，喝的是麦片粥。刚刚坐下，便听到一阵谈笑声，我抬头看，是冯先生领着几位客人来用饭，便立刻站了起来，这时冯夫人指着我说："这就是杨荷亭女士。"冯先生面带笑容地看了看我说："请坐，请坐，不要客气，请用饭吧。"说完，他就连忙招待那几位客人坐下，然后坐在冯夫人的身边也就是我的正对面。只见他态度严肃而不令人生畏，有时和蔼而又令人肃然起敬，步伐稳、健、慢，声音沉着有力，目光锐利，身材魁梧，身穿便服，脚下是布底便鞋，神情自若。等大家都坐定后，他们夫妇忙着为客人盛粥夹饼。我心情激动地盯着冯先生同客人讲话，这时我的脑海里浮起了一幕幕回忆，从我幼年时期起一直到今天，听到过多少关于冯玉祥传奇般的种种事迹。他巍然坐在我的面前，与我同桌共餐。他好似感觉到我在注视着他，猛然间转向我说："小姑娘别捧着个碗光喝稀的，要吃饼就菜呀。"说着，就夹了一大块饼放在我的面前并同我谈起话来。"要好好读书，将来要成为一个对国家对同胞有用的人……"虽然我初次同冯谈话，却感到很自然。吃过饭，冯夫人满面笑容地对我说："冯先生已决定答应你读书的要求，他将负责你全部的费用，希望你好好地用功读下去。你现在回校去吧，等你放暑假后再来见我。"就这样，我这个穷孩子又回到了山东泰安德贞中学继续读书了。

一放暑假，我立刻上山去见冯夫人。她亲切地拉我坐在她的身边说："冯先生想让你到山西汾阳铭义高中去求学，那里的校长是余心清，是冯先生的朋友，你的一切用费，包括生活上的费用，冯先生全部交由余校长负责，你一定要在秋天开学之前赶到……"她停了一会儿说："路途是很遥远的，你自己敢去吗？"我说："敢。"

然后她取出了一个小包袱，对我说："冯先生让我给你找了几件旧衣服，我穿着太瘦了，你改改穿吧。"原来我三次上山都是穿着我自己染蓝的唯一的、只有出门才肯穿的大褂。这些微小的事情，他们都注意到了。

冯夫人又取出了50元钱，放在我的手里说："这是你去山西的路费，是很有富余的，要收好，多藏几个地方，沿途要当心……"她好似送别女儿，叮咛了很多话，我非常感动。自从11岁失去了母亲，我再未享受过这样的亲情。我尽力克制自己的眼泪不使它流出，头也不敢抬。房中的气氛沉寂了很久，最后冯夫人站起来扶着我的肩膀说："回去吧，祝你一路平安，到达后来信……"我仍然夹着那个小包袱，呆呆地站在她的身边，脸扭向了墙壁，冯夫人低声问我："你还有什么话要说吗？"我快要哭出声来，说："我要谢谢冯总司令，我要告辞冯总司令。"她立刻握紧了我发抖的手，低声安慰我说："不必啦，你听——他正在同客人谈话啊！要记住他在吃饭时对你讲的那些话，以及对你的希望，别辜负了他就行啦……"就这样我离开了他们。

下山的时候，我曾多次停下脚步遥望冯玉祥夫妇居住的寺院，任眼泪一串串地流下来。

后来我在山西铭义高中读书时，冯将军委托余心清校长负责照顾我，当我在山东济南齐鲁大学读书时，他又委托女子部主任刘兰华负责照顾我。每当一学期结束时，我总要把这一学期来的学习、生活以及各方面的情况连同成绩单向冯将军作详细的汇报。他每次收到汇报信，都给我回信，对我各方面的成绩表示满意，并加以鼓励。从回信中可以看出是由他的秘书代复的，但信后落款的"冯玉祥"三个大字都是他亲笔所题。将军在百忙之中还这样细微地关心着我，真是令我终身难忘。

冯玉祥买灯盏

何宝善

　　1938年冬，抗日战争进入第二年，日军占领武汉，国民党政府西迁重庆。冯玉祥将军任国民党军事委员会的副委员长，于1938年12月的一天由重庆去贵州视察，他的卫队营葛营长带领一个连护送。冯偕夫人李德全坐黑色大比尔克轿车，卫队连乘三辆军用卡车，中午到达贵阳。国民党贵州省政府主席吴鼎昌等文武官员出城迎接，至贵州省政府休息并进午餐。

　　我当时任国民党军驻贵阳市宪兵营七连排长。宪兵营长戴尧天命令我率领一个排前往贵阳电厂冯副委员长下榻处担任警卫。这个供贵阳照明的电厂因机器陈旧，日军疯狂轰炸，电机没有零件修理而停止发电。坐落在贵阳南明区的电厂办公楼，环境幽静，风景优美，空气新鲜，是当地条件较好而安全的地方。我带宪兵到电厂后，院内已打扫得干干净净；护送冯将军的卫队连和所乘三部卡车已停在电厂对面的南明桥院内。全连官兵正在吃午饭。我找到葛营长，一同去电厂院内察看并巡视了周围，商量设置警卫岗哨的位置，接着召集全排宪兵讲明任务，布置站岗地点、值班人员及应注意事项，安置好宪兵住室。我同葛营长和冯将军的王副官将冯将军夫妇的被褥衣箱从卡车上搬到楼下一间卧室内，王副官把被褥打开，铺在床上。被褥全是白粗布里、蓝印花粗布面，白布床单，身为副委员长的冯将军，盖的铺的是粗布被褥。过去传说冯将军过着和战士同样艰苦朴素的

247

生活，今天我亲眼所见，他实是名不虚传，我内心敬佩万分。

下午6时许，负责照料的勤务员把煤油汽灯点燃，又预备了数盏煤油罩灯，这时冯将军偕夫人由吴鼎昌陪同回来，进入客厅相谈约20分钟，吴乘车离去。这天，冯将军虽乘车长途跋涉，但不顾疲劳，在灯下看文件到晚11时才休息。次日早晨6时许，冯将军同夫人去对面南明桥散步，并看了卫队连的住处，返回进早餐。桌上放了四样小菜，吃的是稀饭馍馍，很是简单。冯将军在贵阳住了七天，除外出路远开会、视察乘汽车外，有时身穿中山便服徒步到贵阳市内看看，因我负责安全，冯将军步行外出时，我即派六名武装宪兵跟随保护。冯将军看有武装宪兵前后护卫，就把我叫去问是谁派的。我答："报告副委员长，是我派的武装宪兵，保护你的。"他当即用命令的语气吩咐："以后不要派武装人员随护。"自此以后，每逢冯将军偕夫人徒步外出，我就和四名宪兵换上便服，跟随警卫。

一天下午，冯将军身着草黄呢子中山服同夫人步行到贵阳大十字街口，已是下午5点半。这是贵阳最热闹的街道，行人很多，有些人停步观看身躯高大、形象亦庄亦谐的冯将军，有人小声说："这人一定是个大官。"冯将军同夫人进入一家土产杂货店，看见柜台内摆有陶土烧的黑色磁灯盏，是点植物油的，问了价钱，店主说："这是乡下人点的灯盏，每个卖六分洋，你大人不要这个。"冯将军说："我买30个。"店主人慌忙挑选了30个，用细麻绳从灯盏碗心中穿灯芯的小窟窿里穿了两串，每串15个。葛营长和我每人提了一串，随即秘书付了钱，又逛了几家大商店。街上已是灯火明亮，来往行人很多，贵阳的夜市开始了。贵阳在旧社会与其他省的城市有个不同的习惯，就是中午12点以前街上人很少，生意店铺多不开门营业，而到了夜晚，商店灯火通明，街上人群拥挤，买卖兴隆。这时，冯将军问我："贵阳为什么是夜市？"我即回答："贵州人吸鸦片的多，因染有烟瘾而懒，人多上午睡觉，晚上有精神在市上买卖。"冯将军说："现在还有种卖鸦片的吗？"我回答说："贵阳市内开大烟馆的已没有了，还有偷卖大烟的黑市，县城有的仍半公开买卖大烟（鸦片）。"我随冯将军往回走，进了电厂门后，冯将军说："禁烟禁毒不彻底，要宣传执行禁烟禁毒条例。"

　　我用请教的语气说："副委员长买这么多灯盏何用？"冯将军说："卫队营每连发10个，叫弟兄们晚上学文化用。"接着又说："煤油很缺嘛！菜油茶油到处有，又省又方便。"当天晚上我去卫队连，就看见每10来个士兵围着一盏灯，有手捧识字本的，有看操典的，都在学习。

　　冯将军和夫人天黑时才回去吃晚饭，桌上摆着两荤两素，米饭、馍馍、红豆稀饭，因为冯将军爱吃五香大头菜，每天必有大头菜烧肉，生活非常俭朴。

合川献金

李　震

　　1938年春天，我在西安的东北竞存小学读书，冯玉祥将军当时任军事委员会副委员长。有一次他到西安去视察，闹了一场笑话，这件事很快就在当地传播开了。

　　西安军政当局事先得到消息，说冯玉祥将乘火车于那天早晨抵达西安。于是，一大群军政要人，还有一大批士兵，一大早就赶到火车站列队恭候，准备热烈欢迎冯。火车进站了，军乐队奏起了乐曲，欢迎的队伍肃立以待。旅客下完了，列车开走了，却始终不见冯的身影，也不见有冯的卫队，大家都感到莫名其妙，不知所措。

　　这时，下车的旅客中有一个身材特别高大魁梧，比一般人要高出一个头的人，普通百姓打扮，走到城门附近道边一个粥摊坐下，压得板凳吱吱发响。这人要了一碗小米粥，一个窝窝头。他大脸盘，粗眉大眼，声音洪亮，带点外乡人口音，卖粥人暗中叫绝，心想，这人要找个出大力的活保准不难，看样子挑扛二三百斤是不费吹灰之力的。这人边吃边问："今天有什么事，这么热闹？"卖粥人答道："听说是欢迎一个大官。"客人说："什么样的大官，要这样兴师动众？"卖粥人说："听说是冯玉祥将军。"客人说："冯玉祥也不过是个普通人，何必摆这样大的排场？"卖粥人赶紧说："先生小声点，莫叫人听见惹麻烦。"客人笑着说："听见

250

也没什么麻烦，我就是冯玉祥。"

1942年的盛夏，已经是盛传冯玉祥白天打灯笼面见蒋介石条陈社会黑暗之后了。有一位李君，原是冯的旧部，在重庆失业，想求冯找个"饭碗"。

李从歌乐山冯住处回到弹子石，对我们说："冯先生还跟从前一样。"李解释说："冯先生不喜欢别人称他的官衔，所以大家都这样称呼他。"李接着说："他还是那样平易近人，很容易见到。我虽然只在他手下当过一个小连长，可他对我也是很客气的。我进去的时候，冯先生正在和勤务兵一块儿收拾卫生，他们都轻手轻脚，用脚尖走路。冯先生穿着白衬衣，累得满脸流汗，衬衣也湿透了。"李最后说："冯先生很认真地听我说完来意之后，无可奈何地苦笑着说：'是啊，我们当军人的不让去打仗，连碗饭都不让吃，现在很多人都在挨饿。'冯停了一下，意味深长地说：'你看我这个当兵的，现在不是连枪也都没有了吗，有劲没处使，只好拿抹布跟尘垢打仗。'"

冯为什么发牢骚呢？原来，蒋介石表面上虽被迫同意抗战，实际上却仍千方百计消灭异己，扩充嫡系，欲达独揽大权的目的。他率领亲信，迁都重庆，龟缩到抗日战争的大后方。重庆的人口剧增，物价飞涨，百姓怨声载道，蒋介石却充耳不闻。冯此时虽已削去军权，自以为尚有发言权，于是在一个大白天打着灯笼，面见蒋介石，准备条陈时局的利害、社会的弊端。他到蒋介石面前才把灯笼吹灭。蒋介石不解地问："焕章，为什么要这样？"冯意味深长地说："外面一片黑暗，只有你这里还有点光明。"冯将军接着谈了当今，特别是重庆的情况，前方将士浴血抗战，后方的官吏贪赃枉法，奸商囤积居奇，大发国难财，因而物价飞涨，民不聊生，怨声载道。蒋介石听了之后，故作惊讶地说："竟有这样的事？焕章请放心，我马上亲自去调查，如果情况属实，我一定从严查办！"

蒋介石还真的亲自去调查了，他传口谕，第二天要到冠生园去吃饭，目的是看看物价到底涨了没有。侍从官当然理解他此行的意图，于是做了稳妥的安排。结果一顿饭的价钱和抗战初期的差不多，蒋介石当然要对冯反映"假情况"不满了。原来，冠生园是孔祥熙开的买卖。

1943年春夏之交，抗日战争正处于艰苦阶段。在一片消沉悲观的氛围中，突然传来一个振奋人心的消息，说冯玉祥将军出任献金运动委员会主任，并将亲临合江县。死气沉沉的学校一下子变得活跃起来，人人奔走相告，几乎与世隔绝的桂溪园，一下子又进入了现实。我们国立第十六中学初中分校的200多名师生，一大早就从学校出发，翻山越岭，徒步了15里，又渡过长江，来到合江县城。

会场设在县城内一个坝子（即空场）上，大会以学生为主，除我们十六中之外，还有国立女子中学和合江县的一所中学，此外还有当地一些工商界人士。会场气氛非常热烈、活跃，情绪也非常高涨，原因之一，恐怕是很多人都想亲眼看一看冯玉祥的"庐山真面目"。最活跃、最兴奋的要数我们十六中和国立女中的同学了，歌声此起彼伏，不绝于耳，《你这个坏东西》很自然地成了这个大会的主题歌。会场正前方临时用木板搭起一个台子，台面有一人来高，台上两侧放着长条板凳。

冯玉祥将军出现了，会场内顿时沸腾起来，掌声、歌声、口号声响成一片，简直震耳欲聋。冯和一群当地的乡绅一同步入会场，从我们面前走过。不用介绍，我们一眼就认出了冯将军，尽管他也是穿着便衣。他那魁梧的身躯，比一般人要高出一个头。他头上戴一顶鸭舌帽，身上穿一件褪了色的蓝布大衫，衫长到腿肚处，这就越发显得他的身材高大了，脚上穿的是白袜子，黑布面千层底夹鞋，完全是普通百姓的打扮。但是满脸英气，步履矫健，气宇轩昂，实非凡人可比。

冯很有礼貌地把那些乡绅一个一个地扶上竹梯，他最后一个登上台，然后又安排乡绅们就座，这一切都显得文质彬彬，不见有丝毫武将风度。我从记事时起，有好几年都是跟着父亲在军队里度过的，不仅吃、住是在军队里，就连出操、开会父亲也经常带着我，我对军队的生活可以说是很熟悉的了。下自士兵、马夫，上至军长、司令，甚至军政部长，我都见过，因而，军人在我的头脑中自然形成了一个概念，归纳成一个字，那就是"粗"。可冯除了他高大魁梧的身材之外，却一点也找不到"粗"的影子。

冯开始讲话了，用现在的说法，就是动员报告吧。当时没有现代化的扩音设备，旁边的人递给他一个用铁片做的话筒，他谢绝了。我们担心听不清他的话，大家都不由自主地往台前凑，这是多余的。冯的嗓音非常洪亮，在露天会场里，虽然有上千的人，但都能听得清清楚楚，就连他那带安徽腔的普通话都能分辨得出来。

接着是献金，我们这些流亡学生自然无金可献，有金可献的就是那些坐在台上的乡绅，他们视财如命，要想从他们腰包里往外掏钱，谈何容易？也许是冯想出来的好主意吧，他事先画好一些画，采取义卖的形式。冯把卖画钱全部献给国家；买画者，既捧了冯的场，又落个爱国的好名声。冯画的都是白菜、萝卜、辣椒一类的农作物，朴素雅致，有浓厚的民间生活气息。每幅画上都有题词，题词又多为打油诗，通俗易懂，立意新颖。冯不仅善画，而且善书，他写得一笔好隶书。即使这样，那些乡绅也不肯轻易认购，他们迟迟不动，我们就唱《你这个坏东西》，有人买下了，我们就报以掌声。

有一方名砚，据宣布是一位爱国者献给冯将军的，冯将军也拿来义卖，要价是法币10万元。经过沉默、口号、歌声、掌声，先后有三个坐在台上的人认购后又献给冯将军。轮到第四个，认购之后就不开腔了，停了一阵，我们又唱起《你这个坏东西》，他才不得不再把砚台献给冯将军。

最有意思的是大会结束时的一个情景，现在犹历历在目。主持人宣布散会，台上的乡绅们，有的手中捧着冯将军义卖的画卷，有的手中空空如也，都端坐在那里，等候冯如来时一样欢送下台，谁知冯竟然先走一步而置诸君于不顾。看着台上的土乡绅，我们始而发愣，终于大笑。

忆先生二三事

陈兴禹

演　讲

　　1943年初冬，我们八百多名流亡学生在战区学生中学进修班上学。地址是重庆青木关附近的八庙塘。一天，学校宣布紧急集合，听冯玉祥先生演讲。同学们一时议论开来，有的说："老蒋的把兄弟，大老粗讲话有什么听头？"有的说："虽然同是国破家亡、流离失所的人，但他是官，咱是民，他和我们不一定是一个调子。"有的说："他虽是军阀，但治军严明，有'兆赤'称号，更有爱国心肠。"正在议论中，只见操场里出现几个穿呢子制服的人，那是国民党警卫旅的人。有的轻声说："特务们腿快，他们倒先来了。"

　　从青木关到八庙塘是七公里的石板路。上午10点左右，路上走来两个人，一高一矮，后面跟着几个警卫。校长和主任立刻迎了上去，我们肃然伫立，等着冯的到来。

　　一阵掌声过后，冯和那个矮个子（据说是中央国术馆馆长）已经跨上操场的台子。他身材魁梧，没戴帽子，穿一件蓝军布对襟中式棉袄，这袄瘦而长，很有几分乡土气息。六十多岁的人了，仍然面色红润，精神饱满，相貌慈祥，使人感到平易近人。没等校长介绍，他就用浑厚的口音讲

254

了话：

"同学们，你们喜欢不喜欢听山东小调呀？"用这种方式演讲，同学们觉得很新奇，不约而同地回答："喜欢！"

于是，他就唱了起来：

一更里来月正西……

这是民间的五更调，大意是日本人怎样野蛮残暴地侵略中国，人民怎样遭受灾难。沦陷的大片土地上，尸横遍野，哀号动天；那些背井离乡的人，饥寒交迫，奄奄一息，不堪言状。他的歌声悲怆凄凉，唱着唱着声泪俱下，泣不成声。我们这些学生都是流亡他乡、饱经忧患的人，谁不怀念自己的家乡？谁不怀念沦陷区的父母兄妹？纵使铁石心肠，也会引起共鸣的情绪，无不泪如泉涌、痛哭流涕了。

突然，他高声喊道：

"我们不能老哭了，哭能够把日本鬼子哭跑？我们不能哭，我们要杀敌！"

立时，大家停止了哭泣，一腔悲愤化成了同仇敌忾。

冯又大声问道："我们宝岛台湾被敌人占据多少年了？"

"48年了！"同学们回答。

"我们的粮食囤子东三省丢了多少年了？"

"12年啦！"

"我们的华北、华中、华南、内蒙古呢？"

"丢了五六年啦！"

他愤怒地向桌上击了一掌，接着讲起抗日的道理来。教育大家要卧薪尝胆，鸡鸣起舞，随时准备着为国效力。从开始到结束，除了他那洪亮的声音外，全场鸦雀无声，人人都鼓起了满腔的爱国热忱。我当时也是思绪万千，正如两句古文所言："无路请缨，等终军之弱冠；有怀投笔，慕宗悫之长风。"这天，他共讲了六个小时，却毫无倦容。

第二天，他在讲话时，着重勖勉我们要好好上学，再三强调做学问要扎扎实实，在中学要打好基础。又举了好多学习方法，列举了几位古人的学习精神，并且谈到他的一个侄子好高骛远，当时正在国立八中读高二（那时高中是三年制），却想到重庆考大学，要求冯替他"说情"。冯把他训了一顿。但他不听话，自己真的考上了大学，可是第二年就跟不上课了，自己又后悔了。

这第二天的演讲，也是上下午，足有六个小时。冯善于辞令，深入浅出，掌故运用自如。他的讲话时时为掌声所打断，使人不由自主地热爱他、尊敬他，先前有人对他有不同的看法，都已飞到爪哇国去了。

在演讲的休息时间里，许多听众请他在纪念册上题字留念，他都写上工整的魏体字——"还我山河"，并盖上"冯玉祥印"的图章。也有盖两个的，据说那是因为他们都信奉基督教。

第一天演讲完毕，已经天黑了，他在学校吃过晚饭后才走，回家后发现东西全部被偷。第二天他还照样讲演，谈笑风生，直到天黑才离开我们。事后我们知道了他被盗的事，都觉得奇怪：

"冯先生家里总会有警卫保护的，怎么还有人敢去偷呢？"

"也许是不抗战的老蒋与抗战的老冯开玩笑吧！"

募　捐

1944年夏，重庆沙坪坝考生特别多。一天上午，我们几个人到南开中学南边水池里洗澡，忽听人说冯玉祥正在大礼堂讲演，我们都喜欢听他讲演，就跑了去。南开中学是有名的贵族学校，这里的学生尽是坐着小轿车上学的公子小姐。我们进入大礼堂时，里面早已坐满了一千多名学生和听众。我们只得站在墙边。当时，冯已经讲了半个钟头，身旁站着李德全夫人。我知道他这次是为了"献金救国"而讲演。他先讲了国际形势，接着谈国内战局，讲着讲着他突然问："我唱一支山东小调，同学们愿意听吗？"听众立刻鼓掌欢迎，记者们纷纷上前拍照。我想他一定又要唱"五更调"了。谁知他唱的是另一支小调，唱词我还记得：

　　叫乡党，细听我来讲，我们的东邻舍，有一个小东洋，四十年来造枪炮，一心要把中国亡。

　　日本人，不讲理，先占了台湾省，又占了我黑龙江，华北华南也霸去，要把咱中国一口吞。

　　鬼子的队伍虎狼群，杀人放火带掳掠，强暴又残忍，见了那闺女媳妇他就抢，三岁的女孩儿，五六十岁的老太太，轮流被奸淫。这大好的河山全破碎，这不共戴天的仇恨，怎能忍？

　　同胞们，快联合起来！有钱出钱，有力出力，有枪拿枪上火线，组织起来打游击，要把日本鬼子赶出中国去！

他的歌声有高有低，有顿有挫，先是娓娓动听，继而声音沉重，悲切酸辛，最后又慷慨激昂，振奋人心。一曲未终，义愤填膺，颗颗泪珠，滚落在蓝布制服的胸前，这种壮烈悲恸的真情，感染了全体听众，在场的人都随着哭了起来，那些千金小姐也忍不住一掬同情之泪了。

唱完了小调，李德全夫人递给冯先生一条毛巾，冯先生一边擦眼泪，一边不时发出呜咽之声。听众们无不热血沸腾，心情激荡。

接着，冯又大讲祖国的可爱，名山大川，名胜古迹，历历如数家珍。从五千年的悠久文明讲到中华民族的不可侮辱。

最后，他说：天下兴亡，匹夫有责，而今国难当头，就要有钱的出钱，有力的出力，士兵兄弟们正在前方浴血抗战，生活十分艰苦，我们在后方应该好好做事，好好上学，还应该把节省的钱捐给国家，支援抗战。他举出近年来到自贡、眉山、新津、成都等地发动献金的实例，这些例证都有真名实姓，有的已在报纸上登载。他的讲话，感人至深。在座的纷纷捐献。一位小姐竟把手上的宝石戒指摘下来，交了上去。

这次捐献大多是现金，也有金戒指、手表、西装等贵重物品。有人估计在1000万元以上。

献金的时候，有几位记者和学生向冯请教问题，大多触及时事而又非常尖锐，他一一作答，毫无顾忌。

有位重庆大学的学生问："冯先生到处宣传献金救国，令人敬佩，但中国的第一个大财神，先生敢不敢向他募捐呢？"

"谁？"

"马寅初教授说的，这……这人在美国的存款有十个零，零前的数字就不必说了。"

事情很明显，大家都知道他不敢指名道姓的是谁。在那特务横行的年代，谁也不能不有所顾忌啊！

冯先生笑着说："可以，当然可以，我查到是谁，当然要去找他的。"

募捐圆满地结束了。李德全夫人在前，冯先生在后，一起上了小汽车。然而，同学们仍在激动之中。

传奇将军买胡豆

1945年春天，我们几个同学到四川荣昌县城买东西。中午，我们刚拐过南门外汽车站，就见从成都来的公路上驶来一辆黑色小汽车，后面跟着两辆卡车，在进城的街口停了下来，卡车上下来的都是穿呢子制服的警卫旅卫士，从小车里下来的是冯玉祥和另外一人。

冯衣着还是那样朴实。他与那人走进街西的一家饭馆坐下，要了点泡菜、豆花和辣椒等素菜，两碗毛儿头（蒸的大米饭，碗上面又用茶碗加盖一茶碗米饭），这样的饭都是劳苦大众吃的最普通的饭食，没有一点荤腥，他吃得很香甜。同屋吃饭的人大都点头赞叹："老冯是国府副主席、军委副委员长，生活却这样简朴，吃得这样简单。"也有个别人说他："这未免有点过分，难道他在家也吃这种饭吗？"

这时，一个卖胡豆（蚕豆）的小孩子，年纪不过八九岁，赤脚，衣衫褴褛，端着个直径约一尺二三的竹笸箩，去冯面前叫卖。冯把小孩上下看过，便问：

"你为啥子不上学？"

"家穷，没得钱。"

他让小孩吃饭，小孩不吃。他就一面吃饭一面和小孩闲拉。吃罢饭，他接过小孩的笸箩，让小孩跟着他，往北径直向城里走去。好事者也都跟着去看。到了县政府附近的大荣货店（相传为孔祥熙的二小姐所开），冯找着老板问："我卖你点胡豆好不好？"老板见是冯玉祥，哪敢怠慢，赔着笑脸答应了。冯就把小孩笸箩里的胡豆卖给了老板，索取了1000块钱，笑嘻嘻地把钱交给了小孩，并拍着她那瘦弱的肩膀说："回去上学去吧！"

小孩喜出望外地从人群中跑开了。

这件事从头到尾，我们都亲眼所见，观者无不赞美冯玉祥的侠肝义胆。此事颇富喜剧色彩，所以至今记忆犹新。

读家父《自寿诗》想起

冯洪达　余华心

　　《新文学史料》1979年第5期上有父亲《自寿诗》一首，不由想起当年有关这段很有意义的历史。

　　《自寿诗》的标题是《60岁的小伙子》，写于抗日战争时期的重庆。由于父亲出身赤贫的农民家庭，为了生活，12岁便当了兵，以后经过艰难曲折的道路，虽然位至上将，但仍不失兵民本色，一生恶奢华、喜俭朴。正因为这样，所以1941年他在过60岁生日的前两个多月，便在我党于国民党统治区公开出版的唯一的报纸《新华日报》上发表了《六十寿辰致朋友的一封信》，信的原文是：

　　××先生大鉴：

　　　大示收到，多谢多谢。您说还有贺我六十的泥金对联一副，另包挂呈寄赐，对此厚赐，我可不想道谢您！

　　　玉祥年虽六十，而学识才力仍一兵。人生的价值要以对民族国家贡献的多少而定，并不在年岁的大小。玉祥才微识浅，徒负虚名，惭愧之情，与年俱增；您的夸奖，适足使我更加难过而已！真的，我很想哭一场！

　　　实际上，您费神编撰对联，还须研墨写好，还须挂号寄来，而泥金对联又非数十元不办，费时花钱不过为了贺我虚度六十；于我无益，于君有时间金钱的损耗，所以我不想道谢您！

从抗战开始，玉祥既有决定：凡无关于抗战者，不谈、不写、不做。我的生日与抗战无关，您虽善意，而我如坐针毡。即在平时，我们公务人员亦应革除酒肉应酬、按时送礼之陋习；抗战期间怎好还注意这些小节而浪费光阴与金钱？我的话系出自肺腑，绝非矫情，我深信您必能明白我，原谅我！尊此，敬祝

时祺

冯玉祥①

尽管父亲有言在先，谢绝祝寿，但是各方人士出于对他的革命精神和爱国热忱的尊敬，仍然对他的六十寿辰表示了隆重的庆贺。特别是《新华日报》于11月13日寿辰前日，以《庆祝焕章将军六十大寿》的醒目标题，辟出整版发表各方贺电祝文。父亲的自寿诗《60岁的小伙子》作为头条刊登在右上方，正中间还有他的一幅木刻像。最让父亲感动的是毛泽东主席等中共中央领导人从延安给他发来的贺电，以及当时在重庆的周恩来副主席亲笔命题和署名的祝文。现将这些宝贵的史料抄录于下：

焕章将军勋鉴：

欣逢先生六秩诞辰，泽东等山河暌隔，未能跻堂为寿，良深歉仄。兹特肃电奉贺，用当华祝，词虽俭平寸楮，情实殷于三多，希垂察是幸。引领

乔云，毋任忭颂。

毛泽东　林祖涵　吴玉章

陈绍禹　秦邦宪同叩佳

---

① 见《新华日报》1941年8月28日第二版。

南山峨峨，生者百岁；

天风浪浪，饮之太和。

　　集司空表圣诗品　恭祝

焕章将军六秩大庆。

朱德　彭德怀

上将勋名日月高，时危草野起英豪。

龙争虎斗风云会，豕突狼奔海宇骚。

力赞中枢抗强寇，性耽佳句弄柔毫。

吟诗寿世原余事，语妙并州快剪刀。

董必武敬祝

真体内充，返虚入浑；

生气远出，与古为新。

　　集司空表圣诗品　共祝

焕章将军六秩大庆。

叶剑英　李克农敬祝

写诗写文章，亦庄亦谐如口出；

反帝反封建，不挠不屈见襟期。

邓颖超敬祝

当代老青年，所向无前，怪力乱神齐辟易；

论坛新宿将，其来有自，嬉笑怒骂皆文章。

吴克坚敬祝

民国宿将，大众诗翁。位尊而关心民疾，身老而益奋壮猷。逢花甲之寿辰，为民族所共庆。

钱之光敬祝

为民族存正气，是抗战之前驱。

徐冰 张晓梅敬祝

周恩来副主席祝寿冯焕章《先生六十大庆》的文章，更是系统全面地对父亲的多半生政治生涯做了高度的评价。当我们读到这篇文章时，联想到总理他老人家对我们一家始终不渝的关怀，禁不住热泪夺眶而出。我们怀着无限崇敬的心情，抄下这篇全文：

> 焕章先生六十岁，中华民国三十年。单就这三十年说，先生的丰功伟业，已举世闻名。自滦州起义起，中经反对帝制，讨伐张勋，推翻贿选，首都革命，五原誓师，参加北伐，直至张垣抗战，坚持御侮，一再表现出先生的革命精神。其中，尤以杀李彦青①，赶走溥仪，骂汪精卫，反对投降，呼吁团结，致力联苏，更为人所不敢为，说人所不敢说。这正是先生的伟大处，这正是先生的成功处。
>
> 先生善练兵，至今谈兵的人多推崇先生。五原誓师后，又加以政治训练，西北军遂成为当时之雄。先生好读书，不仅泰山隐居时如此，即在治军作战之时，亦多手不释卷，在现在更是好学不倦，永值得我们效法。丘八诗体为先生所倡，兴会所至，嬉笑怒骂，都成文章。先生长于演说，凡有集会，有先生到，必满座，有先生讲话，没有不终场而去的。对朋友对同事，尤其对领

---

① 李彦青系军阀曹锟手下的人，曾杀害两名爱国记者，为曹包庇下来。

袖，先生肯作诤言，这是人所难能的。先生生活，一向习于勤俭朴素，有人以为过，我以为果能人人如此，官场中何致如今日之奢靡不振？！先生最喜接近大兵和老百姓，也最懂得军民合作之利，这是今日抗战所必需。先生不得志时，从未灰过心，丧过志，在困难时，从未失去过前途，所以先生能始终献身于民族国家事业，奋斗不懈，屹然成为抗战中的中流砥柱。

先生的德功，决不仅此，我只就现时所感到的写出。先生今届六十，犹自称为小伙子，而先生的体魄，亦实称得起老少年。国家今日，尚需要先生宏济艰难，为民请命，为国效劳，以先生的革命精神，定能成此伟大事业，不负天下之望。趁此良辰，谨祝先生坚持抗战成功，前途进步无量！①

这样的祝寿词文，父亲看了禁不住热泪盈眶，深受鼓舞和鞭策。因为当时他虽名义上是副委员长，地位仅次于蒋介石，但由于他坚主联共抗日，反对蒋介石的不抵抗主义，所以蒋介石对他耿耿于怀、恨之入骨，时时处处派人严密监视他、防范他，使他不能过问国事。在那形同幽囚的处境中，中共领导人对他如此高的评价和所寄予的殷切希望，怎能使他不感动唏嘘呢？父亲所以能从一个典型的旧军人逐步走向一心一意为人民的革命道路，固然是由于他自己的主观努力，但主要的还是中国共产党对他的帮助和影响所致。

这一天的《新华日报》，父亲郑重地把它珍藏起来，至今仍保存在他遗留的文物之中。

父亲的六十寿辰，还有一段避寿的佳话流传。11月14日生日这天，家里的宾客仍是终日不绝，简单朴素的厅堂中，满悬各方友好的祝词和诗文，有数百天真儿童祝寿的画幅，也有远自香港等地寄来的诗篇，琳琅满目，充满了对父亲的爱戴之情。这天接待客人的，是父亲的几个旧部，寿

---

① 见《新华日报》1941年11月13日第二版。

翁夫妇却始终不见露面，他们跑到哪里去了呢？原来，他们头天便躲到成渝公路上的一个小镇——丁家坳去了。

说来也很有意思。12日这天中午时分，丁家坳大街小巷就传开了"冯将军来了"的消息。果然，下午5时左右，父亲在九江同文中学校长的陪伴下，迎着夕阳的光辉在大街上和老百姓碰头了。

"……看大伟人……"

"……看副委员长……"

"小罗……快……快点来看冯玉祥！"

大人、小孩，男人、女人，怀着崇敬而喜悦的心情，依依不舍地跟随在父亲身后左右，途为之塞。父亲也高兴得忙不迭地和大家打招呼问好。

晚上，虽然父亲再三坚辞，同文中学的学生们还是开了一个晚会，为父亲祝寿，以60个柑子、几把面作为寿礼，父亲盛情难却，只好收下。"60岁的小伙子"在大家的欢迎下起立致词了，他从"怎么能说是寿"，直说到泰山隐居。父亲神采奕奕，语句幽默，特别是末了还来了段独唱的山东民歌，会场气氛更为热烈活跃。

第二天，感于大家的热情，父亲掏了腰包，招待同文中学几百学生每人吃半斤面，以资答谢！

早饭后，父亲的车悄悄地驶出了丁家坳。可是到了午饭后，街头巷尾又哄传着："冯将军又转来了！"这是怎么回事？原来，父亲在途中碰到三个挑柴的小孩子，正因为挑不动，坐在路边呜呜地哭。父亲急令停车，让三个孩子坐进车里，把柴草塞进车屁股后面，亲自又把他们送回了家，下车时还给他们拍了照。

"没有官僚的派头，简直还是老百姓！"事后丁家坳的人都这样谈论着。

生日过后，父亲为了感谢各界的敬贺，特地写了一首《谢寿》诗，发表在《新华日报》上。原词是：

> 谢谢我的长者先生们，
>
> 再谢谢我的老少朋友们，

因为我六十岁的生辰，

用了百般的方法，

使人惭愧，

使我兴奋，

我不但得着了许多激励，

并且得了你们很好的教训，

我对国家没有做成什么，

我对本分没尽到了什么，

这是教我努力前进，

这是为了鼓励别人。

我这嘴实在不会说述，

我的笔实在不会抒陈，

我就是再说再写，

也不能形容出我的谢忱，

我只有在今天立一个最大的决心，

做一个崭新的青年人，

向着真理不断地迈进，

为了我们的国家民族，

为了全国同胞和全世界的人群，

努力不懈不怕牺牲，

尽自己的本分打倒侵略的敌人。

我就拿这一点恳挚的心情，

来感谢我的读者和朋友们。①

　　这已经是近40年前的事了。1946年，父亲愤于蒋介石阴谋挑起内战，离国赴美。他在美两年，不顾年高，奔走呼号，在美国的本土上，抱定牺

_____

① 见《新华日报》1941年11月20日第二版。

牲的决心，英勇地展开了反对美国援蒋，反蒋独裁卖国、大启内战的斗争，写下了生命史上最光辉的一页。1948年，他为响应中共中央的号召，毅然决然离美经苏联回国，参加新政治协商会议。毛主席和周总理对父亲的回国事宜极为关心，曾指示东北局财政负责人钱之光同志，携专款雇了苏联从德国手中俘获的客轮"波贝达"号，接父亲回国。7月31日，父亲冲破了美蒋特务的重重监视包围，带着我们一家从纽约登轮启程。当时父亲的心情是何等兴奋愉快呵！因为他终于踏上了他久已向往的解放区的归途，他清楚地看到，他一生为之追求奋斗的独立、富强的新中国，在中国共产党的领导下，即将诞生了。可是万万不料，9月1日"波贝达"行至黑海时突然起火，火势凶猛，顷刻之间，大火吞噬了父亲和姐姐晓达的生命。亲爱的父亲就这样骤然与世长辞了。

　　读到父亲当年的《自寿诗》，感慨多生，不由提起笔来，写下与《自寿诗》有关的往事，以此作为我们对父亲的无限缅怀！